कैलाश सत्यार्थी

तुम पहले क्यों नहीं आए

गुलामी से छूटे बच्चों के नवजीवन की सत्यकथाएँ

राजकमल प्रकाशन

ISBN : 978-93-94902-85-5

राजकमल प्रकाशन

मूल्य : ₹795

पहला संस्करण : नवंबर, 2022
तीसरा संस्करण : अप्रैल, 2024

प्रकाशक : राजकमल प्रकाशन प्रा. लि.
1-बी, नेताजी सुभाष मार्ग, दरियागंज
नई दिल्ली-110 002

शाखाएँ : अशोक राजपथ, साइंस कॉलेज के सामने, पटना-800 006
पहली मंजिल, दरबारी बिल्डिंग, महात्मा गांधी मार्ग, प्रयागराज-211 001
1, अनमोल सोराबजी सन्तुक लेन, धोबी तलाव, मरीन लाइंस, मुम्बई-400 002
वेबसाइट : www.rajkamalprakashan.com
ई-मेल : info@rajkamalprakashan.com

मुद्रक : विकास कंप्यूटर एंड प्रिंटर्स
ट्रॉनिका सिटी-201 102

TUM PAHLE KYON NAHI AAYE
Stories by Kailash Satyarthi

तुम पहले क्यों नहीं आए

गुलामी से छूटे बच्चों के नवजीवन की सत्यकथाएँ

क्रम

भूमिका 9

ईश्वर की ग़लती की सज़ा मुझे क्यों 13
तुम पहले क्यों नहीं आए 39
एक-एक करके खुलते बन्द दरवाज़े 61
दो रसगुल्ले अब्बू के लिए 79
क्या अमेरिकी राष्ट्रपति होना ज़रूरी है 95
ख़्वाहिशों की छलाँगें 123
मुझे मोम की गुड़िया मत समझना 139
क्या मैं अभी भी बच्ची हूँ 153
तबेले में तेरह गाय-भैंसों के साथ चौदहवाँ मैं 173
मुझे बचा ले भैया जी! 191
एक थी सुल्ताना 207
एक ज़िन्दा दोस्त की क़ब्र पर 223

परिशिष्ट

बच्चों का शोषण कैसे रोकें 243

भूमिका

इस किताब को काग़ज़ पर लिखे जाने में भले ही बारह-तेरह साल लगे हों, लेकिन इसमें लिखी गई कहानियों को मेरे हृदय-पटल पर अंकित होने में चालीस सालों से भी ज़्यादा का वक़्त लगा है। यह कुछ ऐसे चुनिंदा बच्चों की ज़िन्दगी का दस्तावेज़ है जिनकी पीड़ा की तपन से लाखों बच्चों की गुलामी की ज़ंजीरें पिघलकर टूटीं। उनकी जिजीविषा, साहस, हौसलों और संघर्ष के कारण दासता के इतिहास के कई पन्ने फटे और मानव मुक्ति के कई नए अध्याय जुड़ सके। इसलिए ये सिर्फ़ लिखे गए शब्द नहीं हैं, बल्कि मौन में से निकली आवाज़ें, अदृश्यता में से प्रकट हुए चेहरे और काले घने बादलों को चीरकर उगे सतरंगी इन्द्रधनुष हैं। उन बच्चों के साथ-साथ वे सभी आवाज़ें, चेहरे और रंग मेरे भीतर भी जन्मते रहे हैं।

हर कहानी अँधेरों पर रौशनी की, निराशा पर आशा की, अन्याय पर न्याय की, क्रूरता पर करुणा की और हैवानियत पर इनसानियत की जीत का भरोसा दिलाती है। लेकिन इस जीत का रास्ता बहुत लम्बा, टेढ़ा-मेढ़ा और ऊबड़-खाबड़ रहा है। उस पर मिली पीड़ा, आशंका, डर, अविश्वास, अनिश्चितता, ख़तरों और हमलों के बीच इन कहानियों के नायक और मैं, वर्षों तक साथ-साथ चले हैं। इसीलिए ये एक सहयात्री की बेचैनी, उत्तेजना, कसमसाहट, झुँझलाहट और क्रोध के अलावा आशा, सपनों और संकल्प की अभिव्यक्ति भी हैं। मैंने ज़्यादातर बच्चों को बड़ा होते देखा और एक दोस्त के नाते उनके भीतर के बदलावों को गहराई से महसूस किया। मैं नहीं जानता कि उन जैसे हज़ारों बच्चों ने मुझसे क्या सीखा या पाया, लेकिन मुझे उनसे

जो कुछ मिला, वह अमूल्य है। उन्होंने बड़ी जल्दी से मेरे भीतर के बच्चे को पहचान लिया, उस पर ख़ूब प्यार लुटाया और गहरी दोस्ती कर ली। अपने भीतर के बच्चे को जीवित और ख़ुश रखने की प्रेरणा से बड़ी सौग़ात भला और क्या हो सकती है? इसलिए यह कह नहीं सकता कि अपने उन दोस्तों के व्यक्तित्व को शब्दों में ढालने की कोशिश में कितना न्याय कर पाया हूँ।

पुस्तक में ऐसी बारह कहानियों को चुनकर लिखा गया है जिनसे बच्चों की दासता और उत्पीड़न के अलग-अलग प्रकारों और विभिन्न इलाक़ों तथा काम-धंधों में होने वाले शोषण के तौर-तरीक़ों को समझा जा सके। जैसे; पत्थर व अभ्रक की खदानें, ईंट-भट्ठे, क़ालीन कारख़ाने, सर्कस, खेतिहर मज़दूरी, जबरिया भिखमंगी, बाल विवाह, दुर्व्यापार (ट्रैफ़िकिंग), यौन उत्पीड़न, घरेलू बाल मज़दूरी और नरबलि आदि।

इसमें एक कहानी सन् 1981 में मुक्त कराई गई बच्ची साबो की भी है। वही बाल दासता के ख़िलाफ़ हमारे विश्वव्यापी आन्दोलन की पहली चिनगारी बनी। उस घटना से मैं अपने जीवन के उद्देश्य और दिशा को ठीक ढंग से पहचान सका। सर्कस में हर दिन होने वाले यौन उत्पीड़न की शिकार एक नेपाली बच्ची भावना को आदमी नामक प्राणी से नफ़रत हो गई थी। वह उसे देखना तक नहीं चाहती थी। लेकिन जब उसके आक्रोश ने आकार लिया, तो वह बच्चों की ख़रीद-फ़रोख्त या दुर्व्यापार रोकने के आपराधिक क़ानून में ढल गया। इसमें मखमली क़ालीन बुनने वाले हमारे नन्हे शहीद कालू की वेदना के साथ-साथ मनुष्य जीवन में उसकी गहरी आस्था और करुणा का चित्रण है। कारख़ाने का मालिक कालू के ज़ख़्मों पर मरहम लगाने के बजाय उनमें माचिस की तीली का बारूद भरकर जला देता था। एक दिन उसी बच्चे ने अमेरिकी राष्ट्रपति की आँखों में आँखें डालकर चुनौती देते हुए पूछा था कि 'वे उस जैसे पच्चीस करोड़ बाल मज़दूरों के लिए क्या कर रहे हैं?' बच्चे की बात का क्या असर रहा, उसका ज़िक्र इसी किताब में है।

पुस्तक का एक पात्र प्रदीप है जिसे घर और गाँव में पनौती मान लिया गया था। उसकी बलि चढ़ाने के लिए गर्दन पर तलवार तो चली लेकिन वह बच गया। सदमे, गुमनामी, अन्तर्द्वंद्वों, अविश्वास और हीनता जैसे भावों से लड़ते-जूझते हुए वह आज इज़्ज़त के साथ अपने पाँव पर खड़ा है। एक बड़े आईएएस अधिकारी के घर चौबीसों घंटे खटने वाले अशरफ़ को अपने मालिक के बेटे की जूठन का एक घूँट दूध पी लेने की सज़ा के तौर पर गर्म चिमटे से दाग़ दिया गया था। मुल्लाओं और अफ़सरों द्वारा दिया गया हज़ारों रुपयों का लालच और धमकियाँ न तो उस बच्चे के भीतर की जीने की इच्छाशक्ति को मार सकीं, और न ही उसकी बेहद ग़रीब माँ फूलजहां के स्वाभिमान को झुका पाईं। उन माँ-बेटे की दृढ़ता और त्याग में से ही भारत में घरेलू बाल मज़दूरी पर रोक के क़ानून का बीज फूटा।

इसमें पत्थर खदानों में तीसरी पीढ़ी की ग़ुलाम आठ साल की देवली है। मुक्त कराए जाने के बाद कुछ साल तक हमारे आश्रमों में रही उस बिटिया ने प्रतिज्ञा ली थी कि उसके गाँव में कोई भी बच्चा न तो मज़दूरी करेगा और न ही शिक्षा से वंचित रहेगा। एक दिन उसने संयुक्त राष्ट्रसंघ में जाकर बच्चों की आज़ादी और शिक्षा के लिए दुनियाभर के नेताओं का आह्वान किया, जिसका नतीजा भी वहीं पर निकल आया था। हरियाणा की खदानों से छुड़ाए जाने के बाद अन्य बच्चों के साथ कार में मेरे बग़ल में बैठी देवली ने बड़ी वेदना, भरोसे और ग़ुस्से में मुझसे पूछा था, "क्यों रे, तू पैले कोणी आयो?" उसका वही सवाल इस पुस्तक का शीर्षक है।

हाँ, एक और ज़रूरी बात। सुमेधा जी के बग़ैर इन बच्चों की ज़िन्दगियाँ कभी वैसी नहीं बन सकती थीं, जैसी कि इन कहानियों में लिखी गई हैं क्योंकि वे इन सभी की माँ, मार्गदर्शक और सहेली रही हैं। हमारे पुत्र भुवन और पुत्री अस्मिता का बचपन इनमें से कई बच्चों के साथ गुज़रा है। कहानियों के पात्रों को आज़ादी दिलाने, उनकी ठीक से परवरिश करने, उनके भीतर सपना जगाने, पढ़ाने-लिखाने और अच्छा इनसान बनने के लिए प्रेरित करने में कॉमरेड रमाशंकर

चौरसिया सहित बचपन बचाओ आन्दोलन के नेताओं और अनगिनत साथियों की तपस्या रही है। हमारे बाल आश्रम और मुक्ति आश्रम के गुरुजनों और कार्यकर्ताओं ने ज़मीन में धँसी पड़ी या क्रूरतापूर्वक हथौड़ों से तोड़ी गई चट्टानों में से जिन मूर्तियों को तराशा है, ये कहानियाँ उन्हीं की हैं।

सम्मान और सुरक्षा को ध्यान में रखकर कुछ बच्चों की पहचान छुपाने के लिए उनके नाम ज़रूर बदले गए हैं, लेकिन मेरी पूरी कोशिश रही है कि किसी भी घटना या संवाद को न तो बढ़ा-चढ़ाकर पेश किया जाए, और न ही उनमें तनिक-सी भी कल्पना, अनुमान या बनावट मिलाई जाए। सच्चाई से ज़्यादा प्रभावी, शक्तिशाली और टिकाऊ कोई दूसरी चीज़ नहीं होती। अपने अनुभवों के साथ जुड़ी कोमलतम भावनाओं, आपस में रची-गुँथी संवेदनाओं और गहरी अनुभूतियों को भुला पाना तो मुश्किल है ही, लेकिन उन्हें शब्दों में ढाल पाना और भी कठिन काम है। फिर भी मैं अपने पाठकों के भीतर छुपी करुणा पर भरोसा करते हुए यह दुस्साहस कर रहा हूँ।

मुझे आशा है कि यह पुस्तक आपके भीतर बसी उसी करुणा को जगाएगी।

—कैलाश सत्यार्थी

ईश्वर की ग़लती की सज़ा मुझे क्यों

यह कहानी हमारे मन-मस्तिष्क पर सदियों से जमी हुई अंधविश्वासों की अदृश्य परतों की है। ये परतें, कभी मत-मज़हबों और ईश्वर के नाम पर, तो कभी परम्पराओं और संस्कृतियों की आड़ में; कभी पहचान और गौरव के बहाने, तो कभी ज्ञान-विज्ञान के रूप में जमती रहती हैं। वे आदमी तथा समाज को बाहर और भीतर से बाँट-बाँटकर डरपोक, स्वार्थी, हिंसक और हत्यारा तक बना देती हैं। यह एक ऐसे ज़हर की कहानी है जिसने एक माँ की ममता के अमृत में घुलकर उसे तक ज़हरीला कर दिया था।

यह कहानी उन परतों को उखाड़ने में लगे ऐसे छेनी-हथौड़ों और हाथों की है, जो या तो उन्हीं परतों में मिल चुके हैं, अथवा अभी भी संघर्ष कर रहे हैं।

पनौती मान लिए गए आठ साल के प्रदीप की यह कहानी एक बच्चे की जिजीविषा की जीत की है, जिसने नवरात्रि की अँधेरी रात में चंडी माता को हरा दिया था। यह कहानी बड़ी टेढ़ी-मेढ़ी है क्योंकि यह क़दम-क़दम पर लगे पूर्णविरामों को तोड़कर उन्हें प्रश्नवाचक चिन्हों में बदलने और फिर से पूर्णविराम होते रहने की कहानी है।

सन् 2000 में जुलाई महीने के किसी दिन की बात है। शाम के 4-5 बजे का वक़्त रहा होगा। मैं अपनी पत्नी सुमेधा जी और कुछ बच्चों के साथ हमारे बाल आश्रम की गोल कुटिया में बैठा था। बाल आश्रम मुक्त कराए गए बँधुआ और बाल मज़दूरों के शिक्षण, प्रशिक्षण और पुनर्वास का केन्द्र है। यह राजस्थान के जयपुर ज़िले में अरावली की पहाड़ियों के बीच विराट नगर नाम के क़स्बे के पास स्थित है। उस दिन सुबह अच्छी बारिश हो जाने से मौसम बहुत सुहावना हो गया था। वैसे भी इन पहाड़ियों पर उगे जंगली पौधों की एक ख़ासियत है। मई-जून के महीनों में उनके सूख जाने से जो पहाड़ियाँ एकदम काली और वीरान दिखने लगती हैं, वे दो-चार बार बारिश होते ही एकदम हरी और चमकदार दिखने लगती हैं।

आश्रम चार-पाँच एकड़ ज़मीन में फैला हुआ है। मगर उन दिनों मुश्किल से उसके बीसवें हिस्से में निर्माण हुआ था। बच्चों के और हमारे रहने, खाने और पढ़ने और प्रशिक्षण के लिए कच्चे-पक्के भवन बने थे। बाक़ी जगह ऊबड़-खाबड़ बंजर मैदान की तरह थी, जहाँ हमने कुछ पेड़-पौधे लगा रखे थे। हम वहाँ बैठकर ख़ाली जगह में गड्ढे खोदकर पौधे लगाने की योजना बना रहे थे। तभी हमने देखा कि बचपन बचाओ आन्दोलन का एक कार्यकर्ता हरीराम एक बच्चे का हाथ थामे हुए धीरे-धीरे गेट से अन्दर घुस रहा है। वह बच्चा थोड़ा-सा लड़खड़ाते हुए चल रहा था। यह कोई नई बात नहीं थी, क्योंकि ग़ुलामी से आज़ाद कराए गए बच्चों के साथ मारपीट और कई तरह के अत्याचार आम बात थी। हमें लगा था कि उसके साथ भी वैसा ही कुछ हुआ होगा।

गोल चबूतरे पर लकड़ी की बल्लियों पर फूस का छप्पर डालकर बनाई गई कुटिया से मेन गेट की दूरी क़रीब एक सौ मीटर है। लेकिन जब हमने बच्चे के

सिर पर पट्टियाँ बँधी देखीं तो तुरन्त गेट के पास जाकर उसे कुटिया में ले आए। हमारे साथ पहले से बैठे हुए बच्चे भी कभी ग़ुलामी के शिकार रह चुके थे। हम सभी उस नए बच्चे के बारे में जानने के उत्सुक थे। लेकिन सोचा कि वह शायद इतने सारे लोगों के सामने खुलकर न बोल पाए। वह गहरे सदमे के साथ-साथ बुरी तरह घबराया हुआ नज़र आ रहा था। इसलिए बाक़ी लोगों को विदा करके हमने उसे और हरीराम को अपने पास बिठा लिया। उस बच्चे की उम्र पाँच-छह साल लग रही थी। उसने ख़ाकी रंग की फटी हुई निक्कर और नीली बनियान पहन रखी थी। वे कपड़े मैल से काले पड़ चुके थे। उसके लकड़ी-सरीखे सूखे हाथ-पैरों पर महीनों पुराना मैल और कालिख जमी हुई थी। पूरे शरीर में जैसे केवल दाँत ही नज़र आते थे। उसके बेतरतीब और बढ़े हुए बालों में से बदबू आ रही थी। शायद वह बदबू सिर पर बँधी गन्दी पट्टी या भीतर के घावों की भी थी।

हमने बातचीत शुरू करने से पहले उन्हें चाय और बिस्कुट मँगाकर खिलाए। फिर मैं धीरे-से जाकर बच्चे के पास बैठ गया और पुचकारते हुए उसकी दोनों हथेलियों को अपनी हथेलियों के बीच ले लिया। वह थोड़ी-थोड़ी देर में अपना एक हाथ निकालकर बालों को खुजलाने लगता था। मैंने उससे उसका नाम पूछा। लेकिन वह कुछ बोले बग़ैर गर्दन झुकाए हुए कुर्सी पर बैठा रहा। दो-तीन बार पूछने पर भी उसने कोई जवाब नहीं दिया। तब हरीराम बोला, “भाई साहब जी, इसका नाम प्रदीप है। गुंजल जी ने इसे यहाँ भिजवाया है।”

राजेन्द्र गुंजल बचपन बचाओ आन्दोलन में सक्रिय होने के साथ-साथ सामाजिक सरोकारों वाले सजग पत्रकार हैं। वे अजमेर में रहते हैं। हरीराम ने बताया, “एक दिन गुंजल जी ने सरकारी अस्पताल के बाहर चाय के ढाबे पर इस बच्चे को नौकरी करते देखा था। उसके सिर पर घाव देखकर उन्होंने ढाबे के मालिक से पूछताछ की। पता चला कि वह कई हफ़्ते से एक लावारिस मरीज़ की तरह अस्पताल में भर्ती था। कुछ अज्ञात लोग उसको अस्पताल के दरवाज़े पर छोड़ गए थे। सिर पर लगी चोटों के कारण वह गम्भीर रूप से घायल और बेहोश था। उसे किसी ने डॉक्टरों तक पहुँचा दिया था। वहीं भरती करके उसका इलाज किया गया था। उसकी खोपड़ी के पीछे ऊपर का लगभग पूरा हिस्सा कटा हुआ था। बाक़ी शरीर में कहीं खरोंच तक नहीं थी।”

मैंने आश्रम के ऑफ़िस वाले कमरे में जाकर गुंजल जी को फ़ोन मिलाया।

संयोग से वे अपने घर में थे। उन्होंने बताया, "जहाँ तक मुझे मालूम है, मामला पुलिस को सौंपा ही नहीं गया था, या फिर पुलिस ने ठीक ढंग से जाँच-पड़ताल नहीं की। कुछ भले डॉक्टरों की मेहनत और इलाज से बच्चे की जान बच गई। धीरे-धीरे जब उसकी तबीयत ठीक होने लगी तो अस्पताल के अधिकारियों के सामने दिक़्क़त यह थी कि उसे कहाँ भेजा जाए? उन्हें अंदेशा था कि पुलिस के सुपुर्द कर देने से बच्चे की और ज़्यादा दुर्गति हो सकती है।"

गुंजल जी ने आगे की कहानी बताते हुए कहा, "अस्पताल के बाहर चाय की एक छोटी-सी दुकान है। डॉक्टरों के लिए वहीं से चाय मँगाई जाती थी। चायवाले ने वहाँ उस बच्चे को कई बार देखा था। उसे प्रदीप से सहानुभूति हो गई थी। इसलिए अस्पताल से छुट्टी होने के बाद वह उसे अपने ढाबे पर ले गया। उसने अस्पताल वालों को आश्वस्त किया कि बच्चा वहीं पर रहकर काम करके कुछ पैसे कमाता रहेगा। एक दिन उस ढाबे पर बच्चे को देखकर मैं यह समझा कि मालिक उससे बाल मज़दूरी करा रहा है। मेरे धमकाने पर उसने अस्पताल वाली बात बताई। थोड़ी हील-हुज्जत के बाद वह बच्चे को छोड़ने के लिए राजी हो गया था।"

गुंजल जी से बात करने के बाद मैं और सुमेधा जी, प्रदीप के पास जाकर बैठ गए। लेकिन जब मैंने फिर से उसका हाथ अपने हाथों में लेने की कोशिश की, तो उसने ज़ोर से झटक दिया। उस बार मुझे उसके चेहरे पर अविश्वास के साथ ग़ुस्से के भाव दिखे थे। पहले मैं सोच रहा था कि दुर्घटना के कारण शायद वह अपने बारे में सब कुछ भूल चुका है। फिर मन में आया कि जान-बूझकर कुछ छुपा रहा है। हम कभी ऐसे बच्चों के बारे में कोई जल्दबाज़ी नहीं करते। और न ही उन पर अपने बारे में बताने के लिए दबाव डालते हैं। वे जिस पृष्ठभूमि में से आते हैं वह आम तौर पर बड़ी भयानक होती है, जिसके कारण वे दूसरों के प्रति विश्वास खो चुके होते हैं। उनका वास्ता शायद ही कभी किसी ऐसे व्यक्ति से पड़ता है, जिसने उनकी ओर सहायता या सुरक्षा का हाथ बढ़ाया हो। चूँकि उनके साथ पहले किसी ने सम्मानजनक व्यवहार ही नहीं किया होता, इसलिए उनके मन में दूसरों के लिए आसानी से सम्मान या प्यार के भाव नहीं उपजते।

शाम को काफ़ी देर हो चुकी थी। इसलिए किसी डॉक्टर को बुलाकर प्रदीप की मरहम-पट्टी कराना आसान नहीं था। उसके सिर की पट्टी पहले से ही अधखुली और गन्दी थी। हमने उसे पट्टी बदलने के लिए राज़ी कर लिया। उसका घाव पूरी

तरह नहीं सूख पाया था। हमने उसे साफ़ करके मरहम लगाकर नई पट्टी बाँध दी। उसको लेकर हमारे सामने कई चुनौतियाँ थीं। सबसे पहली यह कि उसका ठीक ढंग से इलाज हो। दूसरी, उसे सदमे तथा ख़ौफ़ से कैसे उबारा जाए, ताकि वह सामान्य होकर बाक़ी बच्चों से घुल-मिल सके। और तीसरी, उसके साथ हुई दुर्घटना और उसके परिवार की जानकारी हासिल करना।

प्रदीप को आश्रम के मुख्य शिक्षक रामकृपाल गुरु जी और दो पुराने बच्चों के साथ छात्रावास भेज दिया गया। आश्रम के शिक्षकों को गुरु जी कहने की परम्परा है। प्रदीप को नहलाने के बाद नए कपड़े पहनाकर रात के भोजन के समय वे उसे लेकर आए और बाक़ी बच्चों के साथ बैठा दिया। उन दिनों आश्रम में लगभग 70 बच्चे रहते थे। हम सब आमने-सामने दो क़तारों में ज़मीन पर टाट-पट्टियाँ बिछाकर एक साथ बैठकर भोजन करते थे। सुमेधा जी और मैं सामने की क़तार में प्रदीप से थोड़ी दूरी पर एक कोने में बैठे थे। परन्तु हमारा ध्यान उसी की तरफ़ था। वह बार-बार कभी हमें देखता था, तो कभी अपनी नए पतलून और बुस्सर्ट को। फिर भी उसके चेहरे पर कोई भाव नहीं था। मैंने खाना खा चुकने के बाद अपने कमरे की तरफ़ जाते हुए प्रदीप के पास जाकर कहा, "तुम तो एकदम हीरो लग रहे हो।" उसने कोई प्रतिक्रिया नहीं की, लेकिन गुरु जी और बाक़ी बच्चों के साथ जाने के बजाय कुछ क्षणों तक हमारी तरफ़ मुड़कर खड़ा रहा।

उसे दूसरे दिन दोपहर में विराट नगर ले जाकर एक अच्छे डॉक्टर को दिखाया गया। डॉक्टर की आशंका थी कि उसके सिर की चोट हँसिया, तलवार अथवा किसी अन्य धारदार चीज़ से लगी है, जिसकी वजह से उसे इतना गहरा सदमा लगा है। उनके इलाज से धीरे-धीरे उसका घाव ठीक हो गया था।

कुछ दिनों के बाद 15 अगस्त, यानी भारत का स्वतंत्रता दिवस मनाया गया था। बाल आश्रम में स्वतंत्रता दिवस और गणतंत्र दिवस के त्योहार ख़ूब जोर-शोर से मनाए जाते हैं। बच्चे झंडा-वंदन के दिन के लिए परेड, देशभक्ति के गीतों और नाटकों की ख़ूब तैयारी करते हैं। तैयारी के दौरान सुमेधा जी ने देखा कि नन्हा बच्चा प्रदीप बड़े ध्यान से परेड देखते हुए कुछ गुनगुनाने की कोशिश कर रहा था। उन्होंने उसे अपने पास बैठाकर बच्चों का एक प्रसिद्ध गीत 'नन्हा-मुन्ना राही हूँ, देश का सिपाही हूँ, बोलो मेरे साथ जय हिन्द, जय हिन्द, जय हिन्द' गाना सिखा दिया। वह उस गीत को ख़ूब मन लगाकर गाने लगा था। उन्होंने उसे सैनिकों वाली

हरी पोशाक भी लाकर दे दी थी। वह महीनों तक हर कार्यक्रम में उसी पोशाक को पहनकर अपना प्रिय गीत गाता था।

बाल मज़दूरी से छुड़ाकर लाए जाने वाले बच्चों को अमूमन अपने जन्म की तारीख़ मालूम नहीं होती। हमने उनको सम्मान और पहचान देने का एक नया तरीक़ा खोज निकाला। भले ही बच्चे को अपनी जन्मतिथि मालूम न हो, लेकिन वह कभी-न-कभी तो पैदा हुआ ही होगा! इसलिए सोचा कि क्यों न किसी एक दिन को जन्मदिन की तरह मनाना शुरू कर दिया जाए। हम किसी छुट्टी के दिन ऐसे बच्चों का जन्मदिन मनाते थे। उस दिन वह बच्चा नए कपड़े पहनकर ख़ूब सजता-धजता है। आश्रम में उत्सव का माहौल बन जाता है। सभी आश्रमवासी मिलकर नाचते-गाते और मिठाइयाँ खाते हैं।

जन्मदिन वाले बच्चे, यानी बर्थडे बॉय को आशीर्वाद और शुभकामनाएँ देकर उस पर फूल बरसाए जाते हैं। उसी तरह एक दिन प्रदीप का जन्मदिन पूरी मौज़-मस्ती के साथ मनाया गया था। सुबह से उसका उत्साह देखते बनता था। वह ख़ुद रसोई घर, ऑफ़िस, छात्रावास आदि में घूम-घूमकर सबसे मिलने के बहाने उन्हें बुलाने गया था। पहले सबने साथ बैठकर यज्ञ-हवन किया, फिर बाक़ी बच्चों, अध्यापकों और कार्यकर्ताओं के साथ ख़ूब मस्ती की। प्रार्थना, हवन, उत्सव और नाच-गाने के दौरान उसके चेहरे पर आत्मविश्वास का भाव गाढ़ा होते हुए दिखाई दे रहा था। उसकी आँखों में ऐसी चमक पहले कभी नहीं देखी गई थी। उसके दाँत पूरे वक़्त खुले रहे थे। वह ख़ुशी के मारे बोल नहीं पा रहा था, फिर भी उसने कहा, "मुझे भरोसा नहीं हो रहा कि वही प्रदीप हूँ जिसके लिए ऐसा त्योहार मन रहा है। लग रहा है जैसे मेरा नया जन्म हो रहा हो!"

दस-ग्यारह साल का एक और बालक कुछ महीने पहले आश्रम में आया था। उसका नाम दीपक था। थोड़े दिनों के बाद प्रदीप और दीपक आपस में हिल-मिल कर बातचीत करते देखे गए। उन दोनों का स्वभाव काफी मेल खाता था। दीपक के व्यवहार में भी डर, अविश्वास और ग़ुस्सा साफ़-साफ़ झलकता था। वे दोनों अपने गुरुजनों और दूसरे बच्चों से दूर-दूर रहते थे। दीपक नज़रें बचाकर पौधों या फूलों को कुचल देता था। बाद में दोनों मिलकर वही काम करने लगे थे। प्रदीप पत्थर के टुकड़े किसी कोने में छुपाकर रखता था। फिर मौक़ा मिलते ही वे पत्थर मारकर बिजली के बल्ब तोड़ देते थे। वे जान-बूझकर थाली में भोजन छोड़ दिया करते

थे। नहाने में कई बाल्टी पानी उड़ेल देते थे। जबकि वहाँ पर बच्चे या वयस्क पौधों से कभी फूल नहीं तोड़ते, थाली में ज़रा-सा भी खाना नहीं छोड़ते और गिलास भर पानी भी बर्बाद नहीं करते। कोई इन चीज़ों के लिए कभी उनकी निगरानी नहीं करता है। सभी उनका महत्त्व समझते हैं और उन्हें ज़िन्दगी के तरीक़े की तरह जीते हैं।

हमें दीपक के परिवार के बारे में कोई जानकारी नहीं थी। उसे हमारे एक साथी दिल्ली स्टेशन से लेकर आए थे। तब वह क़रीब दस साल का था। वह किसी ट्रेन से उतरकर पटरियों के बीच भागते हुए पुलिस से बचने की कोशिश कर रहा था। एक पुलिसवाला उसे जेबकतरा होने के शक में पकड़कर पीटने लगा। संयोग से बचपन बचाओ आन्दोलन के कार्यकर्ता राम बहादुर वह देख रहे थे। बच्चे के पास कोई पर्स या रुपये-पैसे नहीं थे, इसलिए राम बहादुर के कहने पर उसे छोड़ दिया गया। वे दीपक को समझा-बुझाकर बाल आश्रम ले आए थे। वह कभी जेल या थाने में बन्द नहीं रहा था, लेकिन आश्रम उसकी कल्पना की जेल थी। वह हफ़्ते भर के भीतर दीवार फाँदकर भाग गया था। फिर दो दिनों के बाद अपने आप लौट आया था।

कुछ लोग उससे और दूसरे कई बच्चों से ट्रेनों में भीख मँगवाने का धन्धा कराते थे। वे कमाई का सारा पैसा अपने पास रख लेते थे। उन्हें आगरा में स्टेशन के पास एक जगह बन्द करके रखा जाता था। बाद में उससे भीख माँगने की आड़ में जेबें कटवाने का काम कराने लगे। उसे इसकी बाक़ायदा ट्रेनिंग दी गई थी। वे चुराए हुए पैसों में से थोड़ा-बहुत उसे थमा देते थे। गैंग का एक आदमी दो या तीन बच्चों पर चुपचाप निगरानी रखता था। कुछ सालों के बाद दीपक और उसके साथियों से एक नया धन्धा कराया जाने लगा था। वही उसका असली काम हो गया था। उसने मुझे बताया था, “गैंग के लोग हमारे थैलों में फटे-पुराने कपड़ों में किसी चीज के छोटे-छोटे पैकेट लपेटकर रख देते थे। वैसे तो जब हमको भीख माँगने या जेब काटने के लिए भेजा जाता था, तो रेल में बिना टिकट चढ़ा दिया जाता था। पर जब हमसे पैकेट भिजवाना होता था, तब जरूर टिकट देकर बैठाया जाता था।” ज़ाहिर है कि नशीले पदार्थों को एक जगह से दूसरे जगह पहुँचाने में उन बच्चों का इस्तेमाल होता था।

आश्रम आने के कुछ दिनों बाद दीपक ने एक अन्य बच्चे से पूछा था, “यार मुझे बड़ी चिन्ता हो रही है। ये कैसे लोग हैं? न तो हमसे पैसा कमाकर लाने को

कहते हैं, न यहाँ पर कोई काम-धन्धा कराते हैं। वे बच्चों से मालिश तक नहीं कराते हैं। अपनी थाली खुद धोते हैं। हमें पटाने के लिए हमारे साथ खेलते-कूदते और नाचते-गाते हैं। मुझे ऐसा लगता है कि वे एक दिन चालाकी से मेरी किडनी निकालकर बेच देंगे।"

उस बच्चे ने हँसते हुए जवाब दिया, "देख भाई, मैं तो दो-तीन साल से यहाँ रहता हूँ, मेरी किडनी तो नहीं निकाली।" यह सुनकर दीपक ने उसे एक थप्पड़ लगाया और गालियाँ देते हुए बोला, "तुझे क्या पता, रात को बेहोशी का इंजेक्शन देकर किडनियाँ निकाली जाती हैं। इसीलिए तो तू इतना दुबला और कमजोर है।" उस बच्चे ने गुरु जी से शिकायत कर दी। जब गुरु जी ने दीपक को समझाने की कोशिश की, तो वह उन्हें धक्का देकर बोला, "हमको पता है, तुम लोग किडनी बेचने का रैकेट चलाते हो।"

बाल आश्रम में उन दोनों के अलावा कुछ और बच्चे थे, जिन्हें बहुत छोटी उम्र में चुराया गया था। वे सभी गुमशुदा बच्चे लगभग एक तरह की पीड़ा से गुज़रने के बावजूद शायद अलग-अलग पृष्ठभूमि की वजह से आपस में उतनी दोस्ती नहीं रखते थे, जितनी दूसरे बच्चों के साथ। प्रदीप और दीपक स्वभाव से अक्खड़ और हिंसक होने के कारण गहरे दोस्त बन गए थे। प्रदीप को मिट्टी खाने और पत्थर चबाते रहने की बुरी आदत थी। मनोवैज्ञानिक इलाज के बावजूद उसमें ज़्यादा सुधार नहीं हो सका था।

मैं एक बार सर्दी के मौसम में सुबह घूमते-घूमते आश्रम के छात्रावास की छत पर चला गया था। वहाँ देखा तो प्रदीप कैंची से अपने स्वेटर को बीच में से काट रहा था। वह मुझे देखते ही डर के मारे स्वेटर वहीं छोड़कर नीचे की तरफ़ भागा लेकिन दरवाज़े पर ठोकर लग जाने से गिर गया। मैंने उसे उठाकर पुचकारा। सौभाग्य से उसे ज़्यादा चोट नहीं लगी थी, सिर्फ़ हाथ में थोड़ी-सी खरोंच आई थी। मैंने तत्काल उसे अपनी जैकेट पहना दी और उसका स्वेटर हाथ में लेकर चला गया। दोपहर के भोजन के वक़्त प्रदीप ने देखा कि मैं उसी कटे हुए स्वेटर को सिलवाकर पहने हुए था। यूँ तो वह दूसरे बच्चों से काफ़ी लम्बा था, लेकिन तब भी मुझे ठीक से फ़िट नहीं आ रहा था। वह यह देखकर मेरे पास आया और गले से लगकर रोने लगा। उसने मेरी जैकेट लौटाकर अपना स्वेटर वापस माँगा। उसे नया स्वेटर दे दिया गया था, लेकिन वह कई दिनों तक वही पुराना स्वेटर पहनता रहा था।

उस घटना के दूसरे दिन सुबह-सुबह खेल के मैदान में प्रार्थना और व्यायाम के लिए सबसे पहले पहुँचने वाले बच्चों में एक प्रदीप भी था। उसके स्वभाव और व्यवहार में आश्चर्यजनक बदलाव देखकर सभी हैरान थे। उसने दूसरे बच्चों से ख़ूब बोलना-बतियाना शुरू कर दिया था। वह किसी-न-किसी बहाने से सुमेधा जी के पास दूसरे बच्चों की शिकायतें लेकर जा धमकता था। उसने कुछ-कुछ पढ़ना-लिखना सीख लिया था। वह एक दिन स्कूल की यूनिफॉर्म पहने हुए आश्रम के मैनेजर के पास आ धमका और बोला, "मैं भी स्कूल जा रहा हूँ।" उसे देखकर वहाँ मौजूद सभी लोग हँस पड़े, क्योंकि उसने एक लम्बी और ढीली पैंट कमर और पैरों में रस्सियों से बाँधकर पहन रखी थी। बहुत ढीली-ढाली क़मीज़ को किसी तरह पैंट में ठूँसा हुआ था। दरअसल वह किसी बड़े बच्चे के जागने से पहले गुपचुप उसकी स्कूल की पोशाक चुराकर पहनकर आ गया था। इस तरह उसने स्कूल जाने की इच्छा ज़ाहिर की थी।

एक बार की बात है। कन्हैया गुरु जी अपनी हजामत बनवा रहे थे। वे बाल आश्रम में संगीत, कला और पेंटिंग आदि सिखाते हैं। उन्हें कई साल पहले छत्तीसगढ़ के एक गाँव से खेतिहर बाल मज़दूरी से मुक्त कराया गया था। नाई ने बाल काटने में कुछ ग़लती कर दी। वे उस पर भड़क उठे। तभी साथ में बैठा प्रदीप अचानक बोल पड़ा, "गुरु जी, इनसे अच्छे बाल तो मेरे नाना काटते हैं।" कन्हैया जी चौंक पड़े। वे हजामत बनवाना भूलकर प्रदीप को पकड़कर बैठ गए। उन्होंने बातों-बातों में प्रदीप से कुछ जानकारी ले ली। उससे यह पता चल गया कि उसका परिवार नाई था। उसे याद आ गया था कि उसके घरवाले अपने नाम के साथ सैन लगाते थे। उसके बाद तो उसे अपने उपनाम से इतना प्रेम हो गया था कि जब भी किसी से बात करता, ख़ुद को प्रदीप सैन ही बताता था। जबकि आश्रम के सारे बच्चे सिर्फ़ अपने पहले नाम से सम्बोधित करवाना चाहते थे।

कुछ दिनों के बाद उसने बड़े उत्साह से कैंची चलाना शुरू कर दिया था। एक बार उसने आश्रम में रहने वाले एक बच्चे के सिर पर पीछे से कैंची चलाकर आधे बालों को बीचोबीच से सफाचट कर दिया था। गाँव के नाई को बुलाकर उसके बाक़ी बाल कटवाने पड़े थे। बेचारे को कई हफ़्ते मुँड़ा हुआ सिर लेकर घूमना पड़ा था। कुछ महीने बाद प्रदीप ने अपने नए-नए बने दोस्त बंटी को हजामत बनवाने के लिए राज़ी कर लिया। बंटी ने कुछ दिनों पहले एक फ़िल्म देखी थी,

जिसमें हीरो के बाल ख़ास फ़ैशन में कटे हुए थे। उसने प्रदीप से फ़रमाइश की कि सिर के ऊपर के बाल छोड़कर साइड कटिंग कर दे। उसने उस्तरा सँभाल लिया। पहले बाएँ कान के ऊपर के बाल साफ़ किए, फिर दाएँ के। दाएँ कान के बाल कुछ ज़्यादा कट गए तो उसने दूसरे कान पर उस्तरा चला दिया। फिर से उस्तरा कुछ ज़्यादा चल गया। वह दोनों तरफ़ के बराबर बाल नहीं काट पाया। बंटी का सिर किसी भेड़ की पीठ की तरह हो गया। उस्तरे से कुछ चोटें लगीं, सो अलग।

एक बार प्रदीप ने हमें अपने गाँव के भूगोल के बारे में कुछ-कुछ बताया था, लेकिन वह माता-पिता के बारे में कुछ नहीं बोला। उसे परिवार का ज़िक्र करना या सुनना बिलकुल पसन्द नहीं था। इसलिए अन्दाज़ा लगाया गया कि वह सौतेली माँ या पिता की ज़्यादतियों से परेशान होकर घर से भागा होगा। बाद में किसी दुर्घटना का शिकार हो गया होगा या किसी ने उसका सिर काटने की कोशिश की होगी। हमारे लोकल कार्यकर्ता और सहयोगी उस थोड़ी-सी जानकारी के आधार पर उसके गाँव और घरवालों को ढूँढ़ने में जुट पड़े। उन्हें अजमेर के आसपास उससे मिलते-जुलते कुछ गाँव मिले। कई महीनों की मशक़्क़त के बाद आख़िर में ठीक वैसा ही एक गाँव और नाई परिवार मिल गया, जैसा विवरण प्रदीप ने दिया था। फिर भी वे पूरी तरह से आश्वस्त नहीं हो सके थे।

उस गाँव के एक बूढ़े शिक्षक ने अपनी पहचान छुपाकर बता दिया कि एक नाई परिवार का छोटा-सा लड़का अचानक ग़ायब हो गया था। हमारे कार्यकर्ता उस परिवार के लोगों से जाकर मिले। लेकिन उन्होंने खो गए या भाग गए किसी बच्चे से अपना सम्बन्ध होने से साफ़ इनकार कर दिया। प्रदीप का फ़ोटो दिखाने पर भी पहचानने से मना कर दिया। पूछताछ के दौरान आस-पड़ोस के कई लोग जमा हो गए। वे मेरे साथियों पर भड़क उठे और बोले, “हमारे गाँव का कोई बच्चा कभी ग़ायब नहीं हुआ। ऐसा लगता है कि तुम लोग बच्चा चुराने वाली गैंग से हो।” कार्यकर्ता किसी तरह बचते-बचाते गाँव से बाहर निकल पाए थे। लेकिन उनके मन में उस परिवार और गाँववालों के व्यवहार से गहरा सन्देह हो गया था। कुछ दिनों बाद उन्होंने मौक़ा देखकर ख़ुफ़िया तरीक़े से जाँच-पड़ताल शुरू कर दी।

उसके बाद उन्हें जो जानकारी मिली वह बड़ी भयानक और चौंकानेवाली थी। वह गाँव प्रदीप का ही था और माता-पिता उसी के थे। बच्चे के जन्म के कुछ महीनों बाद गाँव में झाड़-फूँक और जादू-टोना करनेवाला एक ओझा आया था। उसने

उस दम्पती को बताया कि तुम्हारे घर में एक पनौती बच्चा है। संयोग से उस साल बारिश न होने से आसपास सूखा पड़ गया था। शायद उसी के कारण फैली किसी बीमारी से कई लोगों की मौतें हो गई थीं। बच्चे की माँ गम्भीर रूप से बीमार रहने लगी थी। उस ओझा ने बच्चे को देखते ही बोल दिया कि यही बालक अपशकुनी है। उसके बाद परिवार और पूरे गाँव ने बच्चे को अपशकुनी घोषित कर दिया। उसे बुरी तरह तिरस्कृत किया जाने लगा। हर कोई उस कथित पनौती की शक्ल तक देखने से परहेज करता था। घर में कुछ और विपत्तियाँ आती गईं। सभी का दोष उसी पर मढ़ा जाता रहा। इस प्रकार से तिरस्कार और घृणा सहकर जीते-जीते वह लगभग छह वर्ष का हो गया था। कुछ सालों के बाद फिर से कोई तांत्रिक गाँव में आया। उसने बच्चे के माँ-बाप और रिश्तेदारों को समझाया कि अपशकुनी बच्चे से निजात पाने के लिए चंडी माता को प्रसन्न करना ज़रूरी है। उसके लिए दुर्गा अष्टमी की आधी रात में बच्चे की बलि चढ़ानी पड़ेगी। वे उसके लिए राज़ी हो गए।

दुर्भाग्य से आज भी हमारे देश में नरबलि अजूबी बात नहीं है। धर्म की आड़ में की जाने वाली ऐसी नृशंस हत्याओं की ख़बरें गाहे-बगाहे मीडिया में आती रहती हैं। वह तांत्रिक और जल्लाद मुहूर्त के दिन बच्चे की बलि चढ़ाने के लिए उसे गाँव के नज़दीक एक पहाड़ी पर स्थित दुर्गा मन्दिर में ले गए। उस वक़्त प्रदीप सोया हुआ था। तब आधी रात के बाद का वक़्त रहा होगा। बच्चे का सिर काटकर चंडी माँ के चरणों में चढ़ाया जाना था। ऐसा लगता है कि जल्लाद ने प्रदीप का गला काटने के लिए ज्योंही तलवार या किसी हथियार से वार किया, त्योंही उसकी नींद टूट गई होगी। उसने अपना सिर ऊपर उठा दिया। वह हथियार चला ज़रूर, परन्तु गले पर लगने के बजाय उसके सिर के ऊपरी भाग में जा लगा। यही वजह थी कि उसके सिर के पीछे का आधा हिस्सा ही कट पाया था।

हत्यारों ने प्रदीप को मरा हुआ समझ लिया था। वे सबूत मिटाने की मंशा से ख़ून से लथपथ शरीर को जूट के एक बोरे में बन्द करके दूर जंगली रास्ते पर कहीं फेंककर भाग गए थे। अगली सुबह पाखाना करने गए किसी आदमी की नज़र उस बोरे पर पड़ी, जिसमें से ख़ून बह रहा था। थोड़ी देर में वहाँ कई लोग जमा हो गए थे। बोरे को हिलाने-डुलाने पर उन्हें उसके भीतर कोई इंसानी शरीर होने का अंदेशा हुआ। जब उसे खोला गया तो ख़ून से सने हुए बच्चे का शरीर मिला। अचानक किसी व्यक्ति की नज़र उसकी चलती हुई साँस पर पड़ी। उसे जल्दी ही पास के

अस्पताल पहुँचाया गया। वहाँ थोड़ा-बहुत उपचार ही सम्भव था। इसलिए कुछ भलेमानुष उसे अजमेर ज़िला अस्पताल के बाहर छोड़ गए थे। शायद वे पुलिस कार्रवाई आदि के फेर में नहीं पड़ना चाहते थे।

उस खुलासे से हम सभी जितने सदमे में थे, उतनी ही दुविधा में। हमारा वास्ता कभी ऐसी किसी घटना से नहीं पड़ा था। हमें समझ में आ गया कि प्रदीप के मन में इतने सालों से माता-पिता के लिए गहरी नफ़रत, सभी के प्रति अविश्वास और ग़ुस्से की वजह क्या है। इसीलिए उससे बहुत दिनों तक वह जानकारी छुपाकर रखी गई थी। हम उसके बचपन में मिले तिरस्कार और घृणा के बारे में तो सोच सकते थे, लेकिन नरबलि के बारे में सोच पाना हमारी कल्पना से बाहर की बात थी।

जब-जब किसी ने उसके सिर में इतनी गहरी चोट लगने का कारण जानना चाहा, तब या तो वह चुप रह जाता था अथवा ग़ुस्सा होकर भाग जाता था। वह कभी-कभी गुरु जी से पूछता रहता कि उसे वह चोट कैसे लगी होगी। उसने एक बार आश्रम के बाल मनोविज्ञानी से इतना ज़रूर कहा था कि माँ-बाप ने उसे उठाकर बाहर फेंक दिया था। प्रदीप को उस असलियत का सामना करने के लिए मानसिक रूप से तैयार करना आसान काम नहीं था। मैं कई बार उससे लम्बी-लम्बी बातचीत करता रहता था। एक दिन उससे पूछा, "अगर तुम्हारे माँ-बाप मिल जाएँ, तो क्या करोगे?" पहले तो वह कुछ देर तक चुपचाप रहा। फिर बोला, "वे नहीं मिल सकते।" मैंने कहा, "क्यों?" वह चुप हो गया। कई बार कुरेदने पर उसने कहा, "वे तो मर चुके हैं। मैं तो नाना के पास रहता था।" मैंने पूछा, "तुम्हें कैसे पता कि वो मर चुके हैं?" वह बोला, "मुझे याद नहीं, क्योंकि तब मैं बहुत छोटा था।" मैंने उससे कोई और पूछताछ नहीं की। मैं जानता था कि वह झूठ बोलने में बहुत माहिर है।

कुछ हफ़्तों के बाद हमारे मनोविज्ञानी ने मौक़ा देखकर अपने तरीक़े से प्रदीप को नरबलि की असलियत बताई थी। उतनी ख़ौफ़नाक बात सुनने के बावजूद उसके चेहरे पर कोई दुख, ग़ुस्सा या आश्चर्य के भाव नहीं दिखे थे। उसने तपाक से कह दिया, "वे तो मुझे मारना ही चाहते थे। मेरी माँ और बाप बात-बात पर मुझे झिड़कते रहते थे। बचा-खुचा खाना देते थे। एक बार पिताजी को चोट लगी, तो सबने कहा कि प्रदीप ने लगाई है, जबकि मैं तो वहाँ था ही नहीं। माँ और बहन बीमार हुईं, तो भी सबका कहना था कि वह मैंने कर दिया है। हमारा पड़ोसी नई भैंस खरीदकर

लाया था, दूसरे दिन वह मर गई, तो सबने इकट्ठे होकर बोला कि घर लाते वक्त मैंने उसे देख लिया था इसीलिए वह मर गई। उस बात पर मेरी माँ ने खूब पिटाई की थी। मैं हमेशा कोने में बैठकर रोता रहता था। मेरी एक बड़ी बहन मुझे चुप कराती थी और अपनी टॉफियाँ छुपा-छुपाकर दे देती थी। उसी ने बताया था कि मैं एक पनौती हूँ, जिसके होने से सबका बुरा होता है। मैं कुछ समझ नहीं पाया था। लेकिन आपने जो बताया उससे सब कुछ समझ में आ गया।"

वह यह बोलकर वहाँ से भाग गया था। जब काफ़ी देर तक किसी ने उसे नहीं देखा तो उसकी ढूँढ़ मची। आख़िर वह किचन की छत पर चुपचाप बैठा मिला। दो गुरु जी लोग उसे समझा-बुझाकर नीचे लेकर आए। उसने उनसे कहा कि वह आश्रम में दो साल-तीन साल बीत चुकने तक बहुत डरा-डरा रहता था। उसका सबसे बड़ा डर यह था कि अगर हमें यह पता चल गया कि वह अपशकुनी बच्चा है, तो हम भी उससे नफ़रत करने लगेंगे। वह आश्रम के बुद्धिमान और चतुर बच्चों से दूर-दूर रहता था और उन पर शक करता था। सोचता था कि वे जान सकते हैं कि वह अपशकुनी है। वह किसी बच्चे के बीमार हो जाने, चोट लग जाने या यहाँ तक कि आश्रम की गाय के मर जाने जैसी घटनाओं से बहुत डर और सहम जाता था। फिर कुछ घंटों के भीतर ही तोड़-फोड़ या किसी के साथ मारपीट कर लेता था।

उसके बारे में सभी को पता चल चुकने के बाद एक बार उसने चुपचाप मेरे पास आकर बड़ी लाचारी और मासूमियत से पूछा था, "भाई साहब जी, मेरे जन्म के बाद घर में मुसीबतें आई थीं। पर जब मैं इतना छोटा था तो मेरे कारण वे मुसीबतें कैसे आईं? अगर मैं अपशकुनी था तो भगवान ने मुझे बनाया ही क्यों था?" उसका मतलब यह तो ईश्वर की ग़लती है। फिर मुझे उसकी सज़ा क्यों मिली? वह कभी-कभी पूछता था, "मैं देखने में तो दूसरे बच्चों-जैसा लगता हूँ, फिर बुरी आत्मा कैसे हुआ?" मेरे पास उसे समझाने के लिए शब्दों, तर्कों और संवेदना की कमी नहीं थी, लेकिन उसकी यादों को मिटा पाने में असमर्थ था। हालाँकि हम उसे तरह-तरह से समझाने की कोशिश करते रहते थे। उस पर कुछ दिनों तक हमारी बातों का असर ज़रूर रहता था, लेकिन वह फिर से वही बातें सोचने लगता था।

उन्हीं दिनों एक घटना घटी। मुझे अमेरिका में 'डिफ़ेंडर फ़ॉर डेमोक्रेसी' नाम के अन्तरराष्ट्रीय पुरस्कार के लिए चुने जाने की सूचना मिली। मैंने जान-बूझकर

वह जानकारी बचपन बचाओ आन्दोलन और बाल आश्रम के साथियों को नहीं दी। उसकी एक ख़ास वजह थी। बहुत दिनों से प्रदीप की दिल्ली घूमने और हमारा घर देखने की बड़ी इच्छा थी। मैंने सोचा, यही अच्छा मौक़ा है जब उसके मन से अपशकुनी होने का भ्रम निकाला जाए। हमने पुरस्कार लेने के लिए जाने से पहले उसे दिल्ली ले जाकर अपने घर में रखा। मैं दूसरे दिन उसे अपने साथ ऑफ़िस ले गया। वहीं पर संगठन के महासचिव ने पूरे स्टाफ़ को बुलाकर उस पुरस्कार की ख़बर सबको सुना दी। उन्होंने सबसे पहले प्रदीप का मुँह मीठा करके कहा कि इस पुरस्कार के मिलने में प्रदीप का भी बड़ा श्रेय है। यह सुनकर उसकी आँखें फटी-की-फटी रह गई थीं। फिर वह हथेलियों से अपना चेहरा छुपाकर हिचकियाँ भरकर रोने लगा। उसे बड़ी मुश्किल से चुप कराया गया था। सभी ने प्रदीप को बधाई देते हुए दोहराया कि वह बच्चा हमारे संगठन के लिए बड़ा भाग्यशाली साबित हुआ है। वह बड़े पसोपेश में इधर-उधर आँखें फैलाए हुए देख रहा था। कभी तो उसकी आँखों में अविश्वास झलकता था, तो दूसरे ही क्षण ख़ुशी सँभाले नहीं सँभलती थी। हमने शाम को ऑफ़िस के सभी लोगों को घर बुलाकर दावत दी। उसमें प्रदीप ने पंजाबी भाषा का एक फ़िल्मी गाना गाया, जिस पर वह और कई कार्यकर्ता ख़ूब नाचे थे।

प्रदीप पर उस घटना का काफ़ी असर पड़ा था। लेकिन बचपन में होश सँभालने के साथ ही दिमाग़ में ठूँस-ठूँसकर भर दिया गया सन्देह आसानी से दूर नहीं होता। कुछ दिनों के बाद उसने फिर मुझसे पूछ लिया, "भाई साहब जी, क्या यह सच है कि मैं बुरा साया नहीं हूँ? आपको इनाम मेरी वजह से मिला है?" मैंने समझाया, "हाँ, यह सब सच है। तुम्हारे सारे लक्षण अच्छे इनसान के हैं। कोई भी बच्चा पनौती नहीं होता।" उसने यही बात और लोगों से भी पूछी थी। सबने उसे वही भरोसा दिलाया। हमने महसूस किया कि धीरे-धीरे उसके मन से अपशकुनी होने का वहम निकलने लगा था।

सन् 2001 के अगस्त महीने में उसका स्कूल में दाखिला करा दिया गया था। उसे दूसरी कक्षा में भर्ती कराया गया था। वह उसमें ठीक-ठाक अंकों से पास हो गया। तीसरी कक्षा में प्रथम श्रेणी से पास हुआ। धीरे-धीरे उसका व्यक्तित्व निखरने लगा था। वह खेल-कूद और सांस्कृतिक गतिविधियों में भाग लेने लगा था। सन् 2005 में उसने 'ग्लोबल मार्च अगेन्स्ट चाइल्ड लेबर' द्वारा दिल्ली में आयोजित

विश्व बाल कांग्रेस में अन्य देशों के बाल नेताओं के साथ बचपन-विरोधी कुप्रथाओं और अंधविश्वासों पर जमकर भाषण दिया था।

आश्रम के कई बच्चे बाल अधिकारों, शिक्षा, बाल मज़दूरी से सम्बन्धित कार्यक्रमों में भाग लेने दुनिया के कई देशों में जाते रहते थे। उनमें से कालू, पूरन, अमरलाल, किंशु, ओमप्रकाश, शमसुर तथा सुमन तो आश्रम जाने से पहले तक रेल में नहीं बैठे थे। वे हवाई जहाज़ को आसमान में उड़ती हुई 'चील गाड़ी' कहते थे। लेकिन वे जब भी विदेश यात्रा पर जाते थे, तो साथ में ढेरों कहानियाँ लेकर लौटते थे जिन्हें हमेशा चटखारे ले-लेकर दूसरे बच्चों को सुनाते रहते थे।

आश्रम के सबसे होनहार और बुद्धिमान बच्चों में से एक किंशु बाल अधिकारों से सम्बन्धित कार्यक्रमों में शामिल होने के लिए तीन बार विदेश यात्रा कर चुका था। इसीलिए प्रदीप उससे बहुत चिढ़ता था। किंशु जब भी विदेश जाता था, वह मौक़ा देखते ही उसका सामान इधर-उधर कर देता था। वह अपनी भड़ास निकालने के लिए बार-बार किसी-न-किसी की हजामत बनाने की इच्छा करता था, जिससे शायद उसे थोड़ा-बहुत सुकून मिलता था। उसका वह व्यवहार उसके अवचेतन मन में परिवार की याद का लक्षण था। पढ़ाई से भी उसका मन उचाट हो गया था। तब तक हमारे कार्यकर्ता यह पता लगा चुके थे कि उसके पिता कहीं पर ड्राइवर हैं, जबकि नाना और मामा हजामत बनाने का काम करते हैं।

प्रदीप में दूसरे बच्चों की तरह किसी अन्तरराष्ट्रीय कार्यक्रम में भाग ले सकने की पूरी योग्यता थी। लेकिन सबसे मुश्किल काम उसका पासपोर्ट बनवाना था, क्योंकि उससे सम्बन्धित कोई दस्तावेज़ हमारे पास नहीं थे। हमारे वरिष्ठ कार्यकर्ता आदेश कुमार ने पासपोर्ट का आवेदन, स्कूल से जन्मतिथि का प्रमाणपत्र, उसके आश्रम रहने आदि का शपथपत्र और क़ानूनी जिम्मेवारी लेने के दस्तावेज़ आदि तैयार करा लिए थे। उन काग़ज़ों के साथ पासपोर्ट ऑफ़िस में आवेदन दिया गया, किन्तु वह निरस्त हो गया। क्योंकि बच्चे के किसी रक्त सम्बन्धी अभिभावक का प्रमाणीकृत शपथपत्र तथा आवेदन पत्र पर हस्ताक्षर ज़रूरी शर्तें बताई गईं। हर तरह की कोशिश करने पर भी सफलता नहीं मिल सकी। विडम्बना यह थी कि न तो प्रदीप अभिभावक विहीन, यानी अनाथ बालक था, और न ही उसके माता-पिता उसे अपना बेटा मानने को तैयार थे।

आश्रम के मैनेजर फिर से उसके माता-पिता से मिलने पहुँचे। उन्होंने उसके

ननिहाल का पता भी लगा लिया था, ताकि बच्चे को मिलाने का कोई रास्ता ढूँढ़ा जा सके। उनके साथ पहले जैसा हश्र हुआ। शायद पहले से भी बुरा। परिवार ने उनका स्वागत गाली-गलौज से किया। आख़िर उन्हें वापस लौटना पड़ा। उन्होंने प्रदीप को सारी बात बताकर उससे पूछा कि वह चाहे तो एक बार उनके साथ गाँव जा सकता है। अगर उसे देखकर भी घर वाले नहीं मानेंगे, तो पुलिस और क़ानून की मदद ली जा सकती है। वह घर ले जाने का नाम सुनते ही ज़ोर-ज़ोर से रोने लगा था। बोला कि आत्महत्या कर लेगा, परन्तु उन लोगों का मुँह नहीं देखेगा। वह खाना-पीना छोड़कर सुमेधा जी से फ़ोन पर बात करने की ज़िद पर अड़ गया। मैनेजर ने दिल्ली फ़ोन लगाकर उनसे बात कराई। उसने उनसे साफ़ कह दिया कि वह उनके अलावा किसी को अपनी माँ नहीं मानता। उन्होंने उसे समझा-बुझाकर भरोसा दिलाया कि जब तक वह ख़ुद नहीं चाहेगा, उसे किसी के पास नहीं भेजेंगे। अन्त में सबकी राय थी कि फ़िलहाल मामले को टाल देना ही उचित है। इस तरह से वह कभी विदेश यात्रा नहीं कर सका।

वह क्रिकेट का बड़ा दीवाना था। उस पर इस खेल का ऐसा भूत सवार हुआ था कि आठवीं कक्षा के बाद पढ़ाई छोड़कर दिन-दिन भर क्रिकेट खेलता रहता था। जो भी मिलता, उसी को पकड़कर क्रिकेट खेलना शुरू कर देता था। भारत में क्रिकेट सबसे बड़ा नशा या मनोरंजन होता है। ऑस्ट्रेलियाई खिलाड़ी एडम गिलक्रिस्ट दुनिया के जाने-माने क्रिकेट सितारे हैं। वे इस खेल के इतिहास में सबसे महान विकेट कीपर माने जाते हैं। सन् 2010 में गिलक्रिस्ट एक टूर्नामेंट में भारत आए हुए थे। हमने एक ऑस्ट्रेलियाई मित्र के माध्यम से उनका बाल आश्रम जाने का कार्यक्रम बना लिया। यह ख़बर मिलते ही हमारे बच्चे ख़ुशी के मारे पागल हो गए थे। जनाब प्रदीप की तो भूख और नींद जाती रही थी। वह आधी-आधी रात को गुरु जी को जगाकर गिड़गिड़ाते हुए पूछता था, "क्या सच में गिल्ली जी हमारे आश्रम आएँगे? क्या हम उनसे मिल सकेंगे?"

गिलक्रिस्ट ने वायदा किया था कि वे आश्रम में बच्चों के साथ क्रिकेट ज़रूर खेलेंगे। उन्होंने वही किया। हज़ारों युवकों व ग्रामीणों की भीड़ हमारी चारदीवारी पर हर तरफ़ अटी पड़ी थी। कई लोगों ने ट्रैक्टरों और ट्रॉलियों पर खड़े होकर खेल देखा था। एडम गिलक्रिस्ट के बल्ले पर बॉलिंग करने वालों में प्रदीप भी था। हमने उससे एक वायदा कराया था कि उनके साथ खेलने का मौक़ा तभी दिया जाएगा,

जब वह दोबारा स्कूल जाना शुरू करके पढ़ाई में मन लगाएगा। वह ख़ुशी-ख़ुशी मान गया था और स्कूल जाने लगा था। उसने नौवीं कक्षा पास कर ली थी। सन् 2011 में वह अपनी मैट्रिक की परीक्षा में अंग्रेज़ी, गणित और विज्ञान विषयों में फ़ेल हो गया था। वह साल प्रदीप की ज़िन्दगी में शायद सबसे ज़्यादा मानसिक और भावनात्मक उथल-पुथल वाला साल था।

उसी साल हमारे कार्यकर्ताओं ने बड़ी मेहनत से आश्रम में कई वर्षों से रह रहे एक बच्चे के माता-पिता को खोज निकाला था। उसका नाम विशाल था। वह चार साल की उम्र से गुमशुदा था। उसे जयपुर स्टेशन से मुक्त कराया गया था। वह किसी अपराधी गिरोह के चंगुल में रहकर जेबकतरी और भिखमंगी का काम करता था। उसे अपने गाँव या परिवार के बारे में कुछ याद नहीं था। धीरे-धीरे हमने उसकी बोली और लोकगीतों के ज़रिये मोटे तौर पर उसके इलाक़े का अन्दाज़ लगाया। उसी के आधार पर पुलिस को सूचना दी जाती रही। एक बार लोकल पुलिस किसी गाँव में जाकर एक ऐसे आदमी से मिली जिसका बच्चा गुम हुआ था। उसे विशाल की फ़ोटो दिखाई गई। जाँच-पड़ताल से पता चल गया कि वही आदमी विशाल का पिता था। शाम होते-होते बच्चे का पूरा परिवार लगभग तीन सौ किलोमीटर दूर से चलकर आश्रम में पहुँच गया था। वह भी अपने माता-पिता को देखते ही पहचान गया था। सबकी ख़ुशी का ठिकाना नहीं था। उसे लेने आए लोगों ने रो-रोकर बताया कि उन्होंने बेटे को ढूँढ़ने के लिए क्या कुछ नहीं किया था। पुलिस के पास धक्के खाने के अलावा मन्दिरों और दरगाहों में माथे रगड़े। जिसने जहाँ इशारा किया, वे वहीं दौड़े-दौड़े भागे। लेकिन कुछ हाथ नहीं लगा था।

प्रदीप, विशाल को कभी पसन्द नहीं करता था। लेकिन उस दिन उसकी आँखों से ख़ुशी के आँसू बह निकले थे। विशाल को विदा करते वक़्त वह उससे चिपट-चिपटकर रोया था। वह उस रात को बिस्तर पर मुँह छुपाकर रोते हुए देखा गया था। वह दूसरे दिन भी बुझा-बुझा-सा रहा था। लगभग दस साल से आश्रम में रह रहे भद्रम और छह-सात साल से रह रहे भूपति ने उसे समझाया कि उनके परिवार तो शायद कभी नहीं मिल पाएँगे, फिर भी वे ख़ुश रहते हैं। उसके माँ-बाप तो ढूँढ़े जा चुके हैं। हो सकता है कि मिलने पर उनका दिल बदल जाए। इसलिए उसे एक बार उनसे ज़रूर मिलना चाहिए। प्रदीप कुछ नहीं बोला, लेकिन शायद उस पर उनकी बातों का असर हुआ था। तब उसकी उम्र 17 साल की थी।

हमारे कार्यकर्ता फिर से प्रदीप के गाँव गए। वहाँ उनको पता चला कि उसके पिताजी की मौत हो चुकी थी। बाद में पूरा परिवार गाँव छोड़कर जयपुर में बंसी नाम की एक बस्ती में जाकर बस गया था, जहाँ पर उसका ननिहाल था। संयोग से उन दिनों उसी इलाक़े का एक बच्चा शमसुर बाल आश्रम से पढ़ाई और ट्रेनिंग करके घर लौटा था। उसकी उम्र 19-20 साल की रही होगी। प्रदीप से उसकी अच्छी दोस्ती थी। हमने शमसुर को प्रदीप के परिवार के मिल जाने के बारे में बताया। वह ख़ुशी-ख़ुशी उन्हें ढूँढ़ने में जुट पड़ा। बंसी जयपुर शहर के बाहर सटा हुआ एक गाँव था, जो धीरे-धीरे शहर की एक बस्ती बन चुका था। लेकिन शमसुर को प्रदीप के ननिहाल की जानकारी नहीं थी।

शमसुर और उसके भाई ने आसपास की बाल काटने वाली दुकानों में खोजबीन करके प्रदीप के परिवार को ढूँढ़ निकाला। उन्हें उसकी माँ, बड़ी बहन और दो छोटे भाई मिल गए। वे बूढ़े और अपाहिज नाना के साथ रहते थे। शमसुर ने बड़ी चतुराई से उन्हें समझाया कि प्रदीप पढ़-लिखकर बड़ा हो चुका है। जल्दी ही अच्छी कमाई करने लगेगा। परिवार के बाक़ी लोगों ने तो प्रदीप के बारे में जानने से इनकार कर दिया, लेकिन उसके नाना का दिल पिघल गया। उन्होंने उससे पूछा कि जहाँ पर वह रहता है, वहाँ किस-किस तरह की बुरी अनहोनियाँ हुई थीं? उसने उन्हें बताया कि आश्रम में तो बहुत-सी अच्छी घटनाएँ घटी हैं। आख़िर वे प्रदीप से मिलने के लिए राज़ी हो गए।

वह ख़बर प्रदीप को दे दी गई। आश्रम के कार्यकर्ताओं और बच्चों ने उसे कम-से-कम एक बार घरवालों से मिलने जाने के लिए राज़ी कर लिया। अगले दिन रामकृपाल गुरु जी उसे लेकर जयपुर में उसके घर पहुँच गए। गुरु जी ने वहाँ से लौटकर बताया कि सभी परिजनों ने उसे स्वीकार कर लिया है और वह भी उनके साथ रुकने के लिए तैयार हो गया है। उन दिनों मैं कहीं विदेश यात्रा पर था। सुमेधा जी ने मुझे फ़ोन करके कहा, “एक बड़ी अच्छी ख़बर है। प्रदीप अपने घर चला गया, उसका परिवार फिर से मिल गया है।” वे बहुत ख़ुश और भावुक हो रही थीं। मैंने उतावलेपन में उनसे पूछा, “कहाँ?”

वे बोलीं, “जयपुर के पास। उसकी माँ, बहन और भाइयों ने उसे अपना लिया है। वह बहुत ख़ुश है।”

मैंने पूछा, “तुमने ख़ुद प्रदीप से बातचीत की?”

उन्होंने कहा, "हाँ।"

मैंने फिर पूछा, "क्या उसकी माँ, बड़ी बहन, या किसी रिश्तेदार ने तुमसे बात की?"

"नहीं।" उन्होंने जवाब दिया।

सुमेधा जी से बात करने के बाद मैं बड़े ऊहापोह में पड़ गया था। मुझे बड़ी देर तक नींद नहीं आई। एक तरफ़ ख़ुशी थी, तो दूसरी ओर ग्यारह-बारह साल से साथ रह रहे बच्चे से बिछुड़ने का दुख था। मन में कई प्रकार की शंकाएँ भी उठ रही थीं। सबसे पहली शंका तो यही थी कि परिवार के किसी भी सदस्य को उन लोगों से बात करने तक की इच्छा नहीं हुई, जिन्होंने उनके बेटे की इतने वर्षों तक परवरिश की थी? दूसरी बात यह कि प्रदीप को दो बार क्रूरता से अस्वीकार कर चुके परिवार का दिल अचानक कैसे बदल गया? सोचा कि शायद नाना के मन में अपने दोहते के लिए प्यार उमड़ पड़ा होगा, लेकिन बाक़ी लोगों ने उसे इतनी जल्दी कैसे अपना लिया? मैंने फिर सोचा कि हो सकता है माँ के दिल में बेटे के बिछोह का दुख और पछतावा हुआ हो। या बहन के पढ़-लिख जाने से उन सभी के मन से अंधविश्वास दूर हो गया होगा।

कुछ दिनों के बाद दिल्ली लौटने पर मैंने सुमेधा जी और रामकृपाल से पूरी बात को बहुत बारीकी से सुना। उनका मानना था कि प्रदीप और उसके परिवार ने एक-दूसरे को दिल से स्वीकार कर लिया है। मैंने फिर पूछा, "उससे मिलने के बाद उसके साथ परिवार के लोगों का कैसा व्यवहार था? वे उसके पास कितनी देर तक उसके साथ रुके थे?" रामकृपाल ने थोड़ा सोचकर बताया, "ज़्यादा देर नहीं। बहन को किसी से मिलने जाना था। वह घंटे-आधे घंटे बाद चली गई थी। माँ को सरकारी नौकरी करने वाले पति की मृत्यु पर चपरासी की अनुकंपा नियुक्ति मिली हुई है। इसलिए वह भी हम सबको खाना खिलाकर काम पर चली गई। दोनों छोटे भाई तो आवारा टाइप के लगे। वे ज़्यादा देर घर पर नहीं रुके। केवल अपाहिज नाना ही ऐसे थे, जिन्होंने बाल आश्रम का बड़ा धन्यवाद जताया था।"

मैंने पूछा, "क्या परिवार वालों ने प्रदीप से मिलने के बाद उसके पिछले बारह वर्षों के बारे में कुछ भी जानना चाहा था? या उसकी पढ़ाई-लिखाई, बीमारी अथवा परेशानियों आदि के बारे में कुछ पूछा था?" रामकृपाल ने सोचकर कहा, "नहीं, ऐसा तो कुछ नहीं हुआ।"

मुझे उनकी बातचीत से लगा कि ऐसे में दो ही सम्भावनाएँ हो सकती हैं। पहली यह कि वह महिला प्रदीप की माँ ही नहीं है, या फिर उन लोगों ने अब तक उसे स्वीकार नहीं किया है।

मैंने उसी शाम को फ़ोन करके प्रदीप से बात की। लेकिन अपनी शंका-कुशंकाओं का इजहार नहीं होने दिया था। बस, सामान्य तौर पर उसके हालचाल पूछे। वह बोला, "भाई साहब जी, हैं न, यहाँ सभी लोग अच्छे हैं। हैं न, वे मेरा बड़ा खयाल रखते हैं। मुझे खूब प्यार करते हैं। खाना-पीना सब अच्छा है, हैं न।" जब-जब उसके आत्मविश्वास में कमी होती थी, या फिर झूठ बोलता था, वह तब-तब कई बार, 'हैं न'- 'हैं न' बोलता था। मैंने सोचा कि प्रदीप के जीवन में अचानक आए इतने बड़े परिवर्तन के कारण वह नर्वस हो रहा होगा। इसलिए उसे समझाया कि नए लोगों के साथ, नए वातावरण में, नए प्रकार की ख़ुशियों, अनुभूतियों और चुनौतियों में कैसे एडजस्ट होना चाहिए। पढ़ाई पूरी करने और परीक्षा में बैठने के लिए भी प्रोत्साहित किया। उसने कहा कि कुछ दिनों बाद वह आश्रम आकर अपनी किताबें और दूसरा सामान ले जाएगा। घर पर पढ़ाई कर लेने के बाद परीक्षा देने के लिए फिर से बाल आश्रम जाएगा, क्योंकि उसका परीक्षा फ़ॉर्म विराट नगर के स्कूल से भरा गया था।

इसी तरह से कुछ हफ़्ते गुज़र गए थे। फिर एक दिन वह अचानक आश्रम पहुँच गया और कुछ दिन वहीं पर रहा। उसने सबको अपने परिवार में हुई आवभगत तथा स्नेहपूर्ण व्यवहार के कई किस्से सुनाए। आश्रमवासियों का मानना था कि प्रदीप का व्यवहार काफ़ी बदल गया है। वह बच्चों के बीच घमंड भरी शेख़ियाँ बघारता रहता था। वह ऐसे दिखा रहा था जैसे कि उसकी लॉटरी खुल गई हो। संयोग से थोड़े दिनों के बाद रक्षाबंधन का त्योहार था। सुमेधा जी ने उसे नए कपड़े दिला दिए। साथ में उसे कुछ मिठाइयाँ देकर कहा कि अपनी बहन से राखी बँधवाने जयपुर चला जाए। उन्होंने महसूस किया कि जो प्रदीप कई दिनों से बहन की तारीफ़ करते हुए नहीं थकता था, वह उससे राखी बँधवाने के लिए जाने में ज़रा भी उत्साहित नहीं था। ख़ैर, उन्होंने उसे बस से जयपुर भेज दिया। किन्तु वह दूसरे दिन फिर वापस लौट आया था।

कुछ दिनों के बाद मेरा आश्रम जाना हुआ। प्रदीप तुरन्त मिलने आ गया। मुझे उसके चेहरे पर एक प्रकार का तनाव और होंठों पर बनावटी मुस्कान दिखी।

वह ढंग से आँखें मिलाकर बात नहीं कर रहा था। मैंने उस वक़्त तो उससे ज़्यादा बातचीत नहीं की, परन्तु रात को भोजन के बाद उसे अपने पास बुला लिया। हम दोनों बाहर सड़क पर घूमने निकल गए। थोड़ी देर तक उसकी पढ़ाई, भविष्य की योजनाओं और परिवार के बारे में बातें कीं। फिर हम एक जगह बैठ गए। मैंने उसके कन्धे पर हाथ रखकर कहा, "प्रदीप, मेरी बात बहुत ध्यान से सुनो! मैं तुमसे कुछ नहीं पूछ रहा। इसलिए बीच में उत्तर देने की ज़रूरत नहीं है।" उसने सिर हिलाकर हामी भर दी।

मैंने बोलना शुरू किया, "बेटा, तुम बहुत दिनों से सबसे झूठ बोलने की कोशिश कर रहे हो! तुम दूसरों से तो हमेशा झूठ बोलते रहते थे, लेकिन मेरे साथ ऐसा नहीं करते थे। इसलिए तुम ठीक से झूठ नहीं बोल पा रहे हो। तुम बहुत डरे हुए हो। मैं अच्छी तरह जानता हूँ कि तुम्हारे घरवालों ने तुम्हें स्वीकार नहीं किया। बल्कि वे अब भी तुमसे नफ़रत करते हैं।" वह आँखें नीचे झुकाए, पैरों के अँगूठे मोड़कर ज़मीन कुरेदते हुए चुपचाप मेरी बात सुन रहा था। कभी-कभी उँगलियों से अपने सिर के बाल खींचकर मरोड़ लेता था। उसके चेहरे का रंग उड़ा हुआ था। मैं आगे बोलता गया, "तुम सबके सामने झूठी शेखी बघार रहे हो। तुम्हें डर है कि अगर सच बोल दोगे तो आश्रम में तुम्हारी इज़्ज़त कम हो जाएगी। तुम अपनी जड़ें कट जाने से भयभीत हो। तुमको लगता है कि सच पता चलने पर तुम कहीं के भी नहीं रहोगे। न घर के, और न ही आश्रम के।"

प्रदीप की आँखों में से आँसू टपकने लगे थे। मैंने अपने एक हाथ से उसकी ठोड़ी ऊपर उठाते हुए दूसरे हाथ से उसके आँसू पोंछे। फिर पूछा, "तुमने अपनी ज़िन्दगी के कितने साल उन लोगों के साथ बिताए?" वह उत्तर देने के बजाय सुबककर रोने लगा। मेरे पुचकारने पर उसने कहा, "भाई साहब जी, पाँच-छह।"

"और हमारे साथ?"

"ग्यारह-बारह।"

"इसका मतलब, करीब दुगने?"

"हाँ जी!" वह बोला।

मैंने उसकी आँखों में झाँकते हुए पूछा, "अगर वे लोग तुम्हें नहीं मिलते, तो क्या तुम आश्रम को अपना घर मानना छोड़ देते?"

"नहीं, भाई साहब जी!"

"तो ऐसी कौन सी बात हो गई कि अब तुम्हारे लिए आश्रम तुम्हारा घर नहीं रहा?" वह कुछ नहीं बोला। बस रोता रहा।

मैंने उसे सीने से चिपटाकर कहा, "जब तक तुम पढ़-लिखकर कोई काम-धन्धा सीखकर अपने पैरों पर खड़े नहीं हो जाते, तब तक तुम उसी तरह आश्रम में रह सकते हो, जैसे पहले से रहते आए हो। जब मन करे, अपनी माँ, बहिन, भाइयों से ज़रूर मिल आया करो। शायद उनका दिल और दिमाग़ बदल जाए।"

कुछ देर हँसी-मज़ाक़ की बातें करके उसे सामान्य करने की कोशिश की। हम साथ-साथ चलते हुए बाल आश्रम के स्वागत कक्ष वाले कमरे तक पहुँच गए। रात को वहाँ कोई नहीं था। मैंने अपने हाथ से प्रदीप का मुँह धुलाया और पानी पिलाया। फिर उससे कहा, "अब मुझे पूरी बात सच-सच बता दो।" उसने बड़ी सूनी और बेबस आँखों से झाँकते हुए बताया, "गुरु जी और शमसुर के लौट जाने के बाद मेरे नाना जी के अलावा मुझसे किसी ने ढंग से बात नहीं की थी। हैं न, भाई साहब जी! मैं अपनी बहन और भाइयों से ढेर सारी बातें करना चाहता था। लेकिन उनका तो मन ही नहीं कर रहा था। दूसरे दिन जब मैंने उनके पास बैठकर बातें करने की कोशिश की, तो उन्होंने कहा कि उनके पास फुरसत नहीं है, हैं न। मैं फ़ोन पर गुरु जी से कह चुका था कि विशाल की तरह मेरे घरवाले भी मुझे खूब प्यार करते हैं। यही बात मैंने भाभी जी को और आपको बोल दी थी। हैं न, सब अपने-अपने माता-पिता, भाई-बहनों के बारे में बातें करते हैं। वे छुट्टियों में घर जाते हैं। मुझे लगा कि परिवार के मिल जाने पर यहाँ मेरी इज्जत बढ़ जाएगी। यही सब सोचकर मैंने झूठ बोला था।"

मैंने कहा, "झूठ बोलकर तुमने कोई अपराध नहीं किया। तुम्हारे फ़िज़ूल के डर ने यह कराया है। अब तुम्हें किसी से डरने की ज़रूरत नहीं है। सबके सामने सच्ची बातें बता दो। इससे साथियों के मन में तुम्हारे लिए प्यार और इज़्ज़त घटेगी नहीं, बल्कि बढ़ेगी।"

"सच में भाई साहब जी, हैं न?" पूछते हुए प्रदीप की आँखों में थोड़ी-सी चमक आ गई थी।

मैंने कहा, "चलो, कुछ बच्चों और रामकृपाल गुरु जी से इसकी शुरुआत करके देखते हैं। अगर तुम्हें लगे कि वे तुम्हारा मज़ाक़ बना रहे हैं या तुम्हें नीची

नज़रों से देखने लगे हैं, तो यह बात वहीं तक रह जाएगी। परन्तु अगर तुम्हारे लिए उनका प्यार बढ़ जाए, तो तुम हिम्मत करके कल सुबह की सामूहिक प्रार्थना में सभी के सामने सच्ची कहानी बोल दोगे।"

वह इसके लिए मान गया। मैंने आश्रम में रह रहे दो बच्चों अमरलाल और किंशु के साथ रामकृपाल गुरु जी को भी बुला लिया। रात काफ़ी हो चुकी थी। स्वाभाविक था कि वे हैरान और आशंकित थे। मैंने बग़ैर कोई भूमिका बाँधे उनसे कहा कि प्रदीप कुछ कहना चाहता है। लेकिन यह बात उन्हीं लोगों तक सीमित रहनी चाहिए। प्रदीप कभी मेरी तरफ़ तो कभी उनकी तरफ़ देख रहा था। फिर उसने डरते-डरते पूरी सच्चाई ज्यों-की-त्यों बयान कर दी। सुनकर वे लोग बड़े दुखी और हैरान हुए, मगर उसके प्रति सहानुभूति में भावुक हो उठे थे। तीनों ने उसे गले लगा लिया और पूरा भरोसा दिलाकर कहा कि वे उसे पहले से भी ज़्यादा प्यार करने लगे हैं। दूसरे दिन सवेरे प्रदीप ने प्रार्थना सभा में अपनी वही कहानी दोहरा दी। उसे सुनकर सभी भौचक्के रह गए थे। रात की तरह किंशु और अमरलाल ने सबसे पहले आगे बढ़कर उसे गले से लगाया। उनके बाद सभी बच्चे उससे इस तरह मिले जैसे उनका बिछुड़ा हुआ भाई मिल गया हो। उसके बाद वह काफ़ी सहज हो गया था।

कुछ महीनों के बाद प्रदीप के मामा अपने एक दोस्त के साथ बाल आश्रम आए थे। उन दोनों अधेड़ आदमियों ने उसे बहुत लाड़-प्यार दिखाया। वह गुरु जी से इजाज़त लेकर उनके साथ आगरा घूमने चला गया। वह वहाँ से लौटकर उनकी बड़ी तारीफ़ करता रहता था। हालाँकि माँ या बहन-भाइयों वग़ैरह के बारे में कभी बात नहीं करता था। बाद में भी मामा से मिलने जयपुर जाता रहता था। एक बार उसने अपने दोस्तों और गुरु जी को बताया था कि उसे नए-नए फ़ैशन के बाल काटने का शौक़ है। उसका कहना था कि मामा की बड़ी अच्छी कमाई है, इसलिए वह जयपुर जाकर उनके साथ काम करना चाहता है। आख़िर उसने उन्हीं के हेयर कटिंग सैलून पर काम करना शुरू कर दिया था।

प्रदीप के आश्रम छोड़कर अपने मामा के साथ इस तरह चले जाने का एक बड़ा कारण यह था कि उसका सबसे पक्का दोस्त दीपक शादी करके ससुराल जाकर बस गया था। दीपक ने अपनी शादी में भी जो मिसाल पेश की वह अनुकरणीय है। कुछ समय पहले हमने एक सर्कस से कुछ लड़कियों को मुक्त कराया था। वे सब असम प्रान्त की थीं। वे सर्कस मालिकों द्वारा हर तरह के शोषण और अत्याचार

की शिकार रही थीं। उनमें से एक लड़की अपने घर लौटने के बजाय आत्महत्या करने का सोच रही थी। उसका कहना था कि अब कोई उससे शादी भी नहीं करेगा। जब दीपक को उसकी मजबूरी और तकलीफ़ का पता चला तो उसने सुमेधा जी के सामने इच्छा ज़ाहिर की कि वह उस लड़की से शादी करने को तैयार है। उसे हमेशा से ही दूसरों से कुछ अलग और साहस भरे काम करना अच्छा लगता था। लेकिन हम यह नहीं जानते थे कि उसका यही साहस करुणा के साथ मिलकर एक आदर्श बन सकता है। उसने असम में उस युवती के गाँव जाकर सीधे-सादे तरीक़े से विवाह कर लिया। हम बहुत ख़ुश थे और हमें दीपक पर बड़ा गर्व हो रहा था। उस बेटी के हौसले और फ़ैसले पर भी बड़ा सन्तोष हुआ था। दीपक ने ड्राइवरी की ट्रेनिंग ले रखी थी और उसे वहीं पर ट्रक चलाने का काम मिल गया था।

कुछ समय बाद उनकी एक संतान पैदा हो गई थी। दीपक ने सबसे पहले हमें फ़ोन करके बच्चे के जन्म की ख़ुशख़बरी दी थी। उसने बेटे का नाम रखा—आदित्य। दीपक राष्ट्रीय राजमार्ग पर ट्रक चलाता था। वह जब भी घर लौटता, अपने बेटे के मुँह पर फ़ोन रखकर सुमेधा जी को उसकी आवाज़ सुनाता था। धीरे-धीरे समय बीतता गया और आदित्य चार-पाँच साल का हो गया था।

एक दिन लगभग आधी रात में दीपक का फ़ोन आया। वह सुमेधा जी से बात करते हुए बहुत ग़ुस्से में ज़ोर-ज़ोर से चिल्ला रहा था। बीच-बीच में रोने भी लगता। वे बड़ी घबराई हुई थीं और उसे समझाने की कोशिश कर रही थीं। उन्होंने फ़ोन मुझे पकड़ा दिया। दीपक ने बड़बड़ाते हुए कहा, "अब मैं ज़िन्दा नहीं रह सकता। मेरी पत्नी और ससुरालवालों ने मेरे बेटे को ज़बरदस्ती अपने पास रख लिया है। उन्होंने मेरी सारी कमाई हड़पकर मुझे छोड़ दिया। इन्हीं झंझटों में मेरी नौकरी तक छूट गई है। मैं या तो आत्महत्या कर लूँगा या उन्हें मार डालूँगा।"

हम दोनों ने उसे डाँटा कि वह ऐसा कुछ न करे और भरोसा दिया कि उसे न्याय दिलाएँगे। जैसे-तैसे हमने उसे तुरन्त बाल आश्रम आने के लिए राज़ी कर लिया। वह दो-तीन दिनों में हमारे पास पहुँच गया था। आश्रम में रहने से उसका मन कुछ शान्त हो गया। फिर थोड़े दिनों के बाद अपने बेटे की खोज-ख़बर लेने दोबारा से असम गया। उसे वहाँ जाने पर पता चला कि उसकी पत्नी कहीं और रहने लगी थी। आदित्य की नानी बच्चे को बेचने की फ़िराक़ में थी। दीपक ने गाँव के ज़िम्मेवार लोगों को यह बात बताई। उन्होंने उस बुढ़िया को धमकाया और बच्चे

को उसके पिता के हवाले करवा दिया। वह आदित्य को लेकर सीधा बाल आश्रम जा पहुँचा। दो-तीन महीने वहीं पर गुज़ारने के बाद दीपक को फिर से कहीं पर अच्छी नौकरी मिल गई थी।

आदित्य आजकल बाल आश्रम में रहकर बाक़ी बच्चों की तरह ख़ूब मस्ती और शरारतें करता है। सबसे छोटा होने से आश्रम में सबका लाड़ला तो है ही! वह बहुत बुद्धिमान बच्चा है। उसे शुरू-शुरू में हिन्दी समझने और बोलने में मुश्किल होती थी, परन्तु आजकल ख़ूब बातूनी हो गया है। वह अच्छी तरह किताब पढ़ लेता है और गणित में भी बहुत होशियार है। हम जब भी आश्रम जाते हैं, वह दादी-दादू के लिए दूसरे बच्चों की शिकायतों और अपने लिए फ़रमाइशों का पुलिंदा पहले से तैयार रखता है।

आजकल प्रदीप पंजाब के मोगा शहर में एक चावल फ़ैक्टरी में काम करता है। बाल आश्रम में रहते हुए प्रदीप के मन में लड़कियों के प्रति आकर्षण और शादी की इच्छा पनपने लगी थी। उसके अपने मामा के साथ जाकर जयपुर में बस जाने के पीछे शायद यह भी एक कारण था। हालाँकि अब तक, यानी सन् 2021 तक उसका विवाह नहीं हुआ है। वह अपनी माँ-बहन और भाइयों के साथ कभी नहीं रहा। उसका मामा भी कुछ कम नहीं था। वह कई साल तक प्रदीप से अपने सैलून में काम कराता रहा लेकिन पूरी मज़दूरी कभी नहीं दी। इसलिए वह उन्हें छोड़कर एक दोस्त के साथ पंजाब चला गया था। अब उसका मन बचपन बचाओ आन्दोलन में कार्यकर्ता बनकर काम करने का है। कुछ दिनों पहले जब सुमेधा जी ने उससे शादी-ब्याह की बात पूछी, तो उसने शरमाकर कहा, "मैंने तो अपनी तरफ से खूब कोशिश कर ली, लेकिन अब यह आपका ही काम है कि मेरे लिए अच्छी-सी लड़की ढूँढ़कर मेरी शादी करा दें।" मैं देख रहा हूँ कि सुमेधा जी भी बड़ी गम्भीरता से इस काम में लग गई हैं।

तुम पहले क्यों नहीं आए

अनन्त काल से मनुष्य अपनी सुरक्षा और सुविधा का इन्तज़ाम करने के अलावा, दूसरों पर आधिपत्य करने के नए-नए सामान ईजाद करता रहा है। इसके लिए उसने सभ्यता और विकास की अनेकों परिभाषाएँ गढ़ीं एवं संस्कृतियों, धर्मों तथा ईश्वरों तक की रचनाएँ कीं। परन्तु इन सभी में एक चीज़ आम है। यह उसी की कहानी है।

यह कहानी पहाड़ों की, उनसे टूटते पत्थरों की, हथौड़ों की, और हाथों की है। उन पत्थरों पर सदियों से लिखी गई एक अनदेखी और अनबूझी इबारत के अनुवाद की इस कहानी पर आठ साल की देवली के हस्ताक्षर हैं। 21वीं सदी तक में लिखी जा रही उस इबारत के अक्षर गुलामी की लिपि में लिखे गए हैं। यह कहानी उन्हीं अक्षरों को मिटाने और एक नई लिखावट के सृजन के लिए किए जा रहे संघर्ष की है।

यह ऐसी ही बेटियों के संकल्प, साहस, संघर्ष और बदलाव की कहानी है। इस कहानी में अँधेरे में प्रस्फुटित हुई कुछ ऐसी चिनगारियाँ हैं, जिनसे अनेकों दीये जल उठे हैं। मैं उनकी रौशनी में नहाता रहता हूँ। चाहें तो आप भी नहा सकते हैं।

वह सन् 2012 के जनवरी महीने की कड़कड़ाती सर्दी का एक दिन था। मैं बाल आश्रम के आँगन में चल रहे एक कार्यक्रम में मौजूद था। वह कार्यक्रम आसपास के इलाक़े में बाल मित्र गाँव बनाने के बारे में था। उसमें राजस्थान के जयपुर और अलवर ज़िलों के कई गाँवों से लगभग डेढ़ सौ बच्चे, महिलाएँ, पंच, सरपंच और कार्यकर्ता हिस्सा ले रहे थे। हम सभी सुबह की सुनहरी धूप का मज़ा लेते हुए बाल नेताओं और कार्यकर्ताओं के संघर्ष और सफलता की प्रेरणास्पद कहानियाँ सुन रहे थे। सभी उत्साहित होकर बीच-बीच में तालियाँ बजाने और नारे लगाने लगते थे।

अचानक मेरी नज़र भीड़ में एक कोने में चुपचाप पीछे आकर बैठ गई देवली पर पड़ी। मैंने आवाज़ देकर उसे अपने पास बुला लिया। आश्रम के कार्यकर्ता और संगठन के साथी देवली को अच्छी तरह से पहचानते थे। उन्हें मालूम था कि उस बच्ची से हमारे कैसे रिश्ते हैं। वह मुझ पर और मेरे परिवार पर हरदम पूरा हक़ और धौंस जमाने वाली तेरह-चौदह साल की बेहद ख़ूबसूरत और चुलबुली बिटिया थी। इसलिए हममें से कोई यह नहीं सोच सकता था कि वह इस तरह से चुपचाप आकर बैठ जाएगी।

कार्यक्रम पूरा होते ही मैंने देवली से पूछा, "आज कुछ गड़बड़ ज़रूर है। माँ-बाप ने कहीं तेरी शादी तो तय नहीं कर दी?" उसने शरमाते हुए जवाब दिया, "नहीं भाई साहब जी!" फिर वह दोनों हथेलियों से अपना मुँह छुपाते हुए सुमेधा जी से जा चिपटी। मैंने बड़े लाड़ से उसका कान पकड़ते हुए फिर से कहा, "बिटिया रानी, कुछ-न-कुछ तो ज़रूर हुआ है। ब्याह नहीं तो सगाई हुई होगी। जब तक तू सच्ची-सच्ची बात नहीं बताएगी, तब तक मैं तेरा कान नहीं छोड़ूँगा।"

बस फिर तो देवली अपने स्वाभाविक अन्दाज़ में मुँह बनाकर फट पड़ी, "अरे,

मैं तो उसे चप्पलों से पीटती, बस शुक्र मनाओ कि उसे सिर्फ़ डाँट-फटकार कर भगा दिया था। ख़ूब गालियाँ भी दी थीं।" मैंने कहा, "अब आई न पटरी पर।" तब तक तो मैं हल्के-फुल्के अन्दाज़ में बात कर रहा था, लेकिन यह बात सुनकर चौंकते हुए गम्भीर हो गया। मैंने पूछा, "क्या किसी ने तेरे साथ छेड़खानी की है?" वह हँसकर बोली, "अरे, किसकी औकात है जो कैलाश सत्यार्थी की बेटी से छेड़खानी करेगा!" उसके चेहरे पर शरारत और गर्व छलक रहा था। फिर उसने कहा, "घबरा गए न! मैंने उस लफंगे से कह दिया कि जा, शीशे में अपनी शक्ल तो देख ले। पहले अपनी पाँच साल की बहन का ब्याह कर आ, फिर मेरे से ब्याह की बात करना। भाग गया गधा कहीं का। चला है देवली से शादी करने!"

वह एक ही साँस में न जाने क्या-क्या बड़बड़ाती रही थी। तब उसकी आवाज़ में शरारत के साथ ग़ुस्सा था। सुमेधा जी और मैंने हमेशा की तरह उसे गले लगाकर ख़ूब प्यार किया और शाबाशी दी। वहाँ उपस्थित सभी लोगों ने जमकर तालियाँ बजाईं। बाद में उसने बताया, "हमारे पड़ोस में एक रिश्तेदार रहता है। कुछ दिनों से वह आदमी और उसका बेटा मेरे पिता के पीछे पड़े हैं। वे कहते रहते हैं कि लड़की सयानी हो चुकी है, इसलिए जल्दी-से-जल्दी शादी कर दो। वे विवाह के लिए राजी भी हो गए हैं।"

देवली को दूसरी महिला कार्यकर्ताओं के साथ डॉरमेट्री में ठहरने के लिए भेज दिया गया। मैं थोड़ी देर के बाद बाक़ी कार्यकर्ताओं और बच्चों के साथ दिन का भोजन करने बैठा। तभी देवली ने चुपचाप पीछे से आकर अपनी हथेलियों से मेरी दोनों आँखें बन्द कर दीं। फिर अपनी आवाज़ बदलकर पूछा, "बताओ, कौन है?" मैंने उसके हाथ हटाए बग़ैर कहा, "लगता है, कोई बिल्ली है, जिसकी शादी होने वाली है।" उसने आँखों से हाथ हटाकर मेरे कान पकड़ लिए और बोली, "मैं तब तक आपके कान नहीं छोड़ूँगी, जब तक आप किसी को मेरे पिताजी के पास भेजकर मेरी शादी नहीं रुकवाते।" वह हमसे वायदा लेने के बाद कान छोड़कर मेरे और सुमेधा जी के बीच में घुसकर खाना खाने बैठ गई।

उससे हमारी मुलाक़ात सन् 2004 में हुई थी। एक बार अधेड़ उम्र की एक महिला किसी आदमी के साथ दिल्ली में हमारे दफ़्तर पहुँची थी। वह वेशभूषा से आदिवासी मज़दूरिन लग रही थी। साथ आए उस आदमी ने बताया कि हमने कई साल पहले उसे बँधुआ मज़दूरी से छुड़वाया था। वह महिला उसकी दूर की

रिश्तेदार थी। उसका नाम नारायणी था। नारायणी से बातचीत में पता चला कि वह हरियाणा की एक पत्थर खदान में मज़दूरी करती है। उसके साथ और भी बहुत से परिवार वहाँ काम करते हैं, जिन्हें मालिक ने दो-तीन पीढ़ियों से ग़ुलाम बनाकर रखा हुआ है।

नारायणी बोली, "बाबूजी, हमें उस नरक से निकाल लो! मैं किसी तरह वहाँ से भागकर काका साहब (साथ आया आदमी) के साथ आपके पास पहुँच गई, लेकिन मेरा मरद वहीं बीमार पड़ा है।" पूछताछ करने पर पता चला कि उन्हें हरियाणा के भिवानी ज़िले की चरखी-दादरी की पहाड़ियों में ग़ुलाम बनाकर रखा गया है। खदान मालिकों के दलाल कई दशक पहले उनके बाप-दादाओं को राजस्थान के जोधपुर ज़िले के अलग-अलग गाँवों से बहला-फुसलाकर वहाँ ले गए थे। तभी से वे परिवार वहीं पर फँसकर रह गए थे। सभी मर्दों, औरतों और बच्चों को सूरज उगने से लेकर शाम के अँधेरे तक हाड़तोड़ मेहनत करनी पड़ती थी। गाली-गलौज और पिटाई के अलावा महिलाओं व बच्चियों का यौन शोषण आम बातें थीं। उन लोगों को कभी कोई मज़दूरी या वेतन नहीं मिलता था। उन पर निगरानी रखी जाती थी, ताकि कोई बाहर न निकल सके। नारायणी एक रात के अँधेरे में शौच जाने के बहाने वहाँ से निकल भागी थी। वह अपनी आपबीती सुनाते बीच-बीच में रो पड़ती थी।

आम तौर पर पत्थर खदानें शहरों व क़स्बों से दूर होने के साथ-साथ नियम-क़ानूनों की पहुँच से बाहर रहती हैं। पत्थर मुफ़्त में मिल सकने वाली भूसम्पदा है, इसलिए उसकी लूट-खसोट देश के बड़े काले धन्धों में से एक है। सरकार से खदानों की लीज लेने में ख़ूब रिश्वतख़ोरी, माफ़ियागिरी और ख़ून-ख़राबे होते हैं। ज़्यादातर खदानें बिना किसी लीज के ग़ैर-क़ानूनी तरीक़े से चलती हैं। यह राजनैतिक संरक्षण के बग़ैर सम्भव नहीं है। देश के कई भागों में खदान माफ़िया अपना आपराधिक साम्राज्य चलाते हैं।

मुझे नारायणी की बातचीत में किसी धोखेबाज़ी या झूठ का शक नहीं हुआ था। हालाँकि हमारे साथ ऐसी कई घटनाएँ हो चुकी थीं, जब खदानों या ईंट भट्ठों के मालिकों ने फ़रेब करके हमें बुलाकर, पिटाई करवाई थी। ख़ैर, मैंने उन दोनों को अपने कार्यालय में ठहरा दिया। हमने दूसरे दिन अपने दो कार्यकर्ताओं को शुरुआती छानबीन करने के लिए उस इलाक़े में भेजा। उनमें से एक रामशरण नाम का हमारा पुराना कार्यकर्ता था, जिसे हमने सन् 1985 में फरीदाबाद की पत्थर खदानों से मुक्त

कराया था। दोनों ख़ुद को मज़दूर सप्लाई करने वाले जमादार (एजेंट) बताकर क़रीब हफ़्ते भर तक खदान क्षेत्र में घूमते रहे थे। वे सारी स्थिति का जायजा लेकर लौटे। उन्होंने बताया कि वहाँ पर मुख्यमंत्री के सांसद बेटे ने खदानों का छोटा-सा हिस्सा बेनामी तौर से लीज पर ले रखा है। बाक़ी बहुत बड़े इलाक़े में ग़ैर-क़ानूनी तरीक़े से खुदाई की जा रही है। उनका साफ़ कहना था कि प्रशासन से जरा-सी भी सहायता की उम्मीद करना बेकार है।

कुछ दिनों के बाद बचपन बचाओ आन्दोलन के महासचिव रमाशंकर चौरसिया जी, पाँच वरिष्ठ कार्यकर्ता और मैं भिवानी पहुँचे। हम छापामारी की कार्यवाही से एक दिन पहले किसी छोटे-से गेस्ट हाउस में जाकर ठहर गए थे, जो चरखी-दादरी से पन्द्रह-बीस किलोमीटर दूर था। हमने अपना सामान, दिल्ली के नम्बर प्लेट वाली अपनी कारों तथा नारायणी और उसके काका को वहीं पर छोड़ दिया। हम दो अलग-अलग टीमों में हालात का जायजा लेने के लिए निकल गए। हमने शादी की बारात के बहाने से दो स्थानीय टैक्सियाँ किराये पर ले रखी थीं। उन पर 'रनवीर संग गीता' लिखे हुए कपड़े के बैनर टाँग दिए थे। हमारी पूरी तैयारी उसी बारात पार्टी के नाम पर चलती रही थी, ताकि किसी को जरा भी सन्देह न हो सके। हमने बारातियों जैसे अच्छे कपड़े पहन रखे थे।

शाम को संगठन के वरिष्ठ और वफ़ादार साथी राकेश सेंगर के नेतृत्व में एक एडवांस पार्टी भेज दी गई। वे लोग देर रात तक खदानों से कुछ किलोमीटर की दूरी पर चक्कर लगाते हुए फ़ोन पर सूचना देते रहे थे। बाद में, मैं चौरसिया जी और दो कार्यकर्ताओं को साथ लेकर खदानों के नज़दीक पहुँच गया। वहीं से एक कच्चा रास्ता खदान की तरफ़ मुड़ता था। हम कार ख़राब होने का बहाना करके सड़क के किनारे पर एक ढाबे में बैठकर चाय पीते रहे। कई घंटे तक वही चला। चौरसिया जी को छोड़कर हम सब ने दस-बारह प्याले चाय तो पी ली होगी। वैसे भी वह भयानक सर्दी की रात थी। हमें पता था कि खदान में मज़दूरों पर नज़र रखने वाला बन्दूकधारी चौकीदार सुबह-सुबह मुँहअँधेरे घंटे-डेढ़ घंटे के लिए शौच वग़ैरह करने के लिए पड़ोस के अपने गाँव जाता था। इसलिए सुबह पाँच-छह बजे के बीच का समय छापामार कार्यवाही के लिए सबसे मुनासिब था।

पहले से ही किराये के एक ट्रक का इन्तज़ाम कर लिया गया था। हमारा एक साथी ठीक वक़्त पर, यानी सुबह 4 बजे ट्रक लेकर पहुँच गया। हम निर्धारित

योजना के अनुसार ट्रक लेकर खदान में जा पहुँचे। हमारे साथ नारायणी और उसका सहयोगी भी थे। वे काफ़ी डरे हुए थे, इसलिए हमारे कारों से उतर जाने के बाद ही नीचे उतरे। नारायणी चौकन्नी होकर देख रही थी कि वह चौकीदार अपने गाँव के लिए निकल चुका या नहीं। हालाँकि झाड़ियों में छुपा हमारा एक कार्यकर्ता उसे गाँव की तरफ़ जाते हुए देख चुका था। हमारी कारों और ट्रक के वहाँ पहुँचते ही अफ़रा-तफ़री-सी मच गई थी। नींद से जागे कुछ बँधुआ मज़दूर डर के मारे अपनी झुग्गियों की तरफ़ भागने लगे थे। नारायणी द्वारा ज़ोर से आवाज़ लगाने पर ही उन्हें हम पर थोड़ा-बहुत भरोसा हो सका। उसी ने चिल्ला-चिल्लाकर कहा कि सभी अपना सामान समेटकर ट्रक पर चढ़ जाएँ। जल्दी से भाग निकलने के लिए हमने उन्हें ट्रक पर चढ़ाया। इस तरह आनन-फ़ानन में लगभग चालीस बच्चों, औरतों और आदमियों को निकाल पाने में सफल रहे थे।

मैं अपनी कार में कुछ बच्चों को बिठाकर तेज़ी से चला रहा था। औरतों और आदमियों से भरा ट्रक हमारे पीछे-पीछे चल रहा था। साथ बैठे सभी बच्चों के कपड़े फटे और चिथड़े लगे हुए थे। उनमें से झाँक रहीं सूखी हड्डियाँ और खाल पर चोटों के निशान मानव सभ्यता पर लगे ग़ुलामी के दाग़ों की तरह थे। सहमी हुई बच्चियाँ अपने हाथों और घुटनों से पेट और छाती को ढकने की कोशिश कर रही थीं। सुबह से जो कुछ भी चल रहा था, वह उनकी समझ से परे था। मैंने धीरे-धीरे उनसे बात शुरू की। उनको यह समझाने की कोशिश की कि अब वे मालिकों के चंगुल से आज़ाद हो चुके हैं और उन्हें सुरक्षित जगह ले जाया जा रहा है। लेकिन जिन्होंने कभी आज़ादी या सुरक्षा का अहसास तक नहीं किया था, भला वे मेरी बातें कैसे समझ पाते? हो सकता है कि वे मुझे कोई दूसरा मालिक समझ रहे हों!

तभी मुझे ध्यान आया कि कार में पीछे की तरफ़ कुछ केले पड़े हैं। मैंने पीछे की सीट पर बैठे बच्चों से केले उठाकर आपस में बाँटकर खा लेने के लिए कहा। सोचा कि बच्चे केले खाकर शायद थोड़े सामान्य हो सकेंगे। पर उन्होंने वे केले नहीं उठाए। मैंने फिर से कहा कि वह हरा-पीला गुच्छा उठाकर आगे दे दो। एक बच्चे ने केले का गुच्छा उठाकर आगे दे दिया। मेरी बग़ल वाली सीट पर दुबली-पतली, तीखे नैन-नक्श वाली एक बच्ची और एक लड़का बैठे हुए थे। मैंने उनसे कहा, "बेटे, तुम ये केले सभी को बाँटकर खा लो!" बच्ची बड़ी मासूमियत और कौतूहल से केले के गुच्छे को उलट-पुलटकर ग़ौर से देखती रही। फिर बाक़ी बच्चों की तरफ़

इशारा करते हुए बोली, "यो प्याज तो हमणे कोणी देखो" (ऐसा प्याज तो हमने कभी देखा ही नहीं)। साथ बैठा लड़का भी हैरानी के साथ केलों को छूकर धीरे से बुदबुदाया, "हाँ, यो तो आलू भी कोणी"(ये तो आलू भी नहीं है)।

मैं इस वार्तालाप को सुनकर हक्का-बक्का रह गया था। उन बच्चों ने पहले कभी प्याज और आलू के अलावा कुछ नहीं देखा था। केले तो नहीं ही देखे थे। मेरे बार-बार पुचकारने पर कुछ बच्चों ने केले चबाने शुरू कर दिए थे। मैंने देखा कि वे सब बिना छिलका उतारे ही केलों को चबा रहे थे। उनमें से कुछ बच्चे केले गुटकने की कोशिश कर रहे थे, तो कुछ मुँह से निकालकर अपनी हथेलियों में छुपा रहे थे। मेरी उस नासमझी ने मुझे थोड़ी देर के लिए सैकड़ों साल पीछे धकेल दिया था। छीलकर या बिना छिले केले खाने के बीच का फ़र्क़ जैसे ग़ुलामी और आज़ादी के बीच का कई-कई शताब्दियों का फ़ासला था। मैंने जल्दी से अपनी भूल सुधारते हुए उन बच्चों को छिलके उतारना सिखाया। उनमें से ज़्यादातर ने केलों की मिठास चखी। शायद उन्हें वे स्वादिष्ट लगे थे।

वे आपस में अपनी बोली में उस नए अनुभव के बारे में बतियाने लगे थे। मैं भी उस आनन्द की अनुभूति कर रहा था। तभी मेरे बग़ल में बैठी बच्ची ने अचानक ज़ोर से मेरे कन्धे पर अपना हाथ पटककर लगभग चीख़ते हुए पूछा, "क्यों रे! तू पैले कोणी आयो?" यानी "तुम पहले क्यों नहीं आए?" मैंने तुरन्त बाईं तरफ़ मुड़कर उसे देखा। उसकी भोली आँखों में भरे आँसू और वेदना तथा ग़ुस्से से भरी आवाज़ मेरे दिल को चीरती चली गई थी। मैं जानता था कि वे शब्द केले की मिठास से नहीं निकले थे, बल्कि उसके कोमल हृदय की गहराइयों से निकली एक ऐसी पुकार थी, जो सदियों से घुट-घुटकर दबी पड़ी थी।

मुझे पहले से यह मालूम पड़ चुका था कि कुछ साल पहले दवाई न मिल पाने की वजह से उसके छोटे भाई ने दम तोड़ दिया था। एक बार खदान ठेकेदारों ने बच्ची के पिता और चाचा की बुरी तरह पिटाई करके उन्हें जलती हुई बीड़ी से दाग़ दिया गया था। उनका कसूर यह था कि उन्होंने अपनी औरतों पर हो रही पाशविकता से तंग होकर वहाँ से निकल भागने की कोशिश की थी। पत्थर तोड़ते वक़्त बच्ची के मासूम हाथों पर लगने वाली चोटों पर दवाई तो दूर, बाँधने के लिए कपड़े का टुकड़ा तक मिलना मुश्किल होता था। इस प्रकार से आठ साल की उम्र में वह बालिका जैसे एक पूरा नरक भोग चुकी थी। शायद उसे पहली बार किसी

पर इतना भरोसा हुआ था, और मन में इतनी हिम्मत जागी थी कि वह यह पूछ डाले कि 'तुम पहले क्यों नहीं आए?'

उस चुनौती भरे सवाल ने बाल दासता के ख़िलाफ़ मेरी बेचैनी और ग़ुस्से को हज़ारों गुना बढ़ा दिया था। वह बच्ची देवली थी। देवली ने यह सवाल तो मुझसे किया था, किन्तु वह उन तमाम लोगों के लिए भी था जो धर्म, संविधान, क़ानून, मानवाधिकार, आज़ादी, बचपन, मानवता, समता, न्याय जैसी बातें किया करते हैं। इसलिए वह प्रश्न आज भी उतना ही प्रासंगिक है।

एक अनुमान के मुताबिक़ देश की पत्थर खदानों में लगभग पचास लाख मज़दूर काम करते हैं। उनमें से लाखों बाल मज़दूर हैं। ठेकेदार या उनके एजेंट पिछड़े इलाक़ों से ग़रीब परिवारों को थोड़ी-बहुत पेशगी की रकम और तरह-तरह के लालच देकर खदानों में ले आते हैं। यह मानव दुर्व्यापार का संगठित अपराध होता है, किन्तु आम तौर पर इसे विस्थापन या पलायन समझा जाता है।

अमूमन पत्थर खदानों में मज़दूरों के नाम तक किसी रिकॉर्ड में दर्ज नहीं होते। यूँ समझें कि क़ानूनी तौर पर देवली जैसे बच्चों और उनके माता-पिताओं का कहीं कोई अस्तित्व तक नहीं होता। प्रशिक्षित या अल्प प्रशिक्षित कारीगर पहाड़ियों व खदानों में मशीनों से गहरे सूराख करते हैं। फिर उनमें बारूद भरकर विस्फोट किया जाता है। कई बार विस्फोट के दौरान खदान धँस जाने या बड़ी चट्टान गिर जाने से मज़दूर उसी में दबकर मर जाते हैं। धमाके से टूटकर निकली चट्टानों को तोड़कर छोटे-छोटे पत्थर बनाने का काम वयस्क आदमी, औरतें तथा बड़े बच्चे करते हैं। छोटे बच्चे विस्फोट से पहले मिट्टी हटाने और बाद में बिखरे पत्थरों के चूरे को टोकरियों में भरकर हटाने का काम करते हैं।

उन परिवारों को बार-बार ठेकेदारों से क़र्ज़ा लेना पड़ता है। एक बार क़र्ज़ के चक्रव्यूह में फँसे तो मरते दम तक उससे निकल पाना मुश्किल हो जाता है, क्योंकि मालिक मनमाना ब्याज जोड़ते रहते हैं। वही क़र्ज़ आगे आने वाली पीढ़ियों के सिर पर चढ़ जाता है।

वे जब भी अपनी दिहाड़ी की माँग करते हैं या कहीं दूसरी जगह जाने की इच्छा जताते हैं, तो उनसे कहा जाता है कि उन पर ढेर सारा उधार बाक़ी है। जिस खदान में थोड़ा-बहुत पैसा दिया जाता है, वहाँ उन ग़रीबों को फँसाए रखने का और भी गहरा षड्यंत्र चलता है। खदान क्षेत्र में ठेकेदार और उनके आदमी वैध या अवैध

रूप से दारू के ठेके चलाते हैं। मज़दूरों को तरह-तरह से उकसाया जाता है कि वे उन ठेकों से ख़रीदकर या उधार में शराब लेकर पियें। स्वाभाविक है कि नशे की लत लग जाने पर वे आपस के झगड़ों, औरतों से मार-पिटाई आदि तरह-तरह की बुरी आदतों में फँस जाते हैं। जिस खदान में देवली काम करती थी, कम-से-कम वहाँ दारू का ठेका नहीं था। परन्तु देवली के दादा-दादी और नाना-नानी क़र्ज़ और उधारी के चक्रव्यूह में पीढ़ी-दर-पीढ़ी की बँधुआ मज़दूरी में फँसे रहे थे। वहीं पर उसके माता-पिता का जन्म हुआ था। बड़े होने पर ठेकेदारों ने अपनी पसन्द से उनकी आपस में शादी करा दी थी। देवली और बाक़ी सभी बच्चे ग़ुलामों की तरह जन्मे थे।

मुक्त कराने के बाद हम उनको सीधे बाल आश्रम ले गए थे। लगभग दो सौ किलोमीटर की दूरी तय करने में पाँच घंटे लगे थे। तब दोपहर के क़रीब बारह बजे थे। हमारे कार्यकर्ता उन्हें रास्ते भर समझाते हुए आए थे कि वे आज़ाद हो चुके हैं। उन्हें यह भी बता दिया था कि जोधपुर में उनके पुश्तैनी गाँव बहुत दूर हैं। वहाँ तक पहुँचने में आधी रात हो सकती है। गाँव ढूँढ़ पाना तो और भी मुश्किल है। इसलिए उन्हें एक-दो दिन आश्रम में रुकना पड़ेगा, जो संयोग से जोधपुर के रास्ते में है। उसी दौरान काग़ज़ी लिखा-पढ़ी का काम पूरा हो जाएगा। फिर भी आश्रम में घुसते ही उनके चेहरों पर आशंकाएँ, अविश्वास और डर साफ़-साफ़ नज़र आ रहे थे। वे एक-दूसरे से कानाफूसी करने में लगे थे।

संतोष की बात यह थी कि देवली और दूसरे बच्चों के मन में वैसे भाव नहीं थे। वे कार से उतरकर हँसते-खिलखिलाते हुए अपने माँ-बाप से जाकर मिले। उनमें से दो या तीन बच्चों ने अपने हाथों में केले पकड़ रखे थे, जिन्हें वे अजूबे की तरह उनको दिखा रहे थे। आश्रम के कार्यकर्ताओं ने पहले से उनके लिए भोजन पकाकर रखा था। वे जानते थे कि ग़ुलामी से छूटकर आए मज़दूर अपने आज़ाद होने का भरोसा होने जाने पर सबसे पहले खाने पर टूट पड़ते हैं। एक-एक बच्चा दो-तीन वयस्कों से ज़्यादा मात्रा में भोजन कर लेता है। उस दिन वही हुआ था। उन्हें हमारे कार्यकर्ताओं के व्यवहार से सबसे ज़्यादा हैरानी हो रही थी। उन्होंने ज़िन्दगी में कभी इज़्ज़त और प्यार नहीं देखा था। उस समूह की देखरेख का जिम्मा रामकृपाल गुरु जी को सौंपा गया था, क्योंकि वे ख़ुद भी कई साल तक पत्थर खदानों में बँधुआ मज़दूर रह चुके थे। वे उन दिनों लगभग पैंतालीस साल के थे और आश्रम में मुख्य शिक्षक और सहायक मैनेजर थे। वे मुक्त कराए जाने

वाले बच्चों के लिए एक प्रेरणास्रोत हैं। हमने उन्हें सन् 1984 में दिल्ली के पास फरीदाबाद से मुक्त कराया था।

गुरु जी शाम को देवली और उसके साथ छूटे हुए सभी लोगों को लेकर आश्रम के सभा भवन में गए, जहाँ उन्हें रात को ठहरना था। उनके अन्दर घुसते ही आश्रम के किसी बच्चे ने कमरे की बिजली जलाने के लिए स्विच दबाए। बल्ब के जलते ही सभी स्त्रियाँ, पुरुष और बच्चे डर के मारे ज़ोर से चीख़ते हुए बाहर की तरफ़ भागने लगे। वे चिल्ला रहे थे, "भागो-भागो, यहाँ पर कोई भूत-चुड़ैल है।" पहले तो मैं भी चौंक पड़ा, फिर समझ में आया कि उन्होंने कभी बिजली जलती नहीं देखी थी। रामकृपाल उन्हें समझाकर दरवाज़े तक लौटा ले गए, बिजली के बल्बों को कई बार जला-बुझाकर दिखाया। फिर भी वे लोग पूरी तरह से सामान्य नहीं हो सके थे। कुछ देर में तो बच्चों के लिए वह एक खेल-सा हो गया था।

उन लोगों को दो दिनों के बाद जोधपुर पहुँचा दिया गया। तब तक उन्हें अच्छी तरह एहसास हो गया था कि वे आगे की ज़िन्दगी अपनी मर्ज़ी से जी सकते हैं। माता-पिता बाल आश्रम में रह रहे दूसरे बच्चों से मिलकर यह जान गए थे कि उनके बच्चे भी वहाँ रहकर पढ़-लिख सकते हैं। देवली और उसकी सबसे पक्की सहेली मंजू ने बालिका आश्रम में रहकर पढ़ने की इच्छा ज़ाहिर की। उनके घरवाले भी राजी थे। हमारे कार्यकर्ताओं ने पहले तो सभी को उनके पुश्तैनी गाँवों में जाकर रहने और रोज़ी-रोटी का इन्तज़ाम करने के लिए प्रेरित किया। इच्छुक बच्चों को बाद में बाल आश्रम और बालिका आश्रम में पहुँचाने का वायदा किया। कुछ महीनों के बाद देवली और मंजू सहित दो और बच्चियों को दिल्ली के बालिका आश्रम में बुला लिया गया था। वहाँ देवली ने मन लगाकर पढ़ना-लिखना शुरू कर दिया। वह बहुत नख़रालू और ज़िद्दी लड़की थी, जबकि मंजू उतनी ही गम्भीर और शर्मीली थी। वे दोनों हरियाणा में पैदा होने और रहने के बावजूद अपनी पुश्तैनी मारवाड़ी बोली बोलती थीं। उसी तरीक़े से गाती और नाचती भी थीं।

देवली बाल मज़दूरी के ख़िलाफ़ थोड़ा-बहुत भाषण देना सीख गई थी। उसकी सबसे बड़ी वजह ख़ुद के भोगे हुए दर्द के अलावा रज़िया जैसे बच्चों से चिढ़न भी थी। उन दिनों की बात है, जब हमारा संगठन खेल सामग्री के उत्पादन में चल रही बाल मज़दूरी के ख़िलाफ़ ज़ोरदार अभियान छेड़े हुए था। भारत में खेल का सामान बनाने में लगे हुए तीन-चार लाख मज़दूरों में हज़ारों बच्चे शामिल थे। वे

मुख्य रूप से पंजाब प्रान्त के जालंधर और उत्तर प्रदेश के मेरठ ज़िलों के कई गाँवों में घर-घर में फुटबॉल सिलाई, क्रिकेट व बैडमिंटन के बल्ले तथा गेंदें आदि बनाने का काम करते थे। ज़्यादातर बच्चों से फुटबॉलें सिलवाने का काम कराया जाता था। हम उपभोक्ताओं व खिलाड़ियों में जागरूकता पैदा करने और निर्माता, निर्यातक तथा आयातक कम्पनियों पर दबाव डालने के साथ-साथ उस इलाक़े में बाल मित्र गाँव बनाने में लगे हुए थे।

उस इलाक़े के गाँवों में ज़्यादातर आबादी मुस्लिम समुदाय की है। बहुत कम लोग पढ़ना-लिखना जानते थे। वे खेती के लिए उपजाऊ ज़मीन और पानी की नहरों के बावजूद भी अच्छी कमाई नहीं कर पाते थे। इसीलिए वहाँ के दर्जनों गाँवों का एक प्रमुख धन्धा फुटबॉलों तथा दूसरी खेल सामग्री का उत्पादन करना है। हमारे कार्यकर्ताओं की कोशिशों से सन् 2000 के दशक में कई गाँवों की लड़कियाँ और लड़के फ़ुटबॉल सिलना छोड़कर स्कूल जाने लगे थे। मुझे वहाँ के बच्चों, ख़ासकर लड़कियों की सरलता, ऊर्जा, ख़ूबसूरती और बेटियों-जैसा स्नेहपूर्ण व्यवहार हमेशा प्रेरित करता रहा है। सबसे अद्भुत बात उनके भीतर छुपी हुई आगे बढ़ने की ललक और नेतृत्व करने की क्षमता थी। इसीलिए ज़्यादातर गाँवों में लड़कियाँ बाल पंचायत की नेता चुनी गई थीं।

एक बार दिल्ली में हमारे मुक्ति आश्रम में ऐसे बाल नेताओं की एक सभा हो रही थी, जिन्होंने अपने-अपने गाँव में बच्चों को बाल मज़दूरी और बाल विवाह से छुड़वाकर स्कूलों में दाख़िला करवाया था। उस कार्यक्रम में कई बाल नेत्रियाँ अपने-अपने संघर्ष और सफलताओं के क़िस्से सुना रही थीं। उनमें नगलाकुम्भा की रज़िया, चन्दौरा की जैनब, जानीकलाँ की जीनत, फातिमा, रुखसाना और पूजा आदि थीं। अब तो वे अपने-अपने गाँव में बी.ए. और एम.ए. तक की पढ़ाई करने वाली पहली लड़कियाँ होने का इतिहास रच चुकी हैं।

तब तक देवली के पास ऐसी कोई कहानी नहीं थी। इसलिए वह उनकी बातें सुनते हुए मन-ही-मन बेचैन हो रही थी। रज़िया ने बताया कि उसने बाल पंचायत के दूसरे बच्चों की मदद से 27 बच्चों को मज़दूरी से हटवाकर स्कूल में दाख़िल करवाया है। गाँव के स्कूल के हैडमास्टर और सरपंच मिलकर विद्यार्थियों को मिलनेवाले सरकारी मध्यान्ह भोजन में घपला करते थे। वे कम मात्रा में घटिया खाना बाँटकर पैसे बचा लेते थे। उसके अलावा स्कूल में किसी-न-किसी बहाने

से बच्चों से पैसा भी वसूल रहे थे, जबकि प्राथमिक शिक्षा पूरी तरह से मुफ़्त थी। बाल पंचायत के बच्चों ने ऐसी सभी धाँधलियाँ रुकवाई थीं।

देवली की हमउम्र रज़िया बहुत नाज़ुक और भावुक थी, लेकिन संकल्प की उतनी ही मज़बूत। उसकी सफलताओं की ख़बर दूसरे कई गाँवों की बाल पंचायतों में फैल गई थी। वहाँ के स्कूलों में भी उसी तरह की धाँधली चल रही थी। रज़िया और उसके साथियों ने वहाँ के बच्चों के साथ मिलकर एक योजना बनाई। पहले प्रत्येक गाँवों के सरपंच को पत्र लिखकर और मिलकर शिकायत की। उसका कोई नतीजा नहीं निकला। फिर वे सब बाल नेता एक आवेदन पत्र लेकर मेरठ में ज़िला मुख्यालय में बड़े अधिकारियों से जाकर मिले। उन अधिकारियों ने तुरन्त कार्यवाही का भरोसा दिलाया। परन्तु बच्चे कम चतुर नहीं थे। वे वहाँ के सबसे बड़े अख़बार के दफ़्तर में अपनी कहानी लेकर पहुँच गए। अख़बार में ख़बर प्रकाशित होने पर पूरे इलाक़े में हड़कम्प मच गया था। हरेक स्कूल के हैडमास्टर को न केवल माफ़ी माँगनी पड़ी, बल्कि तरह-तरह की फीस के नाम पर पहले वसूला गया पैसा बच्चों के माता-पिता को वापस करना पड़ा। मुक्ति आश्रम के उस कार्यक्रम में सभी ने रज़िया और बाक़ी बाल नेताओं की ख़ूब तारीफ़ की। हमने उसे गले लगाकर चूमा और शाबाशी दी।

देवली मन-ही-मन रज़िया से चिढ़ने लगी थी। कार्यक्रम ख़त्म होने के बाद मनोरंजन के लिए बच्चे और कार्यकर्ता नाचने-गाने लगे। वह ख़ूब नाचती-गाती थी, लेकिन उस दिन मुँह बनाए बैठी रही। वह नाक चढ़ाए हुए बार-बार रज़िया और जैनब की तरफ़ देखती रही। जब दूसरे बच्चों ने उसे ज़बर्दस्ती खींचकर नाचने के लिए खड़ा कर दिया, तो वह रज़िया को उकसाकर चुनौती देते हुए बोली, “इतनी होशियार है, तो चल मेरे साथ नाच के दिखा।” रज़िया नाचना नहीं जानती थी। पर देवली तो झगड़ने के बहाने ढूँढ़ रही थी। उसे किसी तरह शान्त किया गया। बाद में ऐसे कार्यक्रमों में शामिल होते रहने से उसे यह समझ में आ गया था कि मन लगाकर पढ़ाई करना ज़रूरी है और सम्मान केवल अपने बारे में सोचने से नहीं, बल्कि दूसरों की भलाई के बारे में सोचने और उनकी इज़्ज़त करने से मिलता है।

वह बालिका आश्रम में रहने के दौरान कभी-कभी अपने माँ-बाप के पास जाती रहती थी। एक बार जब वह अपने गाँव गई हुई थी, तभी वहाँ ज़मीन विभाग के कर्मचारी और पुलिसवाले आ धमके। वे उसके पिता और वहाँ जाकर बसे बाक़ी

परिवारों से उनकी पहचान के सबूत और ज़मीन से सम्बन्धित दस्तावेज़ माँग रहे थे। ग़ुलामी में पैदा होकर बड़े हुए उन लोगों के पास इस तरह का कोई काग़ज़ नहीं था। वे सरकारी कर्मचारी उनकी ज़मीनें ख़ाली कराकर वहाँ से हटा देने की धमकी देने लगे। देवली ने तुरन्त दिल्ली फ़ोन करके बचपन बचाओ आन्दोलन के नेताओं को ख़बर कर दी। उन्होंने किसी तरह कुछ समय के लिए वह कार्यवाही रुकवा दी। पहले कई बार सरकार को आवेदन दिए जा चुके थे कि उन परिवारों को पुनर्वासित किया जाए और उनके पुरखों की ज़मीनों के रिकॉर्ड निकलवाकर क़ानूनी हक़ दिलवाया जाए। लेकिन कोई कार्यवाही नहीं हुई थी। सरकारी लोग बार-बार उन्हें ज़मीन से हटाने पहुँच जाते थे। जिससे वे बहुत परेशान और भयभीत रहते थे। इसलिए हमने जोधपुर जाकर मज़दूरों के साथ ज़िला कलेक्टर के ऑफ़िस पर धरना-प्रदर्शन करने की योजना बनाई।

एक निश्चित तारीख़ पर बड़ी तादाद में इकट्ठे होकर धरना-प्रदर्शन किया गया। उसमें देवली और उसका परिवार भी शामिल था। सभी सुबह से कलेक्ट्रेट के मेन गेट के सामने जाकर शान्तिपूर्वक बैठ गए। उसी रास्ते से कलेक्टर और दूसरे अफ़सरों की गाड़ियाँ अन्दर घुसती थीं। थोड़ी देर के बाद ढेर सारे पुलिसवाले हमें वहाँ से हटाने के लिए जा पहुँचे। बड़ी देर तक जद्दोजहद चलती रही। पता चला कि कलेक्टर महोदय पीछे के रास्ते से अपने दफ़्तर में जाकर बैठ गए हैं। हम इस बात पर अड़े रहे कि जब तक वे ख़ुद आकर मज़दूरों की समस्या सुनकर उसका समाधान नहीं करते, हम वहाँ से नहीं उठेंगे।

पुलिस ने हमें घेरकर डराने की काफ़ी कोशिश की, लेकिन कोई टस-से-मस नहीं हुआ। भाषण और नारेबाज़ी चलती रही। कई नागरिक और सामाजिक कार्यकर्ता भी हमारे समर्थन में शामिल हो गए थे। क़रीब तीन-चार घंटे के बाद कलेक्टर ने बाहर आकर बातचीत की। उन्होंने मज़दूरों का आवेदन पत्र लेकर अफ़सरों को आदेश दिए कि गाँव में जाकर उन्हें ज़मीनों से बेदख़ल करने की कोशिश न करें। साथ ही यह आश्वासन दिया कि ग़रीबों और आदिवासियों से सम्बन्धित कल्याणकारी योजनाओं के अन्तर्गत उन्हें बसाया जाएगा। तब तक लगातार नारे लगा रही देवली जीत की ख़ुशी से भर उठी थी। उस घटना का उसके मन पर गहरा असर हुआ। लौटते वक़्त उसने कहा, "यह सही है कि जब तक सब लोग मिल-जुलकर एक-दूसरे के लिए नहीं लड़ेंगे, तब तक हमें इंसाफ़ नहीं मिल सकता।"

उसमें काफ़ी बदलाव आने लगा था।

देवली अपना सबसे ज़्यादा हक़ मेरे बेटे भुवन पर ही समझती थी। हम घर में भुवन को सोना कहकर पुकारते हैं। इसलिए देवली उसे सोना भैया कहती थी। सोना का पूरा बचपन ऐसे ही बच्चों के साथ बीता है। वह अपनी वकालत, मानवाधिकार और मैनेजमेंट आदि की डिग्रियाँ हासिल कर चुकने के बाद बचपन बचाओ आन्दोलन का काम-काज सँभालता है। बच्चे यह अच्छी तरह समझते हैं कि सोना भैया सर्वोच्च न्यायालय से लेकर सड़कों तक पर उनकी लड़ाई लड़ते और जीतते हैं। इसीलिए वे उसे बहुत प्यार करते हैं। परन्तु देवली के प्यार का तो अन्दाज़ ही निराला है।

कुछ साल पहले एक मज़ेदार घटना घटी थी। हुआ यूँ कि भुवन ने बैंक से किस्तों पर एक बड़ी मोटर कार ख़रीदी थी। वह बचपन से खिलौने-वाली कारों का शौक़ीन रहा है। महीनों की जाँच-परख और जानकारी जुटा लेने के बाद वह कार ख़रीदी गई थी। उसने अपने शौक़ के हिसाब से कार में चौड़े टायर, चमड़े के सीट कवर और उम्दा म्यूज़िक सिस्टम आदि फिट कराए थे। आप सोच सकते हैं कि इतनी मेहनत और करीने से सजाई गई वह कार उनके लिए कितनी प्रिय होगी!

इत्तिफ़ाक़ से कुछ ही दिनों के बाद देवली बाल नेताओं की एक बैठक में भाग लेने दिल्ली पहुँची थी। ऑफ़िस के सामने खड़ी नई कार देखकर उसके मन में बड़ा कौतूहल हुआ। उसे पता चल गया कि वह कार सोना भैया की है। उसने पूरा हक़ जताते हुए ड्राइवर से कहा कि उसे उसके भैया की कार में बैठने दे। ड्राइवर ने देवली और साथ के दूसरे बच्चों को मना करके कह दिया कि वे चाहें तो थोड़ी देर इन्तज़ार कर लें। भुवन जी के आ जाने पर शौक़ से गाड़ी में बैठ सकते हैं। पर देवली कहाँ मानने वाली थी। वह ग़ुस्से में तमतमाई हुई सीधे भुवन जी के पास पहुँची। वे ऑफ़िस की बेसमेंट में अपने कमरे में बैठे एक मीटिंग कर रहे थे। देवली बोली, "सोना भैया, ड्राइवर की इतनी हिम्मत कि उसने मुझे आपकी नई कार में नहीं बैठने दिया?" उन्होंने किसी कार्यकर्ता को देवली के साथ यह कहकर भेज दिया कि ड्राइवर उसे नई कार में बैठने दे।

जीत के अहसास से भरी देवली धड़ाम से कार के अन्दर जाकर बैठ गई। उसने ख़ुशी में उछलते हुए एक-एक करके सभी सीटों पर बैठने का मज़ा लिया। बेचारा ड्राइवर क्या करता! वह पास में ऑफ़िस के बाहर सीढ़ियों पर जाकर बैठ

गया। वह कुछ देर के बाद सन्तुष्ट होकर बाहर निकल आई और बाक़ी बच्चों को चिढ़ाते हुए ऑफ़िस में चली गई। लेकिन कहानी वहीं ख़त्म नहीं हुई थी। शाम को जब भुवन जी ने ड्राइवर से चाबी लेकर अपनी कार के दरवाज़े खोले तो धक रह गए। कार की कपड़े से मढ़ी छत, सीटें और बैक कवर आदि कोई भी जगह ख़ाली नहीं बची थी। देवली ने सभी पर लाल और काले मार्कर पेन से लिख डाला था, "ये देवली के भैया की कार है," "मेरे सोना भैया की कार।" बेचारे भुवन जी!! देवली जैसी बहन होगी तो यह सब तो भुगतना ही पड़ेगा।

इस तरह के तेवरों वाली देवली भला अपना बाल विवाह कैसे हो जाने देती? हम भी उसे अकेले लड़ने के लिए नहीं छोड़ सकते थे। हमने दूसरे ही दिन अपने एक जिम्मेवार कार्यकर्ता को उसके साथ जोधपुर भेज दिया। देवली का परिवार राजस्थान के जोधपुर शहर के बाहरी इलाक़े में रहकर दिहाड़ी पर मज़दूरी करता था। वह ख़ुद आठवीं कक्षा में पढ़ाई कर रही थी। हमारे कार्यकर्ता ने उसके पिता हरीराम और माँ को समझा-बुझाकर शादी का विचार रद्द करा दिया। उसके बाद देवली ने अपनी पढ़ाई और सामाजिक काम जारी रखे।

वह न केवल बच्चों के लिए बल्कि भारत और विदेशों में बाल अधिकार के लिए काम करने वाले अनगिनत कार्यकर्ताओं की प्रेरणा और हीरो बन गई थी। सन् 2008 में 'ग्लोबल कैम्पेन फ़ॉर एजुकेशन' की तरफ़ से शिक्षा के अधिकार पर दिल्ली में एक सम्मेलन किया गया था। उसमें यूनेस्को के महानिदेशक मत्सूरा और यूनिसेफ़ की मुखिया कैरोल बेलामी सहित संयुक्त राष्ट्र संघ की संस्थाओं के कई बड़े अधिकारी मौजूद थे। एक बाल प्रतिनिधि के रूप में देवली को भी बुलाया गया था। सभी वक्ताओं ने शिक्षा के महत्त्व पर अच्छे-अच्छे भाषण दिए थे।

कार्यक्रम के बाद जब वे लोग बाहर निकल गए तो उसने मेरे कान में एक बात कहकर हैरान कर दिया। उसके पेट में तो कोई बात पचती नहीं थी। वह बोली, "असली बात बोलूँ। लगता है ये लोग मिल-जुलकर काम नहीं करते। इसलिए अपनी-अपनी संस्था की तारीफ़ किए जा रहे थे। हो सकता है कि उनसे कोई पूछने वाला नहीं है, इसलिए लाखों-करोड़ों बच्चे बाल मज़दूरी करते हैं। और ये नेता बड़े-बड़े भाषण देते रहते हैं।" मुझे उससे कहना पड़ा कि उसकी बात में सच्चाई ज़रूर है। लेकिन वे संस्थाएँ कुछ-न-कुछ अच्छे काम ज़रूर करती हैं, जिनसे बच्चों की भलाई होती है। फिर भी और ज़्यादा काम करने की ज़रूरत है।

सन् 2009 के सितम्बर महीने में देवली मेरे साथ अमेरिका गई थी। उसे न्यूयॉर्क में संयुक्त राष्ट्र संघ के अधिवेशन के दौरान शिक्षा के अधिकार पर आयोजित एक उच्च स्तरीय अधिवेशन में भाषण देने के लिए बुलाया गया था। ब्रिटेन के तत्कालीन प्रधानमंत्री गॉर्डन ब्राउन और विश्व शिक्षा आन्दोलन (ग्लोबल कैम्पेन फ़ॉर एजूकेशन) के अध्यक्ष के नाते मैं, 'क्लास ऑफ़ 2015' नामक उस कार्यक्रम के आयोजनकर्ता थे। आयोजन का उद्देश्य सन् 2015 तक सबके लिए शिक्षा देने के वायदे को पूरा करने के लिए दुनिया की सरकारों को प्रेरित करना था। यू.एन.ओ. के सालाना अधिवेशन की वजह से आसपास के होटलों, सड़कों, चौराहों से लेकर यू.एन. बिल्डिंग तक, चप्पे-चप्पे में सुरक्षा के कड़े इन्तजाम थे। जिस होटल में हम ठहरे थे, वहीं पर अफ़ग़ानिस्तान के राष्ट्रपति हामिद करजई सहित कुछ देशों के राष्ट्रपति और प्रधानमंत्री ठहरे हुए थे।

चारों तरफ़ आधुनिकतम ख़ुफ़िया यंत्र, कैमरे, हथियारबन्द घुड़सवार सिपाही, कमांडो और ख़तरनाक हथियारों से लैस सुरक्षाकर्मी नज़र आ रहे थे। हम पैदल-पैदल संयुक्त राष्ट्र भवन की तरफ़ चल दिए। वहाँ घुसने के लिए कई सुरक्षा चक्रों से गुज़रना होता है। देवली को रास्ते में यह सब देखकर कौतूहल ज़रूर हुआ था, मगर उसे डर नहीं लगा। उसने मुझसे पूछ डाला, "भाई साहब, इन सबसे अच्छे तो हम ही हैं, जो आज़ादी से घूम-फिर सकते हैं। बताइए, अगर ये जनता के नेता हैं, तो इन्हें ख़तरा किससे है?" मैंने उसे आतंकवाद और उसके ख़तरों के बारे में समझाने की कोशिश की। किन्तु मालूम नहीं कि वह कितना समझ पाई थी।

देवली के अलावा उसकी देखभाल के लिए दिल्ली से गई एक कार्यकर्ता, अफ्रीका देश टोगो में घरेलू बाल मज़दूरिन रह चुकी अबलावी नाम की एक किशोरी और हमारे संगठन के कुछ सहयोगी भी साथ में गए थे। कार्यक्रम में गॉर्डन ब्राउन, ऑस्ट्रेलिया के प्रधानमंत्री केबिन रड, जॉर्डन की महारानी रानिया अल-अब्दुल्लाह, नॉर्वे के प्रधानमंत्री जेन्स स्टोटनबर्ग, सिएैरा लिऑन के राष्ट्रपति अर्नेस्टबाई कोरोमा, सऊदी अरब के राजकुमार, यूनेस्को, यूनिसेफ़ एवं आई.एल.ओ. के मुखिया, विश्वबैंक के अध्यक्ष राबर्ट जॉलिक, धर्मगुरु ऑर्कबिशप ऑफ़ यॉर्क जॉन सैंतामू, रॉकस्टार वोनो एवं सर वॉव गिल्डॉफ़ तथा इन्टैल और सिस्को जैसी कम्पनियों के मुखिया तथा कई देशों के प्रधानमंत्रियों सहित दुनिया की अनेक जानी-मानी हस्तियों ने हिस्सा लिया था। मेरी जानकारी में इससे पहले कभी बच्चों की शिक्षा

के मुद्दे पर समाज, कॉरपोरेट जगत व सरकारों के इतने उच्च स्तरीय व्यक्ति एक साथ इकट्ठे नहीं हुए थे।

मैं उस कार्यक्रम का संचालन कर रहा था। चुलबुली गुड़िया देवली अपनी आदत के मुताबिक़ लजाती और मुस्कुराती हुई मंच पर पहुँची। उसने जो बोलना शुरू किया, उसका अनुवाद करने में मैं और हमारी एक साथी कार्यकर्ता शरमा गए। देवली बोली, "आप तो बहुत मोटे-मोटे लोग हैं। ऐसे मोटे-तगड़े लोग मैंने पहले कभी नहीं देखे। न जाने आप क्या खाते-पीते हैं? और हाँ, आप लोग इतने गोरे कैसे हो गए? मैं तो जब से अमरीका आई हूँ तभी से ढेर सारे गोरे लोगों को देखकर हैरान हूँ।"

उसने आगे कहा, "मुझे पता है कि आप लोग बहुत अमीर हैं। आप इतने बड़े-बड़े आदमी हैं। राष्ट्रपति, प्रधानमंत्री और राजा-रानी हैं। मैंने ऐसा एक भी बड़ा आदमी पहले कभी नहीं देखा।" वहाँ उपस्थित सभी श्रोता देवली की सरलता और ईमानदारी से प्रभावित होकर तालियाँ बजाकर हँस रहे थे। वह बोली, "ऊँ...मैं और क्या बोलूँ? ऊँ...अच्छा, चलो बोलती हूँ। आपको बताती हूँ, मैं एक बँधुआ मज़दूरिन थी। पत्थर खदानों में पैदा होकर बड़ी हुई। जब से होश सँभाला तब से आठ साल की उम्र तक पहाड़ों में पत्थर तोड़ती रही थी। मैं नहीं जानती थी कि स्कूल किस चिड़िया का नाम है। कभी किताब, कागज या पेंसिल तक नहीं देखी थी। आजाद होने के बाद मुझे पता चला कि पढ़ाई-लिखाई क्या होती है। अब मैं जानती हूँ कि शिक्षा ही जिन्दगी की रौशनी है। शिक्षा ही हर तरह की ताकत की चाबी है।" उसने बड़े मार्मिक तरीक़े से अपनी ज़िन्दगी की कहानी सुनाई थी। वहाँ उपस्थित सभी लोग भावुक होकर उस नन्ही बच्ची की बातों को टकटकी लगाकर सुन रहे थे। बीच-बीच में तालियाँ भी बजा रहे थे।

उसने अपना भाषण ख़त्म करते हुए कहा, "बस मैं, एक बात और कहना चाहती हूँ। मेरे जैसी ग़रीब, आदिवासी लड़की ने साल भर पहले कसम खाई थी कि अपनी बस्ती के एक भी बच्चे को अनपढ़ नहीं रहने दूँगी। सभी का स्कूल में दाख़िला कराकर ही दम लूँगी। आज सारी-की-सारी बत्तीस लड़कियाँ और लड़के स्कूल में जाते हैं। वे पहले मज़दूरी करने जाते थे, या फ़ालतू घूमते रहते थे। मैंने उनके माँ-बाप से पैसा इकट्ठा करके पहले एक टीचर का इन्तज़ाम किया था। मगर अब गाँव में सरकारी टीचर आने लगी हैं। बताइए, जब मैं एक छोटी बच्ची

होकर यह कर सकती हूँ, तो आप-सब मिलकर दुनिया के सभी बच्चों को बाल मज़दूरी से क्यों नहीं हटा सकते? उनकी पढ़ाई की व्यवस्था क्यों नहीं करा सकते?"

उसकी इस नैतिक चुनौती से संयुक्त राष्ट्र संघ मुख्यालय के उस कक्ष में सन्नाटा छा गया था। जैसे कुछ क्षणों तक सब कुछ ठहर गया हो। फिर सभी खड़े होकर बहुत देर तक तालियाँ बजाते रहे थे। ब्रिटेन के प्रधानमंत्री और जॉर्डन की रानी ने आगे बढ़कर देवली को गले से लगा लिया था। सबसे पहले देवली और अबलावी ने एक कम्प्यूटरीकृत स्क्रीन पर हस्ताक्षर करके 'क्लास ऑफ़ 2015' अभियान का श्रीगणेश किया। बाद में अन्य विशिष्ट व्यक्तियों ने दस्तख़त किए। उसके बाद कई ठोस घोषणाओं का ताँता लग गया था। उपस्थित शासनाध्यक्षों, मंत्रियों एवं कॉरपोरेट हस्तियों ने विश्व भर के बच्चों की शिक्षा में धन की कमी को पूरा करने के लिए कई अनुदानों की घोषणाएँ कीं। वह कुल धनराशि 450 मिलियन डॉलर (उन दिनों के दो हज़ार करोड़ रुपयों) से अधिक की थी। उसके पहले ग़रीब देशों के बच्चों की पढ़ाई के लिए एक साथ इतनी बड़ी राशि का प्रबन्ध कभी नहीं हुआ था। उतना धन उन देशों के डेढ़ करोड़ बच्चों को बुनियादी शिक्षा मुहैया कराने के लिए पर्याप्त था। कार्यक्रम की समाप्ति पर देवली से हाथ मिलानेवालों की होड़-सी लग गई थी। उसके बाद वह दुनिया के शिक्षा अधिकार के क्षेत्र में काफ़ी लोकप्रिय बाल कार्यकर्ता बन गई थी।

हम सभी साथी संयुक्त राष्ट्र भवन से लौटकर बहुत ख़ुश थे। इसलिए रात का भोजन अपने होटल में करने के बजाय पास में एक उम्दा रेस्तराँ में चले गए। उत्साह से भरी हुई देवली राजस्थानी लोकधुन गुनगुना रही थी। मेरे अलावा हमारे संगठन के एक अधिकारी ओएन जेम्स और देवली भी शाकाहारी थे। इसलिए हम तीनों को शाकाहारी भोजन परोसा गया। देवली ने वह भोजन छुआ तक नहीं। वह ज़िद पर अड़ गई कि खाएगी तो बस रोटी, दाल या सब्ज़ी, नहीं तो भूखी रह लेगी। बोली, "इतने बड़े-बड़े लोग मुझे गले लगा रहे थे। मेरे साथ फोटो खिंचवा रहे थे। क्या उनमें से कोई रोटी, दाल नहीं खाता? जहाँ पर वे नेता अच्छा खाना खाते हैं, क्या आप लोग मुझे वहाँ नहीं ले चल सकते?" मैंने उसे समझाने की कोशिश की कि वह खाना बहुत अच्छा है, कम-से-कम चखकर तो देख ले। लेकिन वह नहीं मानी।

रेस्तराँ के कर्मचारियों से प्रार्थना करने पर वे मुझे रसोईघर के भीतर ले गए। मैंने रसोइये को समझाया कि वह चावलों में सब्ज़ियाँ मिलाकर पुलाव-जैसा कुछ

पका दे, ताकि वह बच्ची भूखी न लौटे। आख़िर किसी तरह काम चल गया। दूसरे दिन हम एक भारतीय रेस्तराँ गए। वहाँ हम सबने अपने मनमाफ़िक रोटी, सब्ज़ी और दाल आदि खाना खाया। देवली को तो मज़े आ गए थे।

हम उसे न्यूयॉर्क के कुछ महत्त्वपूर्ण दर्शनीय स्थल घुमाने भी ले गए थे, जैसे स्टेचू ऑफ़ लिबर्टी, एम्पायर स्टेट, ब्रुकलिन पुल इत्यादि। उसे यह देखकर बड़ी हैरानी हुई कि न्यूयॉर्क शहर में बहुत सारे टैक्सी ड्राइवर भारतीय और पाकिस्तानी थे। स्टेचू ऑफ़ लिबर्टी के पास उसने आइसक्रीम खाने के बजाय गुड़िया के बाल (चीनी की चाशनी के तारों से बनाए गए लच्छे के गोले) खाना पसन्द किया। इत्तिफ़ाक़ से वह मिठाई बेचनेवाले सज्जन भारत के एक सरदार जी थे। वे बिजली की मशीन से गुड़िया के बालों के बड़े-बड़े गोले बना रहे थे। बातूनी देवली उनसे भी बातचीत करने लगी। वे इतने ख़ुश हुए कि पैसे तक नहीं लिए। उनके साथ काम करनेवाला आदमी पाकिस्तानी मुसलमान था। हमने वहीं टहलते हुए थोड़ी देर बाद देखा कि वह नौजवान सरदार जी के लिए अपने घर से आलू के पराँठे लाया था। वे दोनों टिफिन में से पराँठे निकालकर साथ-साथ खा रहे थे।

विदेशों में रहनेवाले भारतीयों और पाकिस्तानियों की दोस्ती मेरे लिए कोई अजूबी बात नहीं थी, परन्तु देवली वह देखकर हैरान हो रही थी। वह सोचती थी कि उन दोनों देशों के लोग आपस में दुश्मन की तरह रहते होंगे। मेरे थोड़ा-सा समझाने के बाद वह बोली, "भाई साहब जी, मैं समझ गई दोस्ती में फायदे-ही-फायदे हैं। दुश्मनी करने से तो बड़े नुकसान होते हैं। देखो न, लड़ाइयों (युद्धों) पर कितना सारा पैसा खर्च होता है।" हम अपनी यात्रा समाप्त करके दूसरे दिन रात की फ़्लाइट से भारत लौट गए।

यह सन् 2013 की बात है। संयुक्त राष्ट्र संघ में शिक्षा के मुद्दे पर विशेष दूत बन चुके गॉर्डन ब्राउन ने उस क्षेत्र में उल्लेखनीय काम करने वाली लड़कियों के लिए एक पुरस्कार घोषित किया था। उन्होंने हमसे किसी बच्ची के बारे में सुझाव माँगा था। हमारे मन में थोड़ी ऊहापोह थी। देवली, रज़िया, जैनब, राजकुमारी और हेमलता जैसी कई बच्चियों में से किसी एक को चुनना बहुत मुश्किल हो रहा था। रज़िया बारहवीं कक्षा में पढ़ रही थी। वह डॉक्टरी की पढ़ाई की इच्छुक थी। उसके गाँव या आसपास प्रवेश परीक्षा की तैयारी के लिए कोई सुविधा नहीं थी। इसलिए हमने रज़िया को दिल्ली बुलाकर एक संस्था में दाख़िल करा दिया। उसने कुछ

महीनों तक हमारे घर में रहकर पढ़ाई की थी। संयोग से देवली भी किसी काम से दिल्ली आई हुई थी।

हमारे कार्यकर्ताओं ने ब्रिटेन के उस पुरस्कार के लिए देवली के नाम का सुझाव दिया था। मैं देवली और रज़िया में से किसी एक के बारे में सोच रहा था। मैंने नाश्ता करने के बाद देवली को अलग ले जाकर पूछा, "क्या तुम्हारा नाम एक पुरस्कार के लिए भेज दिया जाए?" उसके चेहरे पर मुस्कुराहट और चमक आ गई। फिर थोड़ा सोचकर बोली, "भाई साहब जी, मैं कई बार विदेश जा चुकी हूँ और बहुत-सा सम्मान मिल चुका है। इस बार किसी नई बच्ची का नाम भेज देंगे तो और भी अच्छा रहेगा।" मैंने उससे पूछ लिया, "तेरे मन में कोई नाम हो तो बता?" उसने तपाक से तीन नाम बोल दिए। उनमें रज़िया का नाम भी था।

रज़िया उस इनाम के लिए पूरी तरह से योग्य थी। हमने सोचा कि यदि उसे वह पुरस्कार मिल जाता है तो सभी के साथ-साथ मुस्लिम समुदाय की लड़कियों को बड़ी प्रेरणा मिलेगी। हमने उसका नाम भेज दिया। सौभाग्य से वह चुन भी ली गई थी। यह ख़बर न केवल उस इलाक़े की जनता, बल्कि देश भर के मीडिया, सामाजिक संगठनों और शिक्षा अधिकार कार्यकर्ताओं के लिए एक बड़ी बात थी। उस ख़ुशी में हमारी बाल महापंचायत में ख़ूब बड़ा जश्न मनाया गया। उसमें देवली ने भी ज़ोरदार भाषण दिया और जमकर डांस किया था।

देवली और बचपन बचाओ आन्दोलन की कोशिशों से राजस्थान में उसकी बस्ती में एक सरकारी अध्यापक की नियुक्ति हो गई थी, बाद में सरकार ने स्कूल भी खोल दिया था। वह पहले तो अक्सर फ़ोन कर लिया करती थी, लेकिन अब ऐसा कभी-कभार हो पाता है। आख़िर उसे अपने दो बच्चों की परवरिश से फ़ुरसत मिले तब न! कुछ वर्ष पहले उसकी शादी हो गई थी। लड़का उसने ख़ुद पसन्द किया था। हम शादी में तो नहीं जा पाए, लेकिन उसके पति से बात करने पर लगता है कि देवली उस पर ख़ूब धौंस जमाकर रखती है। मैं उससे कहता रहता हूँ कि अगर तेरे बच्चों ने नाना, यानी मुझसे तेरी कोई शिकायत की, तो मैं तेरे नाक-कान ख़ूब ज़ोर से खींचूँगा। यह सुनकर वह पहले की तरह उतनी ही निश्छल और प्यारी हँसी बिखेर देती है।

एक-एक करके खुलते बन्द दरवाज़े

यह एक घर की कहानी है, जिसकी दीवारों में दरवाज़े, रोशनदान और खिड़कियाँ नहीं हैं। फिर भी उसमें सभ्य, सम्पन्न और पढ़े-लिखे कहे जाने वाले लोग रहते हैं। घर में झाड़ू-पोंछा लगने के बावजूद गन्दगी और बदबू है, चमचमाते बर्तनों पर कालिख है, और ठसाठस भरी हुई रसोई होते हुए भूख है। यह कहानी उस घर की मज़बूत दीवारों के फटने की, उनसे गिरे मलबे की, और मनुष्य के भीतर की ताक़त से नए दरवाज़े खुल जाने की है। वहाँ कभी अशरफ़ नाम का एक बच्चा भी रहा करता था, जो अब इस दुनिया में नहीं है।

हमने उस घर से निकलने वाले एक लम्बे रास्ते पर चलते हुए दूरी, वक़्त और मंज़िलों के साथ हौसलों, सपनों और निडरता के रिश्तों को समझा। यह कहानी हमारे समाज की मानसिकता और देश के क़ानून के बदलने की है। साथ ही क्रूरता, विश्वासघात, बेबसी, घुटन और निराशा के काँटों में से प्रेम और इनसानियत के फूल खिलने की भी है।

इस कहानी के बग़ीचे में अपने स्वाभाविक रंगों में खिल रहे फूलों पर ज़बरदस्ती बनावटी रंग पोतकर झूठी पहचानें देकर उनके सौन्दर्य को नष्ट करने की कोशिशें हैं, जो कभी जीत जाती हैं, तो कभी वे फूल ही उन्हें हरा देते हैं।

सन् 2014 की बात है। दिल्ली के नज़दीक ग़ाज़ियाबाद में हमारे एक मित्र अरुण शर्मा की बेटी की शादी थी। मैं और सुमेधा जी उसमें शामिल होने गए थे। वह समारोह शहर के बाहर एक होटल में था। शर्मा जी ने बड़ा शानदार भोज आयोजित किया था, जिसमें कम-से-कम हज़ार-डेढ़ हज़ार मेहमान आमंत्रित थे। हमारा यक़ीन था कि वहाँ पर अशरफ़ मियाँ अवश्य मिलेंगे। हम उनसे लगभग साल भर से नहीं मिले थे। हमें जब वे बड़ी देर तक कहीं नज़र नहीं आए, तो मैंने सोचा कि लौटने से पहले शर्मा जी से पूछूँगा। तभी अचानक सूट-बूट और टाई में सजे-धजे जनाब अशरफ़ तेज़ी से भागते हुए हमारी तरफ़ आ गए। उन्होंने हम दोनों के पैर छुए। हमने हमेशा की तरह उन्हें गले लगाकर आशीर्वाद दिया। ज़ाहिर था कि वे बारात की व्यवस्थाओं में मशगूल थे। उनके ऊपर कुछ ख़ास ज़िम्मेदारियाँ थीं। इसलिए उनसे थोड़ी देर के लिए ही बातचीत हो पाई थी।

अशरफ़, शर्मा जी की फ़ैक्टरी में काम करता था और ग़ाज़ियाबाद में उन्हीं के घर में रहता था। उस रात वह बड़ा ख़ुश नज़र आ रहा था। कुछ महीनों पहले ही वह पचीस साल का हुआ था। मैंने उससे पूछा, "पढ़ाई और काम-काज कैसा चल रहा है?" उसने कहा, "भाई साहब जी, कम्प्यूटर हार्डवेयर का काम अच्छा-ख़ासा चल रहा है! शर्मा जी ने सैलरी बढ़ा दी थी। क़रीब-क़रीब सारे पैसे अम्मी को भेज देता हूँ। प्राइवेट परीक्षा ज़रूर दे दूँगा।" मैंने उसके कन्धे पर हाथ रखकर कहा, "इसका मतलब शर्मा जी के साथ सब अच्छा चल रहा है।" उसके चेहरे पर और ज़्यादा चमक आ गई। वह बोला, "कुछ दिनों पहले मेरा जन्मदिन था। मुझे तो याद तक नहीं था। लेकिन जब रात को घर लौटा तो मेरी ख़ुशी और अचरज का ठिकाना नहीं रहा था। मैंने देखा कि शर्मा जी का पूरा परिवार मेरा जन्मदिन मनाने

के लिए टेबल पर केक सजाए हुए इन्तज़ार कर रहा था।" हमें अशरफ़ से वह सुनकर बहुत सन्तोष हुआ।

रास्ते में लौटते हुए सुमेधा जी ने कहा था, "अशरफ़ को किसी की नज़र न लग जाए। आज तो वह ख़ुद दूल्हे की तरह लग रहा था। हमें उसे जल्दी से दूल्हा बनाने की तैयारी करनी चाहिए।" हमने उसकी माँ फूलजहाँ से वायदा किया था कि उसे पढ़ा-लिखाकर ख़ूब धूमधाम से शादी करेंगे।

वह अशरफ़ से हमारी आख़िरी मुलाक़ात थी।

उसके पिता दर्जी का काम करते थे, लेकिन टी.बी. की बीमारी हो जाने से पन्द्रह सालों तक काम-धन्धा बन्द पड़ा रहा था। बाद में उनकी मृत्यु हो गई थी। फूलजहाँ परिवार का पेट पालने के लिए गली में बैठकर अंडे और सब्ज़ियाँ आदि बेचने का काम करती थी। परन्तु बेटों की नौकरी लग जाने के बाद वह घर पर रहकर छोटे बच्चों की देखरेख करने लगी थी। सभी कुछ ठीक से चल रहा था। हम सोच तक नहीं सकते थे कि एक दिन अचानक हमें अपने अशरफ़ की मौत की ख़बर मिलेगी। हादसे के दो दिनों के बाद किसी पड़ोसी ने फ़ोन करके बताया था कि उसको तीन दिनों तक तेज़ बुख़ार रहा था। वह डॉक्टर की दवाई ले रहा था, लेकिन उसके प्राण नहीं बच सके। तब वह अपनी माँ और भाई-बहनों के पास दिल्ली के संगम विहार में आया हुआ था।

वह ख़बर मिलते ही मैं सुमेधा जी और कुछ वरिष्ठ कार्यकर्ताओं के साथ उसके घर जाने के लिए निकल पड़ा। दिल्ली में हमारे ऑफ़िस से वहाँ पहुँचने में 20-25 मिनट लगते हैं, लेकिन हमें वह एक-एक मिनट साल-साल भर सरीखा लग रहा था। हम सन् 1995 में छह साल के घायल अशरफ़ को साथ लेकर पहली बार उसके घर गए थे। तब पूरे रास्ते ईश्वर से उसके प्राण बच जाने की प्रार्थना करते रहे थे। उन्नीस साल के बाद उसी रास्ते से गुज़रते हुए उसकी आत्मा की शान्ति की दुआ माँग रहे थे, और उससे जुड़ी अनगिनत घटनाएँ याद कर रहे थे।

हमने जब पहली बार अशरफ़ को देखा था तब उसका अधजला शरीर एक बरामदे में मिला था। वह सन् 1995 की बात थी। हमारा एक छोटा-सा ऑफ़िस दक्षिणी दिल्ली के अरावली अपार्टमेंट में चलता था। हमारे पास मोबाइल फ़ोन नहीं थे। ऑफ़िस में एक फ़ोन था, जो बरामदे में टेबल पर रखा रहता था। एक दिन किसी लोकल अख़बार के रिपोर्टर का फ़ोन आया। वह दक्षिणी दिल्ली की झुग्गी

बस्ती, संगम विहार में रहता था। मैं उसे नहीं पहचानता था किन्तु वह मेरे नाम से परिचित था, इसलिए दफ़्तर के किसी अन्य व्यक्ति के बजाय सिर्फ़ मुझसे बात करना चाहता था। मैंने उसका फ़ोन ध्यान से सुना। उसने जो बताया, वह एक बड़ी चिन्ताजनक सूचना थी।

उसने कहा, "सर, कुछ मिनट पहले मुझे ख़बर मिली थी कि मेरी बस्ती का एक बच्चा बुरी तरह से जल गया है! वह झुलसी हुई हालत में दिल्ली की रामकृष्णपुरम् कॉलोनी में पड़ा है। शायद अब तक मर ही चुका हो। वह एक बड़े सरकारी अफ़सर के घर में घरेलू नौकर है। मैं बच्चे की माँ और एक-दो पड़ोसियों के साथ वहाँ जाने वाला हूँ।" वह आगे बोला, "अगर हमारी मदद के लिए बचपन बचाओ आन्दोलन का कोई कार्यकर्ता वहाँ चला जाए तो अच्छा रहेगा।" घटना की गम्भीरता को समझते हुए मैंने उस आदमी से कहा कि मैं ख़ुद वहाँ जाना चाहता हूँ। उसने वहाँ का पता लिखवा दिया। संयोग से उस वक़्त सुमेधा जी और हमारे संगठन के निदेशक डॉ. नारायण सिंह कार्यालय में मौजूद थे। हम तुरन्त कार में बैठकर रामकृष्णपुरम् की तरफ़ निकल पड़े। वह सरकारी अधिकारियों और वरिष्ठ कर्मचारियों का रिहाइशी क्षेत्र था।

हमारे पहुँचने तक बच्चे की माँ आदि वहाँ पहुँच चुके थे। बदहवास माँ, बेटे के अधजले शरीर से चिपटकर रो-चीख़ रही थी। वह 'अशरफ़, अशरफ़' पुकार रही थी। किन्तु दर्द के मारे छटपटाता हुआ छह-सात साल का मासूम अपनी आँखें तक नहीं खोल पा रहा था। नारायण सिंह जी और मैंने लगभग बेहोशी की हालत में पड़े अशरफ़ को अपनी गोद में उठाकर बाहर निकाला। उसके दोनों हाथ, पैर, गला, मुँह और कन्धे आदि सभी अंग जले हुए थे। बच्चे का शरीर तप रहा था।

वह शनिवार का दिन था। उस मकान में ताला लगा हुआ था। हमने आसपास के घरों के दरवाज़े खट-खटाकर पड़ोसियों को पुकारा। ज़्यादातर लोग अपने घरों के अन्दर रहे होंगे। लेकिन वे सम्भ्रान्त, पढ़े-लिखे और तथाकथित सुसंस्कृत समाज के लोग अपने टेलीविज़नों की आवाज़ तेज़ करके छुपे बैठे रहे। कोई इक्का-दुक्का व्यक्ति निकला भी, तो हमारे पूछने पर हादसेवाले घर के बारे में कुछ नहीं बोला। हम देखते ही भाँप गए थे कि बच्चे पर किसी ने बर्बर अत्याचार किया है। अशरफ़ पर जुल्म ढाने वाला घर के बाहर लगी अपनी नाम पट्टिका हटाना भूल गया था। हम उसी से जान पाए कि हामिद हुसैन नाम का वह आदमी कोई साधारण व्यक्ति

नहीं, बल्कि भारत सरकार में 'अवर कृषि सचिव' था। यह भारतीय प्रशासनिक सेवा का एक वरिष्ठ पद होता है।

हम जल्दी से बच्चे को नज़दीक के एक अस्पताल लेकर पहुँचे। वहाँ के डॉक्टर उसकी हालत को देखकर इलाज करने के लिए तैयार नहीं हुए। जद्दोजहद में वक़्त बीत रहा था। मजबूरन हम उसे एक बड़े नर्सिंग होम लेकर गए। डॉक्टरों को सन्देह था कि वह अपने आप किसी हादसे का शिकार नहीं हुआ, बल्कि उसे लोहे की किसी गर्म वस्तु से दागा गया है। तब तक वह एक शब्द तक नहीं बोला था। इलाज के कुछ देर बाद शाम तक उसे होश तो आ गया था, किन्तु वह दर्द, दहशत और गहरे सदमे की वजह से कुछ नहीं बोल पा रहा था। डॉक्टरों के अनुसार वह ख़तरे से बाहर था।

उसके बाद हम रामकृष्णपुरम् के पुलिस थाने पहुँचे। थाने का अधिकारी, एस.एच.ओ. मौजूद नहीं था। ड्यूटी पर बैठे सिपाही ने फ़रमाया, "साहब तो तफ़्तीश पर निकले हैं...मालूम नहीं कब तक लौटेंगे...उनके आए बग़ैर तो हम रिपोर्ट नहीं लिखेंगे...आप चाहें तो दो-तीन घंटे इन्तज़ार कर लें, नहीं तो कल सुबह आ जाइए। बताइए, जब बच्चा खुद कुछ नहीं बोल रहा है, और न ही किसी ने कुछ देखा है, तो हम रिपोर्ट किसके ख़िलाफ़ लिखें?"

एक तरफ़ जनता की सेवा व सुरक्षा के लिए तैनात उस सिपाही की बकवास, और दूसरी तरफ़ नन्हे अशरफ़ की कराहों की आवाज़ के बीच ख़ुद को संयमित और सन्तुलित रख पाना हमारे लिए बड़ी कठिन परीक्षा की घड़ी थी। फूलजहाँ घबराहट के मारे बेचैन हो रही थी। हम क़रीब घंटे भर तक रिपोर्ट लिखवाने की असफल कोशिश में जुटे रहे थे। बच्चे को न्याय दिला पाना तो बड़े दूर की बात थी, कोई उसकी फ़रियाद लिखने तक के लिए तैयार नहीं था। आख़िर हम रास्ते में से कुछ दवाइयाँ और ज़रूरी सामान ख़रीदते हुए अशरफ़ और उसकी माँ को उनके घर पहुँचा आए।

मेरी रात करवटें बदलते हुए कटी। मैं कई प्रकार के उद्वेगों, आवेगों, पीड़ा और उधेड़बुनों में उलझा हुआ अशरफ़ को न्याय दिलाने की तरकीबें सोचता रहा था। हमारे सामने सबसे पहली चुनौती अशरफ़ को सदमे से उबारने की थी, ताकि वह हादसे के बारे में बता सके। उसके बिना किसी के ख़िलाफ़ रिपोर्ट दर्ज नहीं हो सकती थी। हमारे पास कोई सबूत या गवाह तक नहीं था। उसके अलावा बच्चे

के उचित इलाज का इन्तज़ाम कराना ज़रूरी था, जिससे कि वह स्वस्थ हो सके। अगले दिन रविवार था। सुबह-सुबह सुमेधा जी, हमारी दस वर्षीया बेटी अस्मिता, संगठन के कुछ वरिष्ठ साथी और मैं अशरफ़ के घर पहुँच गए। घर क्या, एक छोटी-सी झुग्गी थी, वह भी किराये की। इलाक़े में सीवरेज न होने से चारों ओर गन्दी नालियाँ थीं, जो फटी-पुरानी प्लास्टिक की थैलियों और कचरों से अटी पड़ी थीं। बाक़ी में सुअरों और बच्चों की टट्टी-पेशाब भरी हुई थी।

हम अपने साथ अस्मिता को इसलिए ले गए थे, ताकि वह अशरफ़ से लाड़-प्यार से बातें करके उसके मन से डर निकालने में मदद कर सके। वह अपनी छोटी-सी उम्र में ऐसे बच्चों के लिए बहुत संवेदनशील थी और काम में ख़ूब बढ़-चढ़कर भाग लेती थी। उसकी आँखों में गुस्सा और आँसू थे, फिर भी पूरे संयम के साथ एक टूटी चारपाई पर लेटे हुए अशरफ़ के पास बैठकर उसके सिर को सहलाने लगी। हम थोड़ी दूरी पर ज़मीन पर प्लास्टिक का एक टुकड़ा बिछाकर बैठे हुए बच्चे को हौसला देने की कोशिश में लगे थे। हमने कुछ खाना मँगाकर उसके परिवारवालों के साथ बैठकर खाया। कुछ घंटों के बाद उम्मीद की किरण जागी। अशरफ़ ने इशारों-इशारों में अपनी माँ, बहन और अस्मिता को हादसे के बारे में बताना शुरू कर दिया था। वह थोड़ा-सा जूस पी लेने के बाद धीरे-धीरे कुछ बुदबुदाने लगा था। उसने जो कुछ बताया वह रोंगटे खड़े कर देने वाली अकल्पनीय घटना थी।

फूलजहाँ हमें पहले से बता चुकी थी कि पड़ोस का एक आदमी रामकृष्णपुरम् कॉलोनी में चौकीदारी करता था। उसी की मार्फत छह साल के अशरफ़ को हामिद हुसैन के यहाँ घरेलू नौकरी पर लगाया गया था। अशरफ़ को बरामदे के कोने में सोने की इजाज़त थी। उसके माँ-बाप हामिद हुसैन से कभी नहीं मिले थे। उसका काम सुबह-सुबह उठकर झाड़ू-पोंछा लगाना था। उसकी एक और बड़ी ज़िम्मेदारी थी, मालिक के दो-तीन साल के बेटे की देखभाल करना। मालकिन ख़ुद खाना पकाती थी।

अशरफ़ ने बताया कि हादसे वाली सुबह, यानी शुक्रवार को, मालिक और उसकी पत्नी काम पर जाने को तैयार थे। मालकिन किसी स्कूल में टीचर है। उस दिन अशरफ़ की नींद देर से खुली थी, क्योंकि उसे बुख़ार चढ़ा हुआ था। उसे दवाई के बजाय फटकार खानी पड़ी थी। मालिक-मालकिन ने अपना चाय, नाश्ता

बनाकर खा लिया। उन्होंने बाहर जाते-जाते कहा था, "लड़का दिनभर भूखा रहेगा तो बुख़ार ठीक हो जाएगा।"

वे रोज़ की तरह उसे बन्द करके बाहर से ताला लगाकर चले गए थे। वह दिनभर भूखा-प्यासा बुख़ार में तड़पता पड़ा रहा था। शाम को लौटते ही वे लोग उसे फिर से डाँटने-फटकारने लगे, क्योंकि घर में सुबह के प्याले और बर्तन बिना धुले पड़े थे। अशरफ़ ने कहा, "उसके बाद साहब नमाज़ पढ़ने बैठ गए थे। मेम साहब अपने बेटे के लिए दूध उबालने लगीं। उन्होंने दूध ठंडा करके मुझसे कहा कि छोटे साहब को दूध पिला दे। मैंने अपने हाथ से उन्हें दूध पिलाया। वे हमेशा नखरे करके मुश्किल से दूध पीते थे।" वह यह बताते-बताते रो पड़ा था। हमें यह देखकर थोड़ा-सा सुकून मिला कि उसकी भावनाएँ धीरे-धीरे वापस लौट रही थीं।

वह आगे बोला, "छोटे साहब ने गिलास का क़रीब-क़रीब पूरा दूध पी लिया था। दो-चार चम्मच बच गया होगा। मैंने देखा कि मेम साहब खाना पकाने में लगी थीं। साहब नमाज़ पढ़ रहे थे। मैंने भूख के मारे गिलास में छोड़ा हुआ दूध जल्दी से गटक लिया। पता नहीं कि उन्होंने कैसे मुझे देख लिया था। वे मुझे खींचकर रसोईघर में ले गए। साहब चिल्ला रहे थे कि लड़के ने चोरी की है। इसके हाथ जला दो। उन्होंने मेरे दोनों हाथ पकड़ लिए। मेम साहब ने जल्दी से लोहे का एक चिमटा गरम किया। फिर दोनों ने मिलकर मेरे हाथ, पैर और मुँह सब जला दिए। देखिए, मेरा पेट तक जला दिया।"

फूलजहाँ लगातार रोए जा रही थी। पास में बैठे हुए हम सभी लोगों का ग़ुस्से और दुख से बुरा हाल था। हमने तुरन्त फ़ैसला किया कि अशरफ़ को राष्ट्रीय मानवाधिकार आयोग के अध्यक्ष व भारत के पूर्व मुख्य न्यायाधीश श्री रंगनाथ मिश्र के घर ले जाया जाए। हम नई दिल्ली में उनके आवास पर जा पहुँचे। रविवार का दिन होने से आयोग का दफ़्तर बन्द था। दोपहर बाद का वक़्त था। संयोग से न्यायमूर्ति जी घर पर थे। सूचना मिलने पर उन्होंने तुरन्त हमें भीतर बुला लिया।

न्यायमूर्ति मिश्र जी, अशरफ़ को देखकर चौंक गए। हम जितना कुछ अशरफ़ की बातचीत से समझ सके थे, वह कहानी उन्हें सुना दी। उन्होंने फूलजहाँ को सांत्वना दी और अशरफ़ को भी पुचकारा। फिर टेबल पर से फ़ोन उठाकर किसी से बात की। थोड़ी-सी देर में आयोग के महानिदेशक तथा दो वरिष्ठ अधिकारी

वहाँ पहुँच गए। बाद में आयोग के वरिष्ठ सदस्य व सर्वोच्च न्यायालय के पूर्व न्यायाधीश श्री वी.एन. मलीमथ भी जा पहुँचे। मानवीय करुणा एवं सरोकार से भरा उनका सरल व्यक्तित्व सभी को प्रेरित करता था। मेरी जानकारी में वह पहली घटना थी, जब रविवार के दिन राष्ट्रीय मानवाधिकार आयोग के अध्यक्ष के घर पर एक विशेष आपातकालीन सुनवाई की गई हो। वह कार्रवाई लगभग आधा घंटे तक चली थी। न्यायमूर्ति मिश्र ने उस मामले में तत्काल जाँच करने और देश के जाने-माने सरकारी अस्पताल 'एम्स' में बच्चे का इलाज शुरू कराने के आदेश दिए। इस अभूतपूर्व घटनाक्रम से मीडिया कैसे अछूता रहता। भारत के कई प्रमुख अख़बारों में वह घटना विस्तार से छपी थी। वह घरेलू बाल मज़दूरी के मामले में देश की आँखें खोलने वाली पहली महत्त्वपूर्ण ख़बर थी।

घरेलू मज़दूरी एक क़िस्म की अदृश्य दासता है जहाँ बन्द दरवाज़ों के अन्दर कामगार सोलह-सोलह घंटे गालियाँ तथा अपमान सहकर हाड़-तोड़ मेहनत करते हैं। यह सामंती सोच और व्यवस्था का आधुनिक संस्करण है, जिसमें पेशेवर, पढ़े-लिखे और प्रभावशाली परिवार अपनी सुख-सुविधाओं के लिए किसी लाचार और ग़रीब व्यक्ति को सहजता से अपना ग़ुलाम बनाए रखते हैं। शायद ही कभी किसी क़ानून और इंसाफ़ के हाथ वहाँ तक पहुँच पाते हैं।

हमारे देश में सदियों से परम्परा के तौर पर नौकरानियाँ रखने की सामाजिक स्वीकार्यता बनी रही है। कुछ दशक पहले तक तो बेटी के साथ दहेज़ में दी जाने वाली दासियों के रूप में छोटी बच्चियाँ या किशोरियाँ हुआ करती थीं। हमने अशरफ़ की घटना के बाद कई सरकारी अफ़सरों, मंत्रियों, सांसदों, विधायकों, यहाँ तक कि जजों तक के घरों में बाल मज़दूरिनें होने का खुलासा किया था अथवा उन्हें मुक्त कराया था। इतना ही नहीं, विदेशी दूतावासों तथा संयुक्त राष्ट्र संघ की संस्थाओं में डेपुटेशन पर गए अफ़सरों के घरों में नौकरानियों पर ज़ुल्म की घटनाएँ देखने में आती थीं। इन घरेलू नौकरानियों को यह कहकर कोई मज़दूरी नहीं दी जाती कि सारा हिसाब-किताब भारत में उनके परिवारों से कर लिया जाएगा। मालिक लोग उनके पासपोर्ट अपने पास रख लेते थे, ताकि वे वापस न लौट सकें।

बचपन बचाओ आन्दोलन ने अशरफ़ के बेहतरीन इलाज और परिवार की आर्थिक मदद का कुछ प्रबन्ध कर दिया था। उसकी हालत में तेज़ी से सुधार होने लगा था। एक बार रात को फूलजहाँ ने मुझे फ़ोन किया। मैं थोड़ा घबरा-सा गया

था, किन्तु अगले ही क्षण मेरा सीना गर्व से फूल गया और मेरी आँखें भर आई थीं। ऐसा लगा मानो मेरे अन्दर हज़ारों तारे एक साथ झिलमिला उठे हों। उसने कहा, "भाई साहब, थोड़ी देर पहले हामिद हुसैन एक दाढ़ीवाले मौलवी साहब और कुछ लोगों के साथ मेरे घर आया था। पहले तो उसने हाथ जोड़कर माफी माँगी, बाद में सौ-सौ रुपये के नोटों की एक गड्डी निकालकर बोला कि वे पैसे मेरे लिए हैं। इसके अलावा उसने कहा कि अशरफ़ का इलाज वही कराएगा। मुझसे कहने लगा कि मैं केस वापस ले लूँ। जो हुआ सो हुआ। मैंने गुस्से से कह दिया कि मेरे बेटे को देख, जल्लाद कहीं के। तू तो जानवर से भी गया-गुजरा है। तू मेरे बेटे के दर्द और हमारी अस्मत को नोटों से खरीदने आया हैं?" वह आगे बोली, "भाई साहब, उस बेशर्म ने मुझे मजहब का वास्ता देकर कहा कि 'कैलाश सत्यार्थी तो काफिर (हिन्दू) है। वह कितने दिनों तक तुम्हारा साथ देगा? मैं तो खुद पाँचों वक्त का नमाजी मुसलमान हूँ, जिन्दगी भर तुम्हारी मदद करूँगा,' यह कहते-कहते उसने नोटों की एक और गड्डी मेरी तरफ बढ़ा दी।"

मैंने उससे पूछा कि उसने क्या किया? वह बोली, "भैया जी, इतनी गन्दी जुबान सुनकर मैंने उसके मुँह पर थूक दिया। फिर मैंने नोटों की दोनों गड्डियाँ लेकर उन लोगों के मुँह पर दे मारी। मैं बोली कि खुद अल्लाह मियाँ आकर बोलें तो भी मैं पुलिस रिपोर्ट वापस नहीं लूँगी। तुम लोगों को तो कीड़े पड़ेंगे। तुम सड़-सड़कर मरोगे, ये एक माँ की बद्दुआ है।"

फूलजहाँ ने बताया कि वे लोग घबराकर उलटे पाँव लौट गए थे। मगर उसे देख लेने की धमकी देकर गए थे। उस बहन की आवाज़ में गर्व था, आत्मविश्वास और निडरता थी। एक सच्ची मुसलमान और एक महान हिन्दुस्तानी औरत के भीतर का स्वाभिमान था। उसने घोर ग़रीबी, भुखमरी, लाचारी और बीमारी के बावजूद उन्हें धता बताकर साबित कर दिया कि आत्मसम्मान, मानवीय गरिमा और इंसाफ़ के आदर्श महज़ किताबों में पढ़ाए जाने वाली बातें या धर्मगुरुओं के उपदेश मात्र नहीं होते, बल्कि कुछ ज़िन्दगियों की असलियत भी होते हैं।

हमारा वास्ता इससे ठीक उलटी स्थितियों से भी पड़ता रहा है। सन् 2005 की बात है। एक दिन किसी अज्ञात महिला ने सुमेधा जी को फ़ोन करके सूचना दी कि उसके पड़ोस में एक घरेलू बाल मज़दूरिन पर बहुत अत्याचार हो रहा है। वह लड़की दिल्ली में जामिया नगर के बटला हाउस इलाक़े में एक घर में क़ैद है। यह

वही इलाक़ा है, जहाँ कुछ वर्ष पूर्व दिल्ली पुलिस और कुछ कथित आतंकवादियों के बीच दुर्दान्त मुठभेड़ हुई थी। उसमें पुलिस वाले शहीद हुए थे। कई लोग भी मारे गए थे। सुमेधा जी एक कार्यकर्ता शीतल रैना को साथ लेकर वहाँ पहुँच गईं। फ़ोन पर मिली सूचना के अनुसार वे दोनों एक गली के अन्दर मकान की पहली मंज़िल के उस फ़्लैट में गईं। दरवाज़ा खोलकर भीतर जाने पर उन्हें कोई नहीं मिला। अचानक उनकी नज़र बाहर बालकनी के एक कोने में पड़ी, जहाँ पर बारह-तेरह साल की बेहद दुबली-पतली एक बच्ची दुबकी हुई निढाल पड़ी थी। उसके मुँड़े हुए सिर के बीचोबीच आठ-दस इंच लम्बा एक गहरा घाव था, जिसमें बुरी तरह पस पड़ चुका था। उसके दोनों हाथों, पैरों और पीठ में भी ज़ख़्म थे। उसने अपना नाम सलमा बताया था।

सुमेधा जी और शीतल ने उसे जैसे-तैसे नीचे उतारा। वे उसे उठाकर तुरन्त दिल्ली के एम्स अस्पताल ले गईं। सलमा की नाजुक हालत देखते हुए डॉक्टरों को उसके बच सकने की बहुत कम उम्मीद थी। अस्पताल के नियमों के अनुसार सलमा के बयान दर्ज़ करने के लिए पुलिस को बुला लिया गया। उस बीच बचपन बचाओ आन्दोलन के कुछ साथी वहाँ पहुँच चुके थे। सलमा पिछले दो-तीन दिनों से भूखी-प्यासी थी। उसने बुदबुदाते हुए सुमेधा जी से एक बिस्कुट माँगा जिसे खाकर वह कुछ बोल सकने लायक़ हो सकी थी। वह इतनी डरी हुई थी कि उन्हें एक पल के लिए भी अपनी आँखों से ओझल नहीं होने दे रही थी। पलंग पर लेटे हुए पूरे समय उन्हीं का हाथ थामे रही। डॉक्टरों और पुलिस ने उसकी मनोदशा देखते हुए, उन्हें उसके साथ रहने की इजाज़त दे दी थी। मैं भी कुछ देर के बाद अस्पताल पहुँच गया था। डॉक्टरों को उसके कपाल का तुरन्त ऑपरेशन करना पड़ा, क्योंकि घाव का संक्रमण अन्दर तक फैल चुका था।

सलमा के बयान से यह पता चल गया था कि उसे बिहार के गया ज़िले से दिल्ली लाकर घरेलू नौकरानी बनाकर रखा गया था। घर का मालिक दुबई में डॉक्टर था। वह मालकिन के साथ अकेली रहती थी। उसने अपने बयान में बताया था कि मालकिन उसके सिर पर एक ही जगह डंडे से बार-बार पीटती रहती थी।

मैं जब कुछ घंटों के बाद गहन चिकित्सा वार्ड से निकलकर नीचे बने पार्क में आया, तो बाहर का नज़ारा देखकर हैरान रह गया। वहाँ सौ-डेढ़ सौ लोग जमा थे। उनका नेतृत्व जामिया नगर के एक मुस्लिम नेता और लम्बी दाढ़ियोंवाले कुछ

मौलवी कर रहे थे। नेताजी मुझे पहचानते थे। भीड़ ने मुझे घेरकर धमकियाँ देना शुरू कर दिया। मैं जानता था कि ग़ुलामी कराने वाले मालिकों की तरफ़दारी के लिए जरा-सी देर में बिरादरी या सम्प्रदाय की आड़ में हुड़दंगी लोग इकट्ठे हो जाते हैं। राजनैतिक नेता और मज़हबी ठेकेदार तो ऐसे ही मौक़ों की तलाश में रहते हैं। मैंने उन्हें कभी किसी पीड़ित बच्चे के हक़ में आगे आते नहीं देखा। वे लोग मुझ पर दबाव डालने लगे कि मालिक-मालकिन बड़े अच्छे लोग हैं, इसलिए उनके ख़िलाफ़ कोई क़ानूनी कार्यवाही न की जाए। उन्होंने हमें पूरे प्रकरण से हट जाने की शर्त पर मस्जिद कमेटी की तरफ़ से सलमा के इलाज का ख़र्च उठाने की पेशकश की। भीड़ में कुछ लोग मुझे ग़ैर-मुसलमान बताकर एक मुसलमान लड़की के मामले में दख़लन्दाज़ी नहीं करने की धमकी देने लगे थे।

तभी मुझे एक युक्ति सूझी। मैं बढ़-चढ़कर उछलने वाले उस नेता को एक कोने की तरफ़ ले गया उससे धीरे से कहा कि नेतागिरी के चक्कर में वह अपनी पार्टी से हाथ धो बैठेगा। मैंने अपने मोबाइल फ़ोन में उसकी पार्टी के एक वरिष्ठ नेता का फ़ोन नम्बर दिखाते हुए उसी के सामने फ़ोन मिलाना शुरू कर दिया। शिकायत किए जाने के डर से वे जनाब बुरी तरह घबरा गए थे। मैंने थोड़ी राहत की साँस ली और उनसे कहा कि यदि वे सलमा को इंसाफ़ दिलाने में मदद करें तो मैं पार्टी नेतृत्व के सामने उनकी सिफ़ारिश करूँगा। लेकिन सबसे पहले वे उस भीड़ को वहाँ से दफ़ा करें। नेताजी की समझ में आ गया। उन्होंने लोगों को किसी तरह समझा-बुझाकर वापस लौट जाने के लिए राज़ी कर लिया।

शाम को अचानक सलमा की माँ अस्पताल में पहुँच गई। उसे मालकिन के रिश्तेदार हवाई जहाज़ से दिल्ली लेकर आए थे। हमारे सामने सारा माजरा स्पष्ट हो गया था। फिर भी हमने उस महिला को समझाने-बुझाने की भरपूर कोशिशें कीं। किन्तु उस पर कोई असर नहीं हुआ। तीन-चार दिनों में सलमा की हालत में सुधार नज़र आने लगा था। हम उसके बच जाने के बारे में पूरी तरह से आश्वस्त हो गए थे। वह अपनी माँ से बहुत चिढ़ गई थी, क्योंकि वह बेटी की चिन्ता भूलकर मालकिन की तरफ़दारी किए जा रही थी। क़ानूनी तौर पर नाबालिग बच्ची की असली अभिभावक उसकी माँ थी। इसलिए सलमा को उसके हवाले कर दिया गया। अस्पताल से छुट्टी मिलने के बाद वह उसे लेकर उन मज़हबी नेताओं के यहाँ चली गई।

थोड़े दिनों के बाद हमें दिल्ली की एक अदालत से नोटिस मिला। मालिक-मालकिन और सलमा की माँ ने हमारे ख़िलाफ़ नाबालिग लड़की के अपहरण का मुकदमा दर्ज करा दिया था। संयोग से अस्पताल में दाख़िले के बाद उसके और डॉक्टरों के बयान पुलिस में दर्ज हो चुके थे। मेडिकल रिपोर्ट भी थी। इसलिए जज ने पहली सुनवाई में ही मुकदमा ख़ारिज कर दिया।

क़रीब महीने भर के बाद सलमा अपनी माँ से लड़-झगड़कर हमसे मिलने आ पहुँची थी। हम सभी उसे देखकर बड़े हैरान और ख़ुश हुए। जबकि वह दुख और शर्मिंदगी के मारे अपनी ख़ुशी तक ज़ाहिर नहीं कर पा रही थी। हमने उसे अपने पास बिठाकर बड़े लाड़-प्यार से समझाया कि उसकी कोई ग़लती नहीं है। उससे यह वायदा लिया कि अपनी माँ या किसी और के दबाव में दुबारा मज़दूरी करने नहीं जाएगी। कुछ सालों के बाद हमारी आँखें उसे एक सुन्दर नई-नवेली दुल्हन के रूप में देखकर फटी-की-फटी रह गई थीं। एक दिन वह अचानक अपने पति के साथ हमारे ऑफ़िस में आई थी। हमने दूल्हे राजा और सलमा की ख़ूब ख़ातिरदारी की। उन्होंने भी वायदा किया कि अपने गाँव और आसपास के किसी बच्चे को दूसरी जगह मज़दूरी के लिए जाने से रोकेंगे।

सन् 1996 के आख़िरी महीनों में अशरफ़ को शिक्षा और पुनर्वास के लिए मुक्ति आश्रम ले जाया गया। मुक्ति आश्रम मुक्त कराए गए बँधुआ एवं बाल मज़दूरों को शिक्षा, पुनर्वास, प्रशिक्षण, सशक्तीकरण और नेतृत्व निर्माण का केन्द्र है। हमने सन् 1990 में दिल्ली में इसकी स्थापना की थी। हमें पता चला था कि अशरफ़ का दस वर्षीय बड़ा भाई शौकत सौ-डेढ़ सौ रुपये महीने पर एक मसाला फ़ैक्टरी में काम करता है। उसने अपने भाई को वहाँ से छुड़वाने की इच्छा ज़ाहिर की। हमने तुरन्त कार्यवाही करके उसको भी आज़ाद करा दिया था। मिर्च और कई तरह के मसालों की कुटाई-पिसाई के काम के दौरान उसकी आँखें ख़राब होने लगी थीं। उसके पूरे शरीर में न केवल चर्मरोग हो गया था, बल्कि गले व पेट में भयंकर जलन होती रहती थी। हमने मुक्ति आश्रम में लाकर उसका इलाज कराया और लगभग पाँच साल तक वहीं रखकर पास के स्कूल में पढ़ाई कराई। बाद में उसको संगम विहार के सरकारी स्कूल में भर्ती करा दिया था, ताकि वह परिवार के साथ रह सके। शौकत परिवार का सबसे बड़ा लड़का था।

एक दिन न्यायमूर्ति मलीमथ ने अशरफ़ के मामले में बात करने के लिए

मुझे राष्ट्रीय मानव अधिकार आयोग के कार्यालय में बुलाया। उन्होंने घरेलू बाल मज़दूरी के तमाम पहलुओं पर बड़ी देर तक बातचीत की। मैंने अपनी जानकारी और अनुभव के आधार पर उन्हें इस समस्या की गम्भीरता, अनुमानित संख्या, बच्चों को काम पर लगाने की प्रक्रिया से लगाकर उन पर होने वाले कुप्रभावों और आर्थिक पहलुओं के बारे में बताया। मलीमथ जी का सुझाव था कि हम उन्हें एक लिखित नोट बनाकर दे दें, ताकि वे इस बुराई को क़ानूनी रूप से प्रतिबन्धित कराने की पहल कर सकें। जल्द ही नोट उन तक पहुँचा दिया गया। उसी के साथ-साथ हमने लोकसभा और राज्यसभा के सभी सांसदों को चिट्ठियाँ लिखकर अख़बारों में छपी अशरफ़ की कहानी की फ़ोटो कॉपी भिजवा दी थी। उनसे माँग की थी कि घरेलू बाल मज़दूरी पर क़ानूनी रोक लगाई जाए। इस तरह से देश में एक नए अभियान की शुरुआत हो गई थी।

न्यायमूर्ति मलीमथ घरेलू बाल मज़दूरी पर क़ानूनी प्रतिबन्ध लगवाने हेतु मानव अधिकार आयोग के भीतर सहमति बनाने में सफल हो गए थे। आयोग ने क़ानून मंत्रालय को एक प्रस्ताव भेजकर सिफ़ारिश की कि देश के बालश्रम क़ानून के अन्तर्गत घरेलू बाल मज़दूरी को भी प्रतिबन्धित कामों की श्रेणी में लाया जाए। परन्तु मंत्रालय ने उसमें कई तकनीकी पेचीदगियाँ बताकर आयोग की सिफ़ारिश मानने से मना कर दिया। यह एक नहीं, बल्कि दो-दो बार किया गया था। फिर भी जस्टिस मलीमथ ने हिम्मत नहीं हारी। उन्होंने एक उपाय खोजा। आयोग ने केन्द्र सरकार के सभी अधिकारियों व कर्मचारियों की सेवा शर्तों में संशोधन करके घरों में बच्चों को नौकर रखने पर रोक लगाने की सिफ़ारिश की। उसके लिए बाल मज़दूरी क़ानून में बदलाव करने की आवश्यकता नहीं थी। वह गज़ट में अधिसूचना के ज़रिये सम्भव था। आख़िर सरकार के कर्मचारियों द्वारा घरेलू बालश्रम कराने को प्रतिबन्धित कर दिया गया। आयोग वहीं नहीं रुका। उन्होंने उसी को आधार बनाकर सभी राज्य सरकारों को अपनी सेवा शर्तों में बदलाव करने के लिए सिफ़ारिश भेज दी। दो-तीन सालों के भीतर लगभग दर्जन भर राज्य सरकारों ने वैसा ही संशोधन कर दिया था।

यह हमारी बहुत बड़ी सफलता थी। सरकार पर दबाव डालने के लिए हमारे हाथ में एक बड़ा हथियार आ चुका था। हमने ज़ोर-शोर से आवाज़ उठाना शुरू कर दिया कि जो सिद्धान्त सरकारी कर्मचारियों के लिए लागू किया गया है, वह सभी के मामले में क्यों नहीं? हम एक तरफ़ तो जागरूकता और जन आन्दोलन

को तेज़ करते रहे, दूसरी तरफ़ संसद सदस्यों के साथ सघन सम्पर्क करके उनका समर्थन जुटाते रहे। साथ ही छापामार कार्यवाहियों द्वारा घरेलू बाल मज़दूरों को मुक्त कराकर मीडिया में उजागर करके जागरूकता फैलाने में लगे रहे।

आख़िर में हमारे और बाल मज़दूरी का विरोध करनेवाले सभी संगठनों के लिए एक ऐतिहासिक सफलता की घड़ी आ गई थी। सन् 2008 में भारत सरकार ने बाल मज़दूरी के क़ानून में संशोधन कर दिया। उसके अन्तर्गत चौदह वर्ष तक के बच्चों की घरेलू बाल मज़दूरी पर पूरी तरह से रोक लगा दी गई थी। इस अपराध के लिए कम-से-कम तीन महीने से लगाकर एक साल तक की सज़ा और बीस हज़ार रुपये के जुर्माने का प्रावधान था। बचपन बचाओ आन्दोलन ने अशरफ़ और उसके परिवार के साथ मिलकर शानदार उत्सव मनाया था। असल में वह अशरफ़ और फूलजहाँ की पीड़ा, बहादुरी, धैर्य, दृढ़ इच्छाशक्ति एवं ईमानदारी की जीत थी।

अशरफ़ हमेशा से बड़े गम्भीर स्वभाव का बच्चा रहा था। बड़ी नपी-तुली बातें करता था। मुक्ति आश्रम में रहते हुए उसकी दो ख़ास रुचियाँ थीं, पेंटिंग तथा गाना। वह अपनी पेंटिंगों में बड़े चटखदार रंग भरता था, जबकि गीत दर्द भरे गाता था। शायद उसकी चित्रकारी गुज़री हुई ज़िन्दगी के दर्द, उद्वेगों और हताशा को हराकर उपजे उमंग भरे सपनों को दर्शाती थी। दूसरी तरफ़, उसके भीतर कहीं छुपी बैठी गहरी वेदना गीतों में झलकती थी। वह शुरू-शुरू में अपने आपमें खोया रहता था। अपनी कोई चीज़, यहाँ तक कि खाने-पीने का सामान तक किसी के साथ नहीं बाँटता था। कई बच्चों को ऐसा लगता था कि वह बहुत घुन्ना और स्वार्थी लड़का है। उसे न तो अपने माँ-बाप के पास मिलने जाने की इच्छा होती थी, और न ही उन्हें आश्रम में बुलाने की। जबकि बड़ा भाई शौकत एकदम उलटा था।

धीरे-धीरे हमने यह महसूस किया कि तीक्ष्ण बुद्धि वाले अन्तर्मुखी अशरफ़ में सामाजिक चेतना बढ़ने लगी थी। वह समझ चुका था कि ग़रीब माँ-बाप द्वारा अज्ञानता के कारण ज़्यादा बच्चे पैदा कर लेना, बच्चों के साथ सबसे बड़ी नाइंसाफ़ी होती है। ऐसा नहीं कि उसे अपने पिता की बीमारी और माँ की मजबूरियों से पीड़ा नहीं होती थी। किन्तु ढेर सारे बच्चे पैदा करते रहने से उसके मन में उनके प्रति शिकायत और ग़ुस्सा भरा हुआ था। उसकी एक बड़ी बहन, बड़ा भाई शौकत और तीन छोटे भाई-बहन थे। यानी कि घर में कुल छह बच्चे थे। हर साल-दो साल में एक बच्चा जन्म ले लेता था। अशरफ़ बेबस था। वह इस बारे में किसी से कुछ

नहीं कह पाता था, इसलिए मन-ही-मन घुटता रहता था। वह बाक़ी बच्चों और भीड़-भाड़ से बचने की कोशिश करता रहता था।

एक दिन मैंने उसे और शौकत को अपने पास बुलाया। उनसे पूछा, "क्या तुम्हारे माँ-बाप कभी स्कूल गए हैं?" उन्होंने उत्तर दिया, "नहीं।" मैंने फिर पूछा, "क्या उन लोगों को कभी आश्रम जैसी जगह पर रहकर समाज और ज़िन्दगी के बारे में सीखने-समझने का वैसा मौक़ा मिला है, जैसा तुम्हें मिल रहा है?" उन दोनों ने कहा, "नहीं।" मैंने कहा, "इसीलिए वे तुम्हारी तरह नहीं सोच सकते और बच्चे पैदा करते रहते हैं।" मैंने उनको भरोसा दिलाया कि मैं खुद अपनी बहन फूलजहाँ और उसके पति से बात करूँगा। यह सुनकर दोनों की आँखों में चमक आ गई थी। अशरफ़ तपाक से बोल पड़ा, "भाई साहब जी, तब तो काम जरूर हो जाएगा! अम्मी आपकी बात नहीं टालेगी।"

दो-चार दिनों के बाद मैंने उसके माता-पिता को अपने पास बुला लिया। हमेशा की तरह उनकी शिकायत थी कि अशरफ़ उन्हें प्यार नहीं करता। कभी घरवालों से मिलने तक नहीं आता। मैंने उनको अशरफ़ की बेरुखी का कारण साफ़-साफ़ बता दिया था। उन्हें ढेर सारे उदाहरणों के साथ बताया कि ज़्यादा बच्चे पैदा करने से कितनी मुसीबतें बढ़ जाती हैं। यह भी समझाया कि ढेर सारे बच्चों का पेट भरने की क़ीमत शौकत और अशरफ़ को इतने जुल्म सहकर चुकानी पड़ी थी। कुछ दिनों बाद ख़बर मिली कि उन्होंने परिवार नियोजन का ऑपरेशन करवा लिया था।

सन् 2000 में अशरफ़ ने बाल मज़दूरी के ख़िलाफ़ चल रहे हमारे अन्तरराष्ट्रीय अभियान के सिलसिले में लगभग दो सप्ताह की अमेरिका की यात्रा की थी। हम लोग ज्योंही वाशिंगटन डीसी में हवाई अड्डे से बाहर निकले, वह आँखें बन्द करके पीछे मुड़कर खड़ा हो गया था। वहाँ पर उसे एक साथ कई ऐसे दृश्य दिखे, जिनके बारे में वह सोच भी नहीं सकता था। अपने साथियों को विदा करने या लेने पहुँचे युवक-युवतियों के कई जोड़े आपस में चिपटे हुए चुम्बन कर रहे थे। वह अपनी आँखें झुकाए हुए चल रहा था। उसके चेहरे पर शर्म, हैरानी और हिकारत के भाव साफ़-साफ़ दिख रहे थे। बाद में उसने न्यूयॉर्क शहर के भीतर जगह-जगह पर वैसे ही दृश्य देखे। मैंने उसकी परेशानी को समझते हुए मौक़ा पाकर उससे बातचीत की। उसे अलग-अलग संस्कृतियों, तौर-तरीक़े तथा अभिवादनों के विषय में समझाया।

तब जाकर वह सामान्य हो सका था। यात्रा से पहले उसकी ख़ूब तैयारी कराई गई थी, लेकिन इस विषय पर बात नहीं हुई थी। उस घटना के बाद यह सबक मिल गया था कि विदेश जाने से पहले बच्चों को ये सब बातें बताना भी ज़रूरी है।

सन् 2002 में उसे एक सप्ताह के लिए जिनेवा में आमंत्रित किया गया था। वह वहाँ अन्तरराष्ट्रीय श्रम संगठन के कार्यक्रम के अलावा दूसरी कई संस्थाओं द्वारा आयोजित गोष्ठियों में शामिल हुआ था।

अशरफ़ ने मुक्ति आश्रम में रहते हुए पास के गाँव बुराड़ी के एक स्कूल से बारहवीं कक्षा की पढ़ाई पूरी कर ली थी। हम उसकी रुचि के हिसाब से किसी कॉलेज में कम्प्यूटर कोर्स में उसका दाख़िला कराने की योजना बना रहे थे। तभी एक दुर्घटना घट गई। शौकत छुट्टियों में अपने घर गया हुआ था। वहीं उसे बहुत तेज़ बुख़ार आया। दो-तीन दिनों के बाद बुख़ार ने उसके दिमाग़ पर बहुत बुरा असर डाला, उसकी याददाश्त चली गई थी। बुख़ार तो उतर गया, लेकिन वह पागल हो गया था। हमने एक अच्छे डॉक्टर से उसका इलाज कराया, लेकिन वह पूरी तरह ठीक नहीं हो सका। पिता तो पहले से ही बीमार चल रहे थे। माँ की दुकान क़रीब-क़रीब बन्द हो गई थी। बहनें बड़ी हो रही थीं। मोहल्ले के कुछ आवारा लड़कों ने उन्हें तंग करना शुरू कर दिया था।

उन हालातों में अशरफ़ बहुत दुखी रहने लगा था। वह अठारह साल का हो चुका था। हमने सोचा कि उसके और परिवार के लिए यही अच्छा है कि वह कुछ कमाई करने लगे। साथ में प्राइवेट रूप से या पार्ट-टाइम पढ़ाई भी कर सकता है। हमारे मित्र अरुण शर्मा कम्प्यूटर हार्डवेयर से सम्बन्धित एक फ़ैक्टरी चलाते थे। शर्मा परिवार सुमेधा जी के मुँह से उसकी कहानी सुनकर बड़ा द्रवित हो गया था। उन्होंने उसे तुरन्त अपनी फ़ैक्टरी में नौकरी दे दी। वहाँ पर उसने कमाई के साथ ख़ुशी-ख़ुशी कम्प्यूटर नेटवर्किंग की पढ़ाई करना शुरू कर दिया था।

उसकी मेहनत और लगन के कारण छोटी बहन ने दसवीं कक्षा तक की, तथा भाई ने नौवीं कक्षा की पढ़ाई पूरी कर ली थी। अशरफ़ ने कुछ पैसा जमा करके झुग्गी के पास एक छोटी-सी ज़मीन लेकर दो पक्के कमरे बनवा दिए थे। वह शादी-ब्याह की बात करने पर शरमा जाता था। वह कह देता था कि पहले शौकत भैया की शादी तो हो जाए। वह अक्सर कहता था, "मैं अपनी पढ़ाई जारी रखना चाहता हूँ। ताकि कुछ कमा लेने के बाद बाल मजदूरी खत्म करने के काम में जुड़

सकूँ। भाई-बहनों की पढ़ाई कराना जरूरी है। मैं जहाँ कहीं भी बच्चों पर अत्याचार होते देखता हूँ, उसके खिलाफ जरूर बोलता हूँ।"

एक दिन अशरफ़ को बुलाकर पिछले कुछ सालों में हुए सारे क़ानूनी बदलावों और सरकार की नीतियों के बारे में विस्तार से जानकारी दी थी। वह बहुत ख़ुश हुआ था। उस बातचीत के दौरान मैंने यूँ ही पूछ लिया कि मुक्ति आश्रम की ऐसी कौन-सी घटना थी, जिसे याद करके सबसे ज़्यादा ख़ुशी होती है? उसका जवाब था, "जब मैं पहली बार स्कूल गया था। मैंने सोचा कि मेरे सारे दुख-दर्द और कष्ट हमेशा के लिए दूर हो जाएँगे। मुझे लगा था कि मैं किसी ऐसे आसमान में उड़ रहा हूँ, जिसमें उड़ते-उड़ते सारे बन्द दरवाज़े एक के बाद एक खुलते जा रहे हैं।" यह कहते हुए उसकी आँखें चमक से और आवाज़ उत्साह से भर उठी थीं।

अशरफ़ की मुट्ठियों में एक खुला आसमान था, जिसमें उड़ते हुए सपनों और हौसलों के पंख थे। उसके पास एक-एक बन्द दरवाज़े खोलकर आगे बढ़ते जाने के भरपूर अवसर थे। लेकिन नियति को यह मंज़ूर नहीं था। फिर भी इतिहास में यह बात ज़रूर दर्ज़ रहेगी कि अशरफ़ के जले हुए जिस्म की गर्मी ने बाल दासता के लाखों पिंजरों को पिघला दिया था। उसकी आख़िरी मुस्कुराहट अब घरेलू बाल मज़दूरों के चेहरों पर आज़ादी की पहली मुस्कान बन चुकी है। अशरफ़ कभी नहीं मरेगा।

दो रसगुल्ले अब्बू के लिए

यह कहानी रोज़-रोज़ पैरों तले रौंदे जाने वाली मखमली घास की, ताज़ी ओस की नन्ही-नन्ही बूँदों की, पर्वत श्रेणियों से अभी-अभी फूटे झरने की, जंगली नदी की, और उसके ठंडे पानी में से उठ रही लपटों की है। यह उन चमत्कारी परियों की कहानी है जो आसमान से नहीं उतरतीं, बल्कि कठोर धरती के गर्भ से जन्म लेती हैं।

यह सदियों से चली आ रही उस साज़िश या विकृत पौरुष के अहंकार की कहानी है, जो स्त्री को त्याग, समर्पण और सहनशीलता सरीखे बड़े-बड़े विशेषणों से ढककर उसके शरीर, मन और आत्मा को नोचता रहता है। यह इसी के ख़िलाफ़ चुनौती, संघर्ष और सफलता की कहानी है।

सन् 2013 के मई महीने की बात है। असम के लखीमपुर ज़िले के डोलाहार गाँव से एक महिला हमारे पास आई थी। परभाती नाम की उस महिला की उम्र चालीस-बयालीस साल की रही होगी। उसने बताया था कि तीन वर्ष पहले एक आदमी उसकी बड़ी बहन की तेरह साल की बेटी को चुराकर ले गया था, जिसकी तलाश में वह दिल्ली आई थी। उस लड़की का नाम नन्दी था। असम प्रान्त के लखीमपुर, कोकराझार, नौगाँव तथा सोनितपुर आदि ज़िलों के अलावा देश के सभी पूर्वोत्तर राज्य लड़कियों की तस्करी के सबसे बड़े केन्द्र बन गए हैं। उन्हें घरेलू मज़दूरी, वेश्यावृत्ति एवं जबरिया विवाहों के लिए चुराकर या बहला-फुसलाकर लाया जाता है। इस धन्धे में सैकड़ों स्थानीय स्त्री-पुरुष दलाली के काम में लगे हुए हैं।

परभाती ने बताया कि वह और उसकी बहन रमी चाय बागानों में मज़दूरी करके गुज़र-बसर करती थीं। एक दिन रमी घर छोड़कर भाग गई थी। कुछ साल के बाद बीमारी और ग़रीबी के कारण रमी की मृत्यु हो गई थी। उसने मरने से पहले परभाती को बाइबिल की शपथ दिलाकर वचन लिया था कि यदि उसको कुछ हो जाए, तो वह माँ की तरह नन्दी की देखरेख करेगी। वे लोग ईसाई थे। कई मुसीबतों के बावजूद वह अपना वचन निभाती रही थी। एक दिन शाम को जब वह काम से लौटी तो घर में नन्दी को न पाकर उसके होश उड़ गए। गाँव और आसपास ढूँढ़ने पर भी वह कहीं नहीं मिली। उसी दिन स्टीफ़न नाम का एक आदमी गाँव से नदारद हो गया था। परभाती को कई महीनों तक नन्दी का कोई सुराग नहीं मिल सका, लेकिन उसे यह पता चला कि वह आदमी लड़कियों को लेकर दिल्ली जाता है। वह किसी तरह किराये का जुगाड़ करके दिल्ली पहुँची थी। उसने कहा, "यहाँ पहुँचकर तो मेरा दिमाग चकरा गया था। मुझे लगा कि यह जगह मानुषों का समुद्र

है। यहाँ मेरी किसी से जान-पहचान नहीं थी। मैं चार-पाँच दिनों तक नन्दी का फोटो लेकर घूमती रही थी। स्टीफ़न के बारे में भी पूछताछ की, परन्तु किसी ने कुछ नहीं बताया। उलटा मुझ पर लोग हँसते थे। मेरे पास के सारे पैसे खत्म हो चुके थे। आखिर मैं हार-थककर वापस गाँव चली गई थी।"

वहाँ उसे पक्के तौर पर यह मालूम चल गया कि नन्दी को चुराने वाला स्टीफ़न ही है, जो दिल्ली में 'बबीता इंटरप्राइजेज' नाम की एक प्लेसमेंट एजेंसी के लिए लड़कियों की तस्करी करता है। वह एजेंसी हर लड़की की एवज़ में उसको छह से दस हज़ार रुपये तक देती थी। लड़की को घरेलू नौकरानी के रूप में काम करने के लिए बीस से पचास हज़ार रुपये तक में बेच दिया जाता था। किसी ने परभाती को हमारे बारे में बताया था। इसीलिए वह हिम्मत करके दुबारा यहाँ आई थी।

हमने परभाती को भरोसा दिलाया कि नन्दी को ढूँढ़ने की पूरी कोशिश की जाएगी। हमारे एक वरिष्ठ कार्यकर्ता मनीष शर्मा को स्टीफ़न की तलाश में लगा दिया गया। कुछ दिनों में यह पता चल गया कि वह कई प्लेसमेंट एजेंसियों के लिए दलाली करता है। उसका कोई फ़ोन नम्बर या पता-ठिकाना नहीं मिल सका। उसे सबसे पहले 'बबीता इंटरप्राइजेज' में ढूँढ़ा गया। उसके मालिक प्रवीण कुमार ने कह दिया था कि वह किसी स्टीफ़न या नन्दी नाम की लड़की को नहीं जानता। हमने स्टीफ़न और प्रवीण कुमार के ख़िलाफ़ पुलिस थाने में रिपोर्ट दर्ज़ करा दी। जब बचपन बचाओ आन्दोलन के कार्यकर्ता पुलिस को साथ लेकर उसके ऑफ़िस पहुँचे, तब तक वे दोनों वहाँ से भाग चुके थे। ज़ाहिर है पुलिसवालों ने ही उसकी सूचना उन तक पहुँचाई थी। पुलिस की मिलीभगत के बिना मानव तस्करी का धन्धा नहीं चल सकता। हमारे कार्यकर्ताओं को ख़ाली हाथ लौटना पड़ा था।

उसी दिन रात में लगभग दस बजे हमारे ऑफ़िस में हरियाणा के शहर सोनीपत के पुलिस थाने से एक फ़ोन आया। पुलिसवालों ने बताया कि वहाँ बचपन बचाओ आन्दोलन के दो कार्यकर्ता एक लड़की को उसके मालिक से छुड़ाने के लिए पहुँचे हुए हैं। उनके साथ उस लड़की का मामा आया है जो उसकी सुपुर्दगी माँग रहा है। पुलिस हमसे उस बात की पुष्टि कराना चाहती थी। हमारे लिए वह बड़ी हैरानी की बात थी, क्योंकि तब तक हमारे कार्यकर्ता तो दिल्ली से निकले भी नहीं थे। ख़ैर, अगले दिन सवेरे-सवेरे मनीष और परभाती सोनीपत थाने पहुँच गए। वहाँ उन्हें पता चला कि प्रवीण कुमार और स्टीफ़न किसी आदमी को आन्दोलन का

फ़र्ज़ी कार्यकर्ता बताकर पहुँचे हुए थे। स्टीफ़न ख़ुद को नन्दी का मामा बता रहा था। लड़की और उसका मालिक भी थाने में मौजूद थे। स्टीफ़न ने नन्दी के कान में कह दिया कि अगर वह पुलिस के सामने उसे अपना मामा बता दे तो वह उसे घर वापस पहुँचा देगा। साथ ही उसे मज़दूरी के कुछ हज़ार रुपये भी दे दिए जाएँगे। नन्दी इसके लिए मान गई थी। बेचारी करती भी क्या?

बाद में उसने मौसी को पूरी बात बता दी थी। स्टीफ़न उसे अच्छी नौकरी का लालच देकर गाँव से दिल्ली लाया था, जहाँ उसे प्रवीण के हाथों बेच दिया। कुछ दिनों बाद प्रवीण ने उसे बाईस हज़ार रुपयों में सोनीपत के एक आदमी को बेचा था। पुलिसवाले नन्दी के मालिक और दलालों से मिले हुए थे। उन्होंने मेरे साथियों को धमकी देकर थाने से निकाल दिया। दिन भर की मशक़्क़त और बड़े अधिकारियों से शिकायत करने के बाद थानेदार कार्रवाई के लिए राज़ी हुआ था। रात को लगभग एक-डेढ़ बजे नन्दी को मजिस्ट्रेट के घर पेश किया गया। आख़िर में वह परभाती को सौंप दी गई। हमारी टीम उन्हें लेकर सुबह चार बजे तक मुक्ति आश्रम लौट आई थी। मैं सुबह ग्यारह बजे के क़रीब मुक्ति आश्रम जाकर उन लोगों से मिला। नन्दी के चेहरे पर ख़ुशी के बजाय अजीब तरह की चिन्ता दिख रही थी।

गर्मियों के मौसम में रेलों में आरक्षण मिलना बहुत मुश्किल होता है। इस वजह से उन लोगों को कई दिनों तक मुक्ति आश्रम में ही रुके रहना पड़ा। उस इन्तज़ार ने नन्दी की कहानी की सबसे पेचीदा और शर्मनाक पर्त खोल दी। आश्रम में उसका व्यवहार सहज नहीं था। परभाती ने उसे ढूँढ़ने के लिए कठिन तपस्या की थी, लेकिन वह भी उसके रवैये से बहुत परेशान थी। नन्दी कहीं भाग जाने या मर जाने की बातें कर रही थी। यह सब पता लगने पर सुमेधा जी आश्रम गईं। उन्होंने देखा कि नन्दी घर लौटने के लिए उतनी उत्सुक नहीं थी, जैसा कि सभी सोच रहे थे। उन्होंने नन्दी के साथ अकेले में आधा दिन बिताया। उसने उनसे भी कह दिया कि अब वह किसी को अपना मुँह दिखाने के क़ाबिल नहीं बची, इसलिए मरना चाहती है। वे समझ गईं कि माजरा क्या है। सोलह वर्षीया नन्दी ने उन्हें रोते-रोते बता दिया कि वह तीन महीने के गर्भ से है। हमें यह जानकर आश्चर्य तो नहीं, लेकिन बहुत तकलीफ़ हुई थी।

मालिक के घर में उसके साथ अक्सर मारपीट होती थी। कभी पेट भर खाना नहीं मिलता था। उसे किसी पड़ोसी तक से बोलने की इजाज़त नहीं थी, न ही कभी

घर से बाहर जाने दिया जाता था। सिर्फ़ दरवाज़े तक जाकर ठेलेवाले से सब्ज़ी ख़रीदने की छूट थी। सब्ज़ीवाला संजय ऐसा अकेला आदमी था, जिससे वह मिनट-दो मिनट बतियाकर अपना मन हल्का कर लेती थी। वह नन्दी से प्यार से बातचीत करता था। परन्तु असम के जंगली इलाक़े से आई वह भोली-भाली बच्ची संजय के गन्दे इरादे भला कैसे भाँप सकती थी? एक दिन संजय, नन्दी को अकेला पाकर मकान की छत पर से घर में घुस गया और उसके साथ अपना मुँह काला किया। वह रोती-चीख़ती रही, लेकिन सुननेवाला कोई नहीं था। नन्दी ने डरते-डरते अपनी मालकिन को सारी बात बता दी थी। लेकिन उसने नन्दी को डाँटकर कह दिया, "अपना मुँह बन्द रख, नहीं तो बुरा नतीजा होगा। तेरी सरीखी लड़कियों के लिए तो ये आम बात होगी। फिर एकाध बार से कुछ नहीं होता।" घर का दरवाज़ा बन्द रहने के कारण वह भाग भी नहीं सकती थी, न ही उसके पास कोई रुपया-पैसा था। उसे तीन साल में एक फूटी-कौड़ी तक नहीं दी गई थी।

घटना में वह नया मोड़ आ जाने से हमारे कार्यकर्ता और वकील उसे लेकर दोबारा से सोनीपत गए, जहाँ उस ठेले वाले के ख़िलाफ़ मुकदमा दर्ज कराया गया। वह मामला सिर्फ़ क़ानून और कोर्ट-कचहरी का नहीं था, बल्कि एक नाबालिक बच्ची की अकथनीय मनोदशा, गाँव-समाज में उसकी स्वीकार्यता और उसके पेट में पल रहे बच्चे के भविष्य का था। ऐसे हालात में नन्दी के मन में समाज के प्रति आस्था और ज़िन्दा रहने की लालसा बनाए रखना सबसे बड़ी चुनौती थी। कई दिनों के मनोवैज्ञानिक परामर्श के बाद नन्दी और परभाती ने गर्भ गिरवाने का फ़ैसला किया। परभाती ने कहा कि लखीमपुर के मसीही अस्पताल में उसकी एक रिश्तेदार नर्स का काम करती थी। उसे गर्भ निरस्त कराने के लिए वही सबसे ठीक और विश्वसनीय जगह लगी। आख़िर वह नन्दी को लेकर लौट गई।

परभाती और नन्दी को घर भेजे कुछ ही दिन हुए थे कि असम से एक और गम्भीर मामला हमारे सामने आ गया। जून महीने की बात है। मैं अपने कुछ वरिष्ठ सहयोगियों के साथ ऑफ़िस के मीटिंग कक्ष में बैठा था। तभी कुछ लोग हमसे मिलने पहुँचे। उनमें से एक नौजवान असम के कोकराझार ज़िले से आया था। उसका नाम शमसुल था। उसकी उम्र बीस साल के आसपास रही होगी। उसके साथ एक महिला और पाँच-छह आदमी थे। वे सब दिल्ली से थे। समीना नाम की उस महिला ने अपना परिचय शमसुल की खाला (बुआ) बताकर दिया था।

उसकी उम्र लगभग पैंतीस साल की होगी। वह बहुत सजी-सँवरी हुई, बातूनी और तेज़ महिला थी। उसने बताया कि उसकी भतीजी को हरियाणा के पलवल ज़िले में अगवा करके रखा गया है, जिसे छुड़वाने के लिए वे लोग हमारे पास आए हैं।

उनके साथ आए नेता-नुमा लोगों के हाव-भाव सन्देहास्पद लग रहे थे। वे लम्बे-तगड़े लोग सफ़ेद झकाझक पतलून, शर्ट और सफ़ेद जूते-मोजे पहने हुए तथा गले और कलाइयों में सोने की चैनें लटकाए हुए थे। उनके पास महँगे-महँगे मोबाइल फ़ोन थे। महिला ने कहा कि वे उसके दोस्त और मददगार हैं। उनके बीच शमसुल ऐसा लग रहा था, जैसे कि भेड़ियों के बीच में कोई मेमना फँस गया हो। हमें उन आदमियों पर शक हुआ, इसलिए उन्हें बाहर भेज दिया। फिर समीना को चुप कराकर उस लड़के से बातचीत शुरू की। शमसुल में खाला के सामने बोल सकने की हिम्मत नहीं थी। वह पहले से ही बहुत डरा हुआ लग रहा था। हम उससे जो भी सवाल पूछते थे, वह दयनीय होकर खाला की तरफ़ देखने लगता था। समीना हर बात का जवाब देना चाहती थी। वह लड़की को अगवा करने वालों को भद्दी गालियाँ देती हुई बीच-बीच में रोने लगती थी। इसलिए हमें उसको कमरे में पीछे के कोने में बिठाना पड़ा। मैंने शमसुल को अपने बग़ल की कुर्सी पर बिठा लिया। उसके कन्धे पर प्यार से हाथ रखकर सहानुभूतिपूर्वक धीरे-धीरे बातचीत शुरू की। वह अपनी निगाहें झुकाए हुए बैठा रहा। उसने बताया कि वह तीन भाई-बहनों में सबसे बड़ा था। सबसे छोटी बहन का नाम साहिबा (बदला हुआ नाम) था। साहिबा के जन्म के तीन महीने बाद माँ की मौत हो गई थी। दोनों पैरों से अपाहिज पिता ने भयंकर ग़रीबी में किसी तरह बच्चों को पाला-पोसा था।

तीनों भाई-बहन पेट पालने के लिए बचपन से ही छोटी-मोटी मज़दूरी करने लगे थे। शमसुल ठेठ देहाती बाँग्ला और असमिया में बातचीत कर रहा था। वह हिन्दी समझ तो लेता था, लेकिन ठीक से बोल नहीं पाता था। उसने जैसे-तैसे हमें बताया, "एक बार मेरे ही नाम का एक शख्स, शमसुल और उसका दोस्त होवी हमारे गाँव में आए थे। मुझे पता नहीं कि उन्होंने कैसे मेरी सोलह साल की बहन साहिबा से दोस्ती कर ली थी। उस काम में हसीना नाम की एक औरत ने उनकी मदद की थी। एक दिन अचानक वे तीनों मेरी बहन को लेकर गायब हो गए। काफी ढूँढ़ने पर भी साहिबा का कहीं पता नहीं चल सका। इससे मेरे पिता को बहुत गहरा सदमा लग गया। अब वे दिन भर चारपाई पर पड़े रोते रहते हैं। रात को सपने में

साहिबा का नाम लेकर बड़बड़ाते हैं।" वह कहते-कहते शमसुल टेबल पर अपना सिर रखकर काफ़ी देर तक सुबकता रहा था।

बाद में उसने बताया, "पिछले महीने उसके पास किसी अनजान नम्बर से साहिबा का फ़ोन आया था। उसने रोते-रोते बड़ी धीमी आवाज में बोला था कि वह हरियाणा के पलवल जिले के पिंगोड़ नाम के एक गाँव में है। उसे बरकत और इकराम ने अपने घर में कैद करके रखा है। वह इससे ज्यादा कुछ नहीं बोल सकी थी। उसने मुझसे दो-तीन बार यह ज़रूर कहा था कि साढ़े तेरह हजार रुपयों का इन्तजाम करके उसे जल्दी-से-जल्दी छुड़ाकर ले जाऊँ, नहीं तो वह मर जाएगी।"

जब वह पुलिस थाने में साहिबा के गुम हो जाने की रिपार्ट दर्ज कराने गया तो दरोगा ने उससे चालीस हज़ार रुपये की माँग की थी। उसके पिता मुजीबुर रहमान के पास आधा बीघा ज़मीन थी। जिसकी क़ीमत लगभग अस्सी हज़ार रुपये थी। बाप-बेटे ने ज़मीन बेचकर थानेदार को आधी रकम दे दी। उसके बाद वह बेचारा रोज़-रोज़ थाने के चक्कर लगाता रहा किन्तु पुलिस ने कोई कार्यवाही नहीं की। रिश्वत में दिया गया पैसा भी डूब गया था। भाग-दौड़ आदि के खर्चों के बाद उसके पास थोड़ा-बहुत पैसा ही बच पाया था। बहन का फ़ोन आने से उसको आशा बँध गई थी। वह भागकर दिल्ली आया। वहाँ से इधर-उधर धक्के खाते हुए किसी तरह पिंगोड़ पहुँच गया।

उसने बताया, "मुझसे अपनी बहन की शक्ल तक नहीं देखी जा रही थी। तीन महीनों में वह सूखकर काँटा हो चुकी थी। उसके चेहरे, गले और हाथों में चोटों के निशान और घाव थे। ऐसा लगता था कि उसको जगह-जगह दाँतों से काटा गया था। उसके कपड़े पुराने और बहुत गन्दे थे। उसे देखते ही मुझे चक्कर आने लगे थे। मैं वहीं जमीन पर बैठ गया। थोड़ी देर के बाद कई आदमियों ने मुझे घेर लिया। वे कुछ बोल रहे थे जो मेरी समझ में नहीं आ रहा था। उनमें दो भाई थे। एक का नाम इकराम और दूसरे का बरकत था। वहाँ उनकी माँ और एक बहन भी मौजूद थीं। मैंने उनके कदमों में साढ़े तेरह हजार रुपये रख दिए और हाथ जोड़कर कहा कि अब वे मेरी बहन को छोड़ दें।"

मैंने शमसुल से पूछा, "वे रुपये किस बात के लिए थे? और उन्होंने रुपये लेकर तुम्हारी बहन को क्यों नहीं छोड़ा?" उसने कहा, "वे लोग जोर-जोर से हँसने लगे और बोले कि पचास हजार रुपयों से कम में नहीं छोड़ेंगे। मैंने बहुत मिन्नतें

कीं। उनसे कहा कि मेरे पास डेढ़ हजार रुपये और बचे हैं। इन्हें भी ले लीजिए और मेहरबानी करके साहिबा को छोड़ दीजिए। साहिबा और मैंने उन्हें बार-बार अल्लाह का वास्ता दिया था, लेकिन उन्होंने मुझे धक्के देकर निकाल दिया। मुझे खाली हाथ लौटना पड़ा। निकलते-निकलते मैंने देखा था कि मेरी बहन गश खाकर जमीन पर गिर पड़ी थी।"

उसे यह कहानी बयान करने में कम-से-कम आधा घंटा लग गया था, क्योंकि वह बोलते-बोलते रुक जाता था। मैं बार-बार उसके आँसू पोंछ पानी पिलाता रहा था। वह रोते-रोते बड़ी मुश्किल से कुछ बता पाता था। ऊपर से भाषा की दिक़्क़त थी। मैंने पूछा, "तुम्हारी बहन वहाँ पर क्या काम करती है? उन्होंने उसे क्यों रोक रखा है?" शमसुल ने शर्मिंदगी और वेदना से भरे हुए जवाब दिया, "इकराम और बरकत ने साहिबा को अपनी बीबी बनाकर रखा हुआ है।"

पिछले कुछ सालों में देश के कई इलाक़ों में लड़कों के मुक़ाबले लड़कियों की संख्या में कमी आ रही है। इसलिए दूसरे प्रान्तों से नाबालिग लड़कियों को शादी के लिए ट्रैफ़िकिंग करके वहाँ लाया जाता है। हरियाणा भी उन्हीं में से एक है। हम उस मामले की जटिलता और गम्भीरता जानकर हैरान रह गए थे। हमने अच्छी तरह सोच-विचार करने के बाद कुछ वरिष्ठ कार्यकर्ताओं और वकीलों की एक टीम तैयार कर शमसुल और समीना के साथ पिंगोड़ भेजा। पहले वे लोग पानीपत के सदर पुलिस थाने पहुँचे, जहाँ उन्हें घंटों तक मशक़्क़त करनी पड़ी थी। वहाँ का दरोगा तर्क दे रहा था कि लड़की बालिग हो चुकी है, इसलिए पुलिस को कार्यवाही करने का कोई अधिकार नहीं है। हालाँकि शमसुल के पास साहिबा के प्राथमिक स्कूल की एक अंकसूची थी, जिससे प्रमाणित होता था कि उसकी उम्र लगभग सत्रह साल थी। थानेदार सहित किसी पुलिसकर्मी ने बच्चों के साथ होने वाले यौन अपराधों की रोकथाम के क़ानून, 'पॉक्सो' का नाम तक नहीं सुना था। यहाँ तक कि उन लोगों को 'किशोर न्याय अधिनियम' की भी जानकारी नहीं थी।

घंटों तक जद्दोजहद के बाद पुलिस कार्रवाई करने के लिए राज़ी हुई। दो जीपों में एक पुलिस दल हमारी टीम के साथ पिंगोड़ भेजा गया। उस गाँव की लगभग पूरी आबादी मुस्लिम समुदाय की है। वह थाने से लगभग बारह किलोमीटर दूर था। वहाँ पहुँचते ही दो-तीन सौ लोगों ने उन्हें घेर लिया। भीड़ ने पुलिस को रोककर कह दिया कि लड़की किसी क़ीमत पर गाँव से बाहर नहीं जाएगी। उसी हंगामे के

दौरान इकराम के परिवार वाले उर्दू में हाथ से लिखा हुआ एक निकाहनामा (विवाह का दस्तावेज़) ले आए। वे उसे दिखाकर दावा करने लगे कि मौलवी साहब ने बाक़ायदे साहिबा की मर्ज़ी से इकराम से उसका निकाह पढ़ाया था। उस काग़ज़ ने आग में घी का काम किया।

पुलिस अधिकारी गाँव के ज़िम्मेवार लोगों को समझाने-बुझाने की कोशिश में लगे थे, किन्तु मामला तूल पकड़ता जा रहा था। ऐसा लगने लगा था कि किसी भी क्षण दंगा हो सकता है। मेरे साथियों को ऐसी परिस्थितियों से निबटने का ख़ासा अनुभव था। वे क्रुद्ध भीड़ से आँखें बचाते हुए एक महिला सिपाही को साथ लेकर पिछले दरवाज़े से इकराम के घर में घुस गए। उन्होंने चुपके से साहिबा को निकालकर पीछे गली में खड़ी पुलिस जीप में बिठा लिया। बाहर भीड़ हंगामा करती रही, और वे वहाँ से निकल भागने में सफल हो गए। थाने पहुँचकर बयान दर्ज कराने की औपचारिकताओं के बाद साहिबा को बाल कल्याण समिति के आदेश पर एक दूसरे शहर, करनाल के नारी निकेतन में भेज दिया गया था। वह जगह पिंगोड़ से लगभग 200 किलोमीटर दूर है।

दूसरे दिन फिर समीना हमारे पास पहुँच गई। वह शमसुल को पागल और निकम्मा ठहराकर ख़ुद साहिबा की सुपुर्दगी लेने की माँग करने लगी। शमसुल उससे मना करने की हिम्मत नहीं कर पा रहा था। जब हमने उसे अलग ले जाकर बात की तो उसने हाथ जोड़कर कह दिया कि साहिबा को उसके हवाले क़तई न करें। तब तक साहिबा नारी निकेतन में थी। समीना अपने दल-बल सहित लड़की को लेने के लिए वहाँ के चक्कर लगाती रही, लेकिन हमने उसको बताए बग़ैर लड़की की क़ानूनी सुपुर्दगी शमसुल को दिलाकर उन्हें एक गुप्त जगह पर ठहरा दिया।

साहिबा शुरू में तो बहुत सहमी हुई थी, लेकिन उसे धीरे-धीरे हम पर विश्वास होने लगा था। उसने अपनी आपबीती इस तरह बताई थी, "मेरे भाई ने मेहनत-मज़दूरी से थोड़े-बहुत पैसे बचाकर मुझे एक मोबाइल फ़ोन दिलाया था। एक बार किसी शमसुल नाम के लड़के ने मुझे फ़ोन किया। उसने कहा कि वह मुझे जानता है। वह बोला कि मैं बहुत अच्छी लड़की हूँ। वह गाँव में आकर मुझसे मिलेगा। थोड़े दिनों के बाद वह सचमुच अपने एक दोस्त को लेकर हमारे गाँव पहुँच गया था। शमसुल मुझसे मिलकर मीठी-मीठी बातें करता रहता था। फिर एक दिन बोला कि उसे मुझसे प्यार हो गया है और शादी करना चाहता है। उसने मुझे बताया कि

वह दिल्ली में रहता है और मेरी खाला को भी पहचानता है। उसे खाला ने ही मेरा फोन नम्बर दिया था। मैं उसके झाँसे में आ गई थी, और अब्बा या भइया को बताए बगैर शमसुल और होवी के साथ दिल्ली भाग गई।"

साहिबा अपने भाई से बेहतर हिन्दी बोल लेती थी। हमने उससे पूछा कि क्या घरवालों को बता देने पर वे उसकी शादी नहीं करते? इस पर वह बोली, "हम भूखों मर-मरकर गुजारा कर रहे थे। वे (पिता और भाई) मेरी शादी के लिए अपनी जमीन बेचने की बात करते रहते थे। इसलिए मैंने सोचा कि शमसुल से निकाह करके आराम की जिन्दगी जी सकूँगी और हमारी जमीन भी बच जाएगी।" मैंने फिर से पूछा, "बेटा, क्या तुम्हें पता है कि तुम्हें ढूँढ़ने के लिए उन्होंने ज़मीन बेच दी है?" यह सुनकर साहिबा को बड़ा धक्का लगा था। उसने अनायास ही एक हाथ से अपने बाल नोच लिये और दाँत भींचे हुए आँसू टपकाने लगी थी। फिर बड़ी देर तक चुपचाप रोती रही थी।

मैंने समझाया, "अगर वे तुम्हें नहीं ढूँढ़ पाते तो ख़ुद रो-रोकर मर जाते। भले ही ज़मीन चली गई, लेकिन तुम तो मिल गईं!" वह थोड़ा-सा शान्त होने पर बोली, "मैं तो उस दोज़ख़ (नरक) में हर वक्त जलती रहती थी। नहीं मालूम कि शमसुल ने मुझे दिल्ली लाकर अपने जीजा को कितने रुपयों में बेचा था। वह सौदा मेरी खाला के घर पर हुआ था। वो औरत हमारी सगी खाला नहीं है। मुझे उस आदमी ने कुछ दिनों तक अपने पास बन्द रखा था। फिर साढ़े तेरह हजार रुपये में बरकत को बेच दिया था। बरकत ने कहा था कि उसने मुझे अपने भाई इकराम के लिए खरीदा है। मैंने उसके घर पहुँचकर देखा कि इकराम आधा पागल है तो मुझे बड़ा धक्का लगा था। रात को उसकी बहन ने बिना निकाह किए ही मुझे उसके कमरे में ठूँस दिया था। मैं सबके आगे रोती-चीखती रही, लेकिन उन्होंने मेरा हाल जानवरों से भी बुरा कर रखा था।" मैंने उसकी मनोदशा देखते हुए उससे कहा कि हम इस बारे में फिर कभी बात करेंगे, लेकिन शायद वही अपना दुख साझा करके मन को हल्का करना चाहती थी।

उसके ससुराल में माँ-बाप और बहन आदि के साथ रहने वाले दो जवान भाई एक नाबालिग लड़की को पत्नी बनाकर रह रहे थे। हालाँकि वह नाम के लिए ही पत्नी थी। असलियत में तो उनकी घरेलू ग़ुलाम, इशारों पर नाचनेवाली गुड़िया और ज़बरदस्ती बिस्तर पर डाल दिए जाने वाले मांस के लोथड़े से ज़्यादा कुछ नहीं

थी। उसके शरीर में भले ही जान बाक़ी थी, किन्तु आत्मा से तो वह पूरी तरह मर चुकी थी। सिर्फ़ एक ज़िन्दा लाश की तरह चल-फिर रही थी। उसने कहा, "मैं जानती थी कि अब्बा और भाई मुझे ढूँढ़ने के लिए आकाश-पाताल एक कर देंगे। लेकिन यह आशा कतई नहीं थी कि मैं दुबारा कभी उनसे मिल पाऊँगी।" उस पूरी बातचीत के दौरान हमारे साथ बैठे शमसुल के चेहरे पर कभी मुस्कुराहट बिखर जाती थी, तो कभी ग़मगीन हो जाने पर उसकी आँखों में आँसू छलक पड़ते थे।

एक दिन मैंने साहिबा से उसके सबसे पसन्दीदा खाने के बारे में पूछा। उसने कहा कि उसे आलू भुजिया और दाल-भात सबसे ज़्यादा पसन्द है। हमारा एक सहयोगी साहिबा का मनपसन्द खाना ले आया। कुछ रसगुल्ले और बंगाली मिठाइयाँ पहले से मँगा ली गई थीं। भाई-बहन ने बड़ा स्वाद ले-लेकर रसगुल्ले खाए। बाद में पूरा भोजन आ गया, जिसे देखकर साहिबा का चेहरा खिल उठा था। पर दूसरे क्षण ही उसकी मुस्कुराहट ग़ायब हो गई। वह छत की तरफ़ ताकते हुए अपने आँसुओं को छुपा रही थी। उसने मुझसे तो कुछ नहीं कहा पर शमसुल की तरफ़ देखते हुए उसके मुँह से अचानक निकला, "अब्बू!" शमसुल ने कहा कि अब्बू ठीक हैं। फिर साहिबा मायूस होकर ठंडी साँस भरकर बोली, "पता नहीं उन्होंने कब से खाना नहीं खाया होगा। मैं ही उनको खाना पकाकर देती थी।" वह नज़रें बचाकर बार-बार रसगुल्लों और मिठाई की तरफ़ देखे जा रही थी। मैंने उससे कह दिया, "बेटा, ये सारी मिठाइयाँ तुम्हारे लिए हैं!" वह सहमते हुए बोली, "मेरा तो पेट भर चुका। क्या मैं दो रसगुल्ले अब्बू के लिए ले लूँ?" उसे हाँ कहते हुए मेरा गला रुँध गया था।

हमने उन दोनों को बताया कि साहिबा को बहला-फुसलाकर लानेवालों, उसे बेचनेवालों और ज़बरदस्ती शादी कराकर ग़ुलाम बनाने वालों के ख़िलाफ़ क़ानूनी कार्यवाही शुरू हो गई है। बाल विवाह, बाल यौन शोषण, किशोर न्याय और उत्पीड़न के कई मुकदमे दायर कर दिए गए हैं। इस जानकारी से रसगुल्लों के स्वाद के साथ-साथ उनकी ख़ुशी चौगुनी हो गई थी। थोड़े दिनों के बाद भाई-बहन को गुपचुप तरीक़े से उनके गाँव वापस भिजवा दिया गया था। साथ में उसके अब्बू के लिए बहुत-से रसगुल्ले और मिठाइयाँ भी रख दी थीं। साहिबा अपने गाँव लौटकर बाल विवाह और बाल दुर्व्यापार के ख़िलाफ़ दूसरी लड़कियों और गाँववालों को जागरूक करने का काम करती रहती है।

बचपन बचाओ आन्दोलन ने साहिबा और नन्दी को इंसाफ़ दिलाने के लिए आरोपियों के ख़िलाफ़ कई मुक़दमे कर रखे थे। नन्दी को उसी सिलसिले में फिर से दिल्ली आना पड़ा था। उन दिनों हमारी बेटी अस्मिता हैदराबाद में रहकर बिज़नेस मैनेजमेंट की पढ़ाई कर रही थी। उसका कमरा खाली था। हमने नन्दी को वहीं पर ठहरा दिया। हमारा मकसद उसे तनाव से मुक्त रखकर मुक़दमे के लिए मानसिक तौर से तैयार करना था। वह हमसे ख़ूब हिल-मिल गई थी। एक दिन सुबह-सुबह हम खाने की टेबल पर बैठे थे। उसने मुझसे पूछा, "पापा, मेरा कोर्ट-कचहरी का मामला कब तक निबट जाएगा?" उसने दूसरे बच्चों की तरह मुझे 'भाई साहब' कहकर नहीं पुकारा था। इससे मैं थोड़ा-सा चौंक गया था, किन्तु उसे ज़ाहिर नहीं होने दिया। मैंने पूछा, "बेटा, तुझे इतनी जल्दी क्यों है?" वह अपनी नज़रें झुकाए हुए पैरों के नाख़ूनों से फ़र्श कुरेदते हुए बोली, "मौसी ने एक लड़का देख रखा है। वे जल्दी मेरी शादी कर देना चाहते हैं।"

मुझे वह ख़बर सुनकर बड़ी ख़ुशी हुई। मैंने उसके सिर पर हाथ फेरते हुए लड़के के बारे में जानना चाहा। उसने बताया कि लड़के के पिता का ईंटों का पक्का मकान है। इससे ज़्यादा उसे कुछ मालूम नहीं था। अलबत्ता, उसे अपने बहनोई से यह सुनने को ज़रूर मिला था कि लड़का शराब पीता है। मुझे यह बात बताते हुए वह अचानक मायूस हो उठी थी। फिर धीरे से बोली, "पापा, मुझे शराबियों से बहुत डर लगता है।"

बहुत पूछने पर उसने आगे बताया, "मेरी मम्मी जिस आदमी के साथ भागी थीं, वह बड़ा शराबी था। उसने मेरी माँ को पीट-पीटकर मार डाला था।।" वह बोलते-बोलते फिर कुछ क्षणों के लिए रुक गई। उसका गला रुँध गया था। नन्दी बहुत प्यारी बच्ची थी। उतनी ही हँसमुख और बहादुर भी। मैंने देखा कि उसने अपनी बड़ी-बड़ी आँखों की पोरों पर उतने ही मोटे-मोटे आँसू रोक रखे थे। वे टपक पड़ने को आतुर थे। लेकिन नन्दी थी, कि पूरा दम लगाकर उन्हें रोके रखी हुई थी। उसने अनायास ही एक हाथ से छुरी और दूसरे से काँटा पकड़ लिया था। वह उन्हें मुट्ठियों में भींचे हुए कभी छुरी से काँटा काटने की कोशिश करने लगी थी, तो कभी काँटे को छुरी में गाड़ने की।

उसने अपनी कुर्ती की दोनों आस्तीनें ऊपर करके अपनी दोनों बाँहें दिखाईं, जिन पर घावों के कई निशान थे। वह बोली, "देखिए पापा, यह उसी आदमी ने किया

है! वह मम्मी को बिना किसी बात के पीटने लगता था। मैंने जब उनको छुड़ाने की कोशिश की तो मुझे भी इतनी बुरी तरह से मारा। कहता था कि उसे पापा कहकर बुलाऊँ। लेकिन मैं उस राक्षस को पापा नहीं मानती थी। एक दिन उसने मेरा सिर दीवार पर देकर मारा था। मैं बेहोश हो गई थी। जब होश आया तो मम्मी फर्श पर पड़ी हुई थीं। उनके मुँह से ख़ून बह रहा था। मैंने उन्हें जगाने की खूब कोशिश की, लेकिन वह नहीं जागीं। बाद में किसी ने बताया कि वह मर गई हैं। उन्हें गाड़ दिया गया। तब मैं पाँच-छह साल की थी। कुछ दिनों के बाद मुझे पता चला कि गाँव में मेरे पापा की मौत हो गई थी। जहाँ पर मैं मम्मी और उस आदमी के साथ रहती थी, वहाँ से मेरे गाँव जाने में डेढ़-दो घंटे लगते हैं। मैं वहाँ जाने के लिए बहुत रोई-गिड़गिड़ाई, लेकिन मुझे नहीं जाने दिया गया। मैं अपने पापा को मिट्टी तक नहीं दे सकी। इसी तरह एक दिन मुझे मेरे छोटे भाई की मौत की खबर मिली थी। मैं उसकी मिट्टी में भी शरीक नहीं हो पाई थी।"

मुझे चाय का एक-एक घूँट भरने में मुश्किल हो रही थी। मैं नन्दी से बात करते वक़्त उसके सौन्दर्य और सरलता के सम्मिश्रण से भरे आईने-जैसे चेहरे में अपनी और पूरी दुनिया की शक्ल देख रहा था। मनुष्य का अस्तित्व नारी से है। लेकिन सभ्यता के विकास में नारी की अस्मिता, गरिमा तथा स्वतंत्रता कब, कहाँ और कैसे पीछे छूटती चली गई, समझ में नहीं आता। यह अपने आप नहीं हुआ, बल्कि पुरुष ने हर चीज़ पर अपने आधिपत्य के लिए बड़े व्यवस्थित तरीक़े से और षड्यंत्रपूर्वक किया है। मैं सोच रहा था कि एक तरफ़ लाचारी, बेबसी और समझौते तथा दूसरी तरफ़ अक्षुण्ण जिजीविषा, साहस, शक्ति, सहनशीलता और सृजनात्मकता के अजीबोग़रीब ताने-बाने से बुना स्त्री जीवन पुरुष और पौरुष के पशुत्व से आख़िर कब और कैसे मुक्त होगा? बेटियों की हिफ़ाज़त, सम्मान और हक़ मानव सभ्यता, संस्कृति, धर्म और विकास के अनिवार्य पैमाने होने चाहिए।

तभी नन्दी ने बड़ी आशा और विश्वास भरी निगाहों से देखते हुए पूछा, "पापा, क्या आप उस लड़के से बात करेंगे, जिससे मेरी शादी पक्की होने वाली है?" मैंने तपाक से कहा, "हाँ, ज़रूर करूँगा।" उस वक़्त सचमुच मेरा दिल भर आया था। फिर मैंने उससे पूछा, "क्या तुम्हारी मौसी, बहन और चर्च के फादर को वह लड़का पसन्द है? और क्या वह चर्च में जाकर शराब छोड़ने की क़सम उठा सकता

है?" इस पर वह बोली, "मुझे नहीं मालूम। आप खुद ही उससे बात कर लीजिए। उसका नाम जोआन है।"

मैं जोआन से शाम को बात करने के लिए तैयार हो गया था। नन्दी वहीं खड़ी रही। फिर टेबल पर अपने दोनों हाथ मलते हुए रुक-रुककर बोली, "पापा, एक बात बोलूँ, गुस्सा तो नहीं होगे?" मैंने उसके गाल पर प्यार से थपकी देते हुए कहा, "चल, नाराज़ हो गया तो भी तू मेरी बेटी ही रहेगी। अच्छा, नाराज़ नहीं होऊँगा।" वह बोली, "आपने मुझे छुड़ाते वक्त जो सत्तर हजार रुपये दिलवाए थे, वे मौसी ने अपने पास रख लिए थे। मैंने उन पैसों में से एक मोबाइल (फ़ोन) खरीदने के लिए सिर्फ तेरह हजार रुपये लिए थे।"

मैंने बीच में टोकते हुए पूछा, "तेरे पास तो वह मोबाइल है नहीं? कहाँ गया?" उसने जवाब दिया, "मौसी के बेटे ने गुमा दिया। लगता है कहीं बेच दिया होगा। बाकी रुपये मौसी ने खर्च कर दिए। मैंने सोचा कि चलो, कोई बात नहीं, मौसी ही तो है। लेकिन फिर मेरे मन में आता है कि उसने चालाकी से मेरी कमाई के सारे पैसे छीन लिए। मैं समझ नहीं पा रही हूँ कि किस पर भरोसा करूँ, किस पर न करूँ। एक बात और, मौसी का बेटा मेरे साथ अश्लील हरकतें करता है।"

मैं ग़ौर से उसकी बातों को सुन रहा था। वह अपने दिल में छुपी पीड़ा और बेबसी की परतें खोलती जा रही थी। उसने आगे कहा, "सच बताऊँ पापा, जब आपके आदमी मुझे छुड़ाकर मुक्ति आश्रम लाए थे तब मुझे बहुत अच्छा लगा था। लेकिन मन-ही-मन डर रही थी कि आप लोग भी कहीं मुझे किसी और के पास न बेच दें। मुझे मौसी की बातों पर कतई विश्वास नहीं हो रहा था। मुझे दिल्ली से असम लौटते वक्त रेल में नींद नहीं आई थी। डर लग रहा था कि आपका कार्यकर्ता और मौसी मुझे न जाने कहाँ ले जा रहे हैं। रास्ते में कार्यकर्ता ने भी मेरे साथ छेड़खानी की थी। मैंने जब घर पहुँचकर अपनी दीदी को देखा, तब जाकर यकीन हुआ कि मैं आजाद हो चुकी हूँ।" मुझे परभाती और उसके बेटे की करतूतों के बारे में सुनकर बहुत कष्ट हुआ। उस कार्यकर्ता को तुरन्त संगठन से निकाल दिया गया।

मैंने रात को जोआन से बहुत विस्तार से बातचीत की। वह कभी सड़क बनाने में तो कभी चाय बागान में काम करता था। उसका कहना था कि उसने पिछले साल क्रिसमस के बाद से कभी नशा नहीं किया। बातचीत के दौरान एक बार तो मैं ख़ुद अचम्भे में आ गया था, जब मेरे पूछने पर उसने अपनी उम्र पन्द्रह साल बताई थी।

बाद में समझ आया कि उसे ठीक से हिन्दी बोलना नहीं आता था। इसलिए वह पच्चीस साल को पन्द्रह साल बता रहा था। मैं उस लड़के से पूरी तरह से सन्तुष्ट नहीं था। मैंने नन्दी को समझाया कि वह जल्दबाज़ी न करके साल-दो साल और इन्तज़ार करे। उसे कहीं ज़्यादा अच्छा लड़का मिल जाएगा। उसने तुरन्त मेरी बात मान ली थी। कुछ दिनों बाद नन्दी अपने घर वापस लौट गई। उसने फ़ोन करके बताया कि परभाती और जोआन मिलकर शादी के बहाने वे रुपये हड़पना चाहते हैं, जो उसे मुक़दमा जीतने के बाद मिलेंगे।

उसे अदालती कार्यवाही के कारण कई बार दिल्ली और सोनीपत जाना पड़ा था। वह अक्सर मुक्ति आश्रम में ठहरती थी। कभी-कभी सुमेधा जी के साथ बाल आश्रम चली जाती थी। हम नन्दी के लिए किसी योग्य वर की तलाश में थे। संयोग से वह ख़ुद आश्रम के एक नौजवान को पसन्द करने लगी थी। वह लड़का भी उसे चाहता था। वे दोनों वयस्क थे। इसलिए हम उनकी मर्ज़ी का सम्मान करते हुए ख़ुशी-ख़ुशी उनकी शादी कराने के लिए तैयार हो गए थे। हमने उस युवक से नन्दी का विवाह बड़े धूमधाम से किया था। आश्रमवासियों के अलावा गाँव के दो-तीन सौ लोग विवाह भोज में शामिल हुए थे। नाच-गाना, बैंड-बाजा, बारात आदि सभी हुआ था। कुछ महीनों की अदालती कार्यवाही के बाद नन्दी को ढाई लाख रुपये मुआवज़े के तौर पर मिल गए थे। उसने वह धनराशि बैंक में जमा करा दी थी। अब तक उनकी दो सन्तानें हो चुकी हैं। आजकल वह परिवार सहित असम में रहती है।

क्या अमेरिकी राष्ट्रपति होना ज़रूरी है

यह कहानी आसमान में छितरे बादलों और उन पर सवार होकर अठखेलियाँ करते एक सपने की है। यह मेरी एक कविता की कहानी है, जो कभी उन्मुक्त, तो कभी छन्दबद्ध होकर मेरे अन्तःकरण में कुलबुलाती रहती है। बेशक़ीमती और सुन्दर मखमली गलीचों की यह कहानी बादल से, सपनों से, कविता से, वेदना से भरे अन्तःकरण से और ज़ख़्मी नाज़ुक उँगलियों से बुनी गई है।

यह एक गन्दे तालाब में स्फटिक जैसे खिले हुए कमल की कहानी है, जिसे एक ज़हरीले नाग ने डस लिया था। यह मुसहर टोले के छोटे-से आँगन में नीम के पेड़ की, और उसके पत्तों और टहनियों से झाँकते हुए मेरी आँखों के सामने अस्त हो गए सवेरे के सूरज की सबसे सुनहरी किरण की कहानी है। मेरे यूँ ही हाथ मलते रहने और भीतर-भीतर कुछ टूट जाने की कहानी है। यह कहानी एक ऐसे बच्चे की है, जिसने अमेरिका के राष्ट्रपति को आँखों में आँखें डालकर चुनौती दी थी। यह कालू की कहानी है। इसे लिख पाना मेरे लिए सबसे मुश्किल काम है।

कालू अब हमारे बीच नहीं है। वह हमारा सबसे होनहार साथी था, जो सिर्फ़ तेईस वर्ष की उम्र में हमसे विदा हो गया था। इन पंक्तियों को लिखते समय मुझे ऐसा लग रहा है जैसे काग़ज़ के पन्ने में से कालू का गोल, साँवला भोला-सा चेहरा उभर आया है। और वह अपनी सफ़ेद झक बड़ी-सी बत्तीसी खोलकर निश्छल मुस्कान बिखेरते हुए कह रहा हो, "भाई साहब जी, आप यह क्या लिख रहे हैं? बाल मजदूरी का खात्मा किए बिना भला आपका कालू कैसे मर सकता है?"

उसे जानने वाले किसी भी व्यक्ति के दिल से उसकी छाप मिटाना मुश्किल है। ज़बरदस्त साहस, संकल्प, और स्नेह से भरे कालू का व्यक्तित्व ही ऐसा था। उसकी साफ़गोई का भला कौन कायल नहीं था? यहाँ तक कि अमेरिकी राष्ट्रपति बिल क्लिंटन भी उससे प्रभावित हुए बिना नहीं रह सके थे। कालू और क्लिंटन की मुलाक़ात सिर्फ़ रोमांचक ही नहीं, ऐतिहासिक भी थी।

मानवाधिकार योद्धा रॉबर्ट एफ़. कैनेडी की बेटी कैरी कैनेडी एक जानी-मानी मानवाधिकार कार्यकर्ता हैं। उन्होंने विश्व भर के पचास व्यक्तियों के जीवन और कार्यों पर एक महत्त्वपूर्ण पुस्तक लिखी थी। उस पुस्तक का नाम 'स्पीक ट्रुथ टु पावर' है। उसमें मुझ पर भी एक अध्याय लिखा गया है। सन् 2000 के सितम्बर महीने में तत्कालीन राष्ट्रपति बिल क्लिंटन ने पुस्तक का विमोचन किया था।

पुस्तक विमोचन के कार्यक्रम में उसमें वर्णित सभी चरित्र नायकों को आमंत्रित किया गया था। कैरी का आमंत्रण मिलने पर मेरे मन में यह विचार आया कि जिन कामों के लिए मुझे इतना सम्मान दिया जा रहा है, शायद मैं अकेले उनके श्रेय का पात्र नहीं हूँ। मैंने कैरी को एक जवाब लिखकर उनसे निवेदन किया कि मेरी जगह पर किसी ऐसे बच्चे को बुला लें, जो ख़ुद आज़ाद हो जाने के बाद दूसरे बच्चों की मुक्ति के संघर्ष में जुटा हो। उन्होंने उत्तर दिया कि मैं स्वयं तो आऊँ ही, अपने साथ

एक बच्चे को भी ला सकता हूँ। हमने मुक्ति आश्रम और बाल आश्रम सहित अपने सभी कार्यक्षेत्रों में से सबसे विशिष्ट बच्चे का चुनाव करना शुरू कर दिया। बच्चों और कार्यकर्ताओं की राय थी कि इसके लिए कालू कुमार सबसे अच्छा रहेगा। तब उसकी उम्र 12 साल की थी।

कालू का जन्म सन् 1988 में बिहार के मधेपुरा ज़िले के एक गाँव, मुढ़ों के मुसहर टोला में हुआ था। बचपन में ही उसकी माँ गुज़र चुकी थी। वह तीन भाइयों में मझला था। मुसहर बिहार की सबसे निचली एवं ग़रीब जाति मानी जाती है। वे पुश्तैनी रूप से चूहा मारने का काम करते रहे हैं। उसे खाते भी हैं। इस समुदाय के लोग ज़मीन मालिकों के यहाँ खेतिहर मज़दूरी, पशुपालन अथवा पेट पालने के लिए बाहर जाकर कोई छोटी-मोटी मज़दूरी का काम करते हैं। मुसहरों में साक्षरता मात्र पन्द्रह-बीस प्रतिशत है।

इस सामाजिक पृष्ठभूमि में जन्मे कालू कुमार जी एक दिन अमेरिका की राजधानी वाशिंगटन डीसी पहुँच गए थे। पुस्तक विमोचन समारोह में बहुत सारे विशिष्ट व्यक्ति पहुँचे हुए थे। उनमें 'स्पीक ट्रुथ टु पावर' की लेखिका कैरी कैनेडी, पुस्तक के विख्यात फ़ोटोग्राफ़र ऐडी एडम्स, हमारे जीवन व कार्यों के नाट्यरूपांतर करने वाले जाने-माने लेखक व निदेशक एरियल डॉर्फ़मैन और हॉलीवुड के कई अभिनेता व अभिनेत्रियाँ आदि शामिल थे। उन सभी के बीच नन्हे कालू जी सफ़ेद झकाझक पायजामे, लाल रंग के कुर्ते और जैकेट में सजे-धजे अलग नज़र आ रहे थे। वहाँ उपस्थित लोग जिज्ञासावश मेजबानों और एक-दूसरे से उस बच्चे के बारे में पूछ रहे थे। बहुत से लोग आगे बढ़-बढ़कर उनसे हाथ मिला रहे थे। मैं उनका दुभाषिया था। थोड़ी देर में राष्ट्रपति क्लिंटन सभागार में घुसे। सुश्री कैनेडी ने उनकी अगवानी की। तभी क्लिंटन साहब की नज़र कालू पर पड़ी। उन्होंने उसके पास जाकर हाथ मिलाया। उसके बाद पुस्तक के सभी चरित्र नायकों से मुलाक़ात की। वे फिर से मुड़कर कालू से बात करने के लिए रुक गए। उन दोनों की बातचीत चन्द वाक्यों में हुई थी, किन्तु वह बड़ी महत्त्वपूर्ण साबित हुई।

कालू ने बड़ी विनम्रता से राष्ट्रपति महोदय से कहा, "मैं तो बड़ा खुशनसीब हूँ कि बँधुआ मजदूरी से आजाद हो पाया, और आज आपके सामने हूँ। किन्तु विश्व में पचीस करोड़ बच्चे ऐसे हैं, जो अभी भी बाल मजदूरी कर रहे हैं। वे मेरी तरह भाग्यशाली नहीं हैं। बताइए, आप उनके लिए क्या कर रहे हैं?" उनको

एक बच्चे से ऐसे सीधे सवाल की उम्मीद नहीं होगी। शायद वे सोच रहे होंगे कि बच्चे को पहले से रटाकर तैयार किया गया है, क्योंकि तभी उन्होंने मुस्कुराते हुए तिरछी नज़रों से मेरी तरफ़ देखा था। फिर भी उन्होंने मोटे तौर पर अपनी सरकार की बालश्रम विरोधी नीतियों का हवाला देकर चतुराई से उसे सन्तुष्ट करने की कोशिश की।

राष्ट्रपति के बतौर श्री क्लिंटन का वह दूसरा और आख़िरी कार्यकाल था। इसलिए उन्होंने कहा कि आगे भी जो अमेरिकी प्रशासन होगा, वह बाल मज़दूरी मिटाने के लिए काम करेगा। इस पर कालू जी फिर तपाक से बोले, "श्रीमान जी, बाल मजदूरी खत्म करने के लिए अमेरिका का राष्ट्रपति होना तो जरूरी नहीं है? आप इस पद के बिना भी हम सरीखे बच्चों की मदद कर सकते हैं।" उन्होंने उसकी पीठ थप-थपाकर उसकी हाज़िरजवाबी की तारीफ़ करते हुए उसे गले लगाकर चूमा।

कुछ दिनों के बाद एक ऐसी ख़बर मिली जिससे बाल मज़दूरी के ख़िलाफ़ काम करने वाले संगठनों के सुखद आश्चर्य का ठिकाना नहीं रहा था। राष्ट्रपति क्लिंटन ने अपना कार्यकाल समाप्त होने से पहले दुनिया में बालश्रम उन्मूलन के लिए दी जाने वाली अमेरिकी धनराशि को तीन करोड़ डॉलर से बढ़ाकर पन्द्रह करोड़ डॉलर कर दिया था। यूँ तो उसके दूसरे कई नीतिगत कारण रहे होंगे, लेकिन मेरे कई अमेरिकी मित्रों का मानना था कि उस निर्णय के पीछे किशोर कालू द्वारा उन्हें दी गई भावुक और नैतिक चुनौती थी।

जब वह पाँच-छह साल का था तब उसे और गाँव के कुछ बच्चों को एक बाल तस्कर बहला-फुसलाकर चुरा ले गया था। उसे अपनी बात अच्छी तरह से समझाकर बताना बहुत अच्छा लगता था। वह उस दिन की घटना को भी उसी तरह से सुनाता था, "एक दिन हम चार-पाँच बच्चे गाँव के बाहर खेल रहे थे। एक दलाल आया। उसने हमें खाने को मीठी-मीठी टॉफियाँ दीं। हमने उससे पहले कभी टॉफियाँ नहीं खाई थीं। जब हमने वे खाईं तो बड़ी स्वादिष्ट लगीं। फिर वह आदमी बोला कि हमें सिनेमा दिखाएगा और खूब सारी मिठाइयाँ भी खिलाएगा। हमने सुना था कि गाँव के बड़का-बड़का लोग शहर जाकर सिनेमा देखते हैं। उसमें खूब मार-धाड़, नाच-गाना और उछल-कूद होता है। हम सब उस आदमी की बातों में आकर उसके साथ चल दिए थे। जान लीजिए कि एक अन्धे कुएँ में कूद पड़े थे।"

वह बताता था कि दलाल सभी बच्चों को गाँव के बाहर से बस में बिठाकर स्टेशन ले गया था। उन्हें रेल में चढ़ाकर मीठे लड्डू खिला दिए। जब वे जागे तो सवेरा हो चुका था। लेकिन तभी से उनकी ज़िन्दगी में एक लम्बी रात शुरू हो गई थी। ग़ुलामी की रात। उसे ऐसा लगता था कि वह कभी ख़त्म न होने वाली रात थी। वह उस घटना को याद करके बताता था, "हमारी रेल इलाहाबाद स्टेशन पर रुकी। हम सभी बच्चों को वहाँ से उतारकर बस द्वारा सरायभीटी नाम के गाँव में ले जाया गया। हम लोग रोने-चीखने लगे थे। दलाल ने हमें एक ऐसी जगह पहुँचा दिया, जहाँ पहले से और बीस-पचीस बच्चे बैठकर कुछ बना रहे थे। उस आदमी ने हमें एक दूसरे आदमी के हवाले कर दिया। इसके बदले में उसने सौ-सौ के ढेर सारे नोट ले लिए थे। हम तभी समझ गए थे कि हमें कारखाना मालिक के हाथों बेच दिया गया था।" कभी-कभार वह अपने बाल-सुलभ लहजे परन्तु वेदना-भरे स्वर में पूछ लेता था, "बताइए, भला कहीं बच्चे भी बेचे-खरीदे जाते हैं? मगर हम तो खुद ही बिक चुके थे।" उसका मस्तिष्क जितना तेज़ और उर्वरक था, हृदय उतना ही भावुक। उसने कई कविताएँ लिखी थीं। यहाँ तक कि उसकी बातचीत भी कवितामय होती थी।

कारख़ाना तो क्या, दरअसल वह एक घर था, जिसमें गलीचे (क़ालीन) बुनने का काम होता था। वह जगह उत्तर प्रदेश के इलाहाबाद ज़िले के एक छोटे-से गाँव में थी। उन बच्चों ने वहीं पहली बार गलीचा देखा था। उसी दिन से उन्हें खड्डियों पर बिठाकर क़ालीन बुनने का काम सिखाना शुरू कर दिया गया था। खड्डियाँ कोई आधुनिक मशीनें नहीं, बल्कि ज़मीन में एक-दूसरे से दस या बारह फुट की दूरी पर गाड़े गए आठ-दस फुट ऊँचे दो मोटे गोल खम्भे होते हैं। उनके ऊपर और नीचे क़रीब छह-छह इंच चौड़ी लकड़ी की दो फट्टियाँ ठोक ज़मीन में गड़ी एक आयताकार फ्रेम-जैसी बना ली जाती है। उसी को वहाँ पर 'काठ' कहते हैं। फिर उन फट्टियों पर सूत के महीन, किन्तु मज़बूत धागे इस तरह से लपेटे जाते हैं जिससे धागे की खड़ी पंक्तियाँ बिलकुल सीधी तनी रहें। दोनों खम्भों के बीच की ज़मीन को एक पतले नाले की तरह खोद लिया जाता है। क़ालीन बुनकर उसी नाले में पैर लटकाकर एक क़तार में बैठकर बुनाई करते हैं।

कालू को उस जगह पर लगभग चार साल तक मज़दूरी करनी पड़ी थी। उसे कोई वेतन या पैसा नहीं दिया जाता था। दिन में सोलह-सोलह घंटे काम के बदले

में दो बार गरम पानी-सरीखी पतली दाल और घटिया क़िस्म का चावल मिलता था। हफ़्ता-दस दिन में कभी रोटी मिल जाती थी। खेल-कूद या छुट्टी का तो कोई सवाल ही नहीं था। अपनी टूटी-फूटी झोंपड़ी में अधपेट रहकर गुज़ारा करने वाले कालू के पिता की बिसात नहीं थी कि वह अपने बेटे को ढूँढ़ सके। वह एक-दो साल तक इधर-उधर धक्के खाने के बाद उम्मीद छोड़कर बैठ गया था।

हमने पहले कभी सरायभीटी के पड़ोस के गाँव अवसानपुर में छापामारी करके कुछ बच्चों को छुड़ाया था। उन्हीं बच्चों से मिली जानकारी के आधार पर सरायभीटी में छापामार कार्यवाही की योजना बनाई गई थी। वह सन् 1997 के मई या जून महीने की बात है। पहले एक कार्यकर्ता को ख़ुफ़िया तौर पर उस जगह का पूरा जायजा लेने के लिए भेजा गया था। उससे पता चला था कि वहाँ पहुँचने के ठीक-ठाक रास्ते नहीं हैं। गाँववाले किसी अनजाने वाहन या बाहरी व्यक्तियों को दूर से देखकर ही सन्देह कर सकते हैं। चूँकि उन गाँवों में बहुत से लोग क़ालीन बुनवाने का धन्धा चलाते हैं, इसलिए वे सब तुरन्त इकट्ठे होकर हमला कर देते थे। पहले भी कई बार मेरे साथ यह हो चुका था।

पूर्वी उत्तर प्रदेश के मिर्ज़ापुर, भदोही, इलाहाबाद और वाराणसी के सैकड़ों गाँवों में लगी हज़ारों खड्डियों पर गलीचा बुनने का काम होता है। उनसे बननेवाला ज़्यादातर माल अमेरिका तथा यूरोप के देशों में निर्यात होता है। इसीलिए क़ालीन निर्यातक बहुत अमीर होते हैं। राजनेता, पुलिस व प्रशासन तो जैसे उनकी मुट्ठी में रहते हैं। उनमें से ज़्यादातर लोग ख़ुद फ़ैक्ट्रियाँ लगाकर क़ालीन नहीं बुनवाते, बल्कि ठेकेदारों के मार्फत काम करवाते हैं। वे ठेकेदार बिहार, झारखंड और कभी-कभी नेपाल के ग़रीब इलाक़ों से बच्चों की तस्करी करके वहाँ पर मँगवाते थे। छापामार कार्यवाही वाले दिन बड़ी तेज़ गर्मी थी। तापमान क़रीब सैंतालीस डिग्री सेल्सियस रहा होगा। सरायभीटी गाँव मुख्य सड़क मार्ग से पाँच-छह किलोमीटर दूर कच्चे रास्ते पर था। हम आसमान से बरसते अंगारों और धूल भरी आँधी के थपेड़ों के बीच तौलियों से सिर और मुँह छुपाते हुए पैदल-पैदल वहाँ पहुँच पाए थे। हमने वह वक़्त इसीलिए चुना था, क्योंकि भरी दोपहरी में बिखरे-बिखरे घरों की बसाहट वाले गाँवों में लोग अपने घरों के अन्दर ही रहते हैं।

हम छह कार्यकर्ता कोई भी आहट किए बिना चुपचाप फ़ैक्टरी के दालान में घुस गए। खपरैल की लम्बी-सी दालान के बीच में से एक छोटा-सा दरवाज़ा

चौकोर अहाते में खुलता था। अहाते के सामने ईंटों की खुली दीवारों पर पत्थर की छत वाले तीन कमरे थे। कमरों के फ़र्श की ज़मीन को मिट्टी और गोबर से लीपा गया था। बड़े कमरे में तीन, और छोटों में दो-दो खड्डियाँ लगाई गई थीं। खड्डी मालिक दालान में पैर पसारे सो रहा था। उसका घर भी दालान से सटा हुआ था। हमारे घुसते ही परिवार के कुछ सदस्यों ने आकर हमारा रास्ता रोक लिया। वे गाली-गलौच करते हुए चिल्लाने लगे। हमारे साथ गए पुलिस के दो सिपाही झंझट में फँसने के बजाय, आँखें बचाकर कहीं ग़ायब हो गए थे। इससे पहले कि हम कुछ समझ पाते, मालिक चुपचाप से कहीं खिसक लिया।

मैं एक कार्यकर्ता के साथ भीतर घुसता चला गया था। वहाँ देखा कि एक कमरे में छह बच्चे पसीने से लथपथ, सिर्फ़ पतले-से तौलिए लपेटे, नंगे बदन सहमे हुए काठ पर बैठे थे। वे डर के मारे खड़े तक नहीं हो सके। मैंने उन्हें पुचकारते हुए सांत्वना दी कि हम उन्हें आज़ाद कराने आए हैं। सभी को उनके माई-बापू के पास वापस घर पहुँचाया जाएगा। छापामार कार्यवाहियों में तैयारी के दौरान गोपनीयता और चुस्ती-फुर्ती बहुत ज़रूरी होती है। एक मिनट का भी समय गँवाए बग़ैर, बच्चों को निकालकर अपने वाहनों में बैठाना पड़ता है। कुछ क्षणों के भीतर ही उनमें विश्वास पैदा करना पड़ता है। उसी बीच हमें सामने के एक बड़े कमरे में मोटा-सा ताला लटका देखकर कुछ सन्देह हुआ। तब तक एक दूसरी महिला के साथ कुछ पड़ोसी अन्दर आकर गाली-गलौच करते हुए हमें धमकियाँ देने लगे। उस महिला ने बड़ी मुश्किल से हमें ताले की चाबी दी। कमरा खुलते ही हम यह देखकर हैरान हो गए कि कई बच्चे ऊन के गट्ठरों के नीचे छुपाकर रखे गए थे, जिनका दम घुटा जा रहा था। कालू उन्हीं में से एक था। हम लोग जल्दी-जल्दी उन्हें निकालकर भाग निकलने में कामयाब रहे। ज़रूरी क़ानूनी प्रक्रिया पूरी कराने के बाद उन्हें मिर्ज़ापुर में हमारे कार्यालय में ले आया गया था।

उस रात को कालू और बाक़ी बच्चों ने अपनी जो आपबीतियाँ सुनाई थीं, वे दिल दहला देने वाली थीं। हमने कालू के अँगूठे के ऊपर और उँगलियों पर जलने-जैसे घावों के निशान देखकर जानना चाहा कि वह कैसे हुआ? उसने बड़ी वेदना और कसक भरी आवाज़ में बताया था, "हम बार-बार गाँठें लगाकर ऊनी धागों को काटते थे। जरा-सी चूक हो जाने पर हँसिये से हमारी उँगलियाँ कट जाती थीं। मालिक मरहम-पट्टी कराने के बजाय, माचिस की तीलियों पर लगा रोगन

मसलकर हमारे कटे हुए घावों में भर देता था। बाद में दियासलाई की दूसरी तीली सुलगाकर रोगन भरे घावों पर रख दिया करता था। उससे वहाँ का पूरा ख़ून, मांस और खाल जलकर चिपक जाते थे।"

मैं पहले कई बार क़ालीन उद्योग से बच्चों को मुक्त करा चुका था। इसलिए उनके साथ होने वाली अमानुषिक प्रताड़नाओं की जानकारी थी। परन्तु घावों को दियासलाई के रोगन से जलाने वाली बात पहली बार सुनी थी। उसने अपने पंजों, जाँघों, छाती और पीठ पर से कपड़े हटाकर जो व्यथा सुनाई, वह इतनी हृदय विदारक थी कि शब्दों में बयान नहीं किया जा सकता। उसके शरीर का शायद ही कोई अंग बचा हो, जिस पर घावों के गहरे निशान न हों। फिर उसने अपनी छाती दिखाते हुए बताया, "देखिए, ये लोहे के पंजे से मारा गया है। पंजे में नुकीले दाँत निकले रहते हैं। उसकी खरोंच के दो निशान तो भर चुके, मगर गहरे घावों के कई निशान अभी तक बाकी हैं। एक दिन मैं अपनी माँ को याद करके खूब रो रहा था। मेरी माँ जिन्दा होती तो, न मैं आवारा लड़कों की तरह गाँव के बाहर खेल रहा होता, और न वो दलाल मुझे टॉफी खिलाकर चुरा पाता। मेरा मन बड़ा उदास था इसलिए मुझसे कुछ धागे गलत-सलत बुने गए। फिर मालिक साहब ने बहुत गुस्सा होकर दो-चार थप्पड़ मारे। मैंने कहा कि मुझे यहाँ नहीं रहना। मुझे मेरे घर पहुँचा दो। उसी बात पर गुस्सा होकर मेरी छाती पर पंजा दे मारा था।"

कालू स्वतंत्र चेतना का धनी था। वह इतने जघन्य अत्याचारों के बावजूद ग़लत बातों का विरोध किए बिना नहीं रहता था। शायद इसीलिए उसी के जिस्म पर सबसे ज़्यादा घावों के निशान थे। मैं जब-जब उसके वे निशान देखता था, तो ऐसा लगता था मानो हज़ारों सालों की मानव सभ्यता पर घाव लगा दिए हों। जैसे कि किसी ने लोहे के पंजे से हमारी गीता, बाइबिल, क़ुरान और तमाम धर्म ग्रन्थों में से मानवता, करुणा और दया जैसे शब्दों को खरोंच-खरोंचकर निकाल दिया हो। या फिर संविधान, क़ानून और न्याय व्यवस्था में घाव करके, उनमें दियासलाई का रोगन भरकर जला दिया हो।

वहाँ से छुड़ाए जाने के बाद वह कुछ महीनों तक अपने गाँव में रहा था। बाद में हमारे कार्यकर्ता घुरन मास्टर जी उसे और दूसरे बच्चों को दिल्ली ले आए थे। वे सभी कुछ दिनों तक हमारे मुक्ति आश्रम में रुके थे। मैं इत्तिफ़ाक़ से उस वक़्त मौजूद था। वहाँ कालू की मुलाक़ात पहले से रह रहे कई ऐसे बच्चों से हुई जो उसी

की तरह क़ालीन कारख़ानों से मुक्त कराए गए थे। उनमें नागेश्वर और मोहन भी थे। वे दोनों ऐसे बच्चे थे जिनकी शुरुआती ज़िन्दगियाँ कालू से मिलती-जुलती थीं। मोहन बिहार के सहरसा ज़िले का रहनेवाला था। उसे छह साल तक बँधुआ बनाकर रखा गया था। उस दिन मोहन ने एक हैरतअंगेज़ घटना सुनाई थी।

गलीचा कारख़ाने में रहने के दौरान वह अक्सर अपने पिता को सपनों में देखता रहता था। एक रात के बाद से वह सिलसिला टूट गया था। तब से वह बहुत परेशान और दुखी रहने लगा था। उस रात उसने पिता को सपने में देखा था। वे बिस्तर पर पड़े हुए चीख़-चीख़कर उसे पुकार रहे थे, वह ख़ुद रस्सियों से बँधा हुआ था। तभी अचानक पिता ने दम तोड़ दिया था। मोहन नींद में ही इतनी ज़ोर से चीख़ा कि वहाँ सो रहे बाक़ी बच्चे जाग गए। वह 'बापू-बापू' पुकारकर रोने लगा। दूसरे बच्चों के बहुत समझाने-बुझाने के बाद भी वह पिता को याद करके रात भर सुबकता रहा था। आश्चर्यजनक बात यह थी कि उसी रात को उसके पिता की मृत्यु हुई थी।

कालू उस बातचीत के दौरान अचानक भावुक हो गया। वह उन्हें अपने शरीर के घाव दिखाने लगा। नागेश्वर से भी चुप नहीं रहा गया। वह बोला, "अरे! रो क्यों रहा है, मेरी तरह पुलिसवाला बन जाना। फिर हम एक-एक करके सारे गलीचा वालों को भून डालेंगे।"

तभी मोहन बीच में टपक पड़ा। उसे कुछ महीने पहले मुक्त करवाया गया था। वह नागेश्वर को रोकता हुआ बोला, "तू पुलिस बनकर क्या करेगा, पुलिस तो खुद ही मालिकों की दलाल होती है। मैंने अपनी आँखों से देखा है। एक बार मेरे गाँव में पुलिस आई थी। एक पैसे वाले जमींदार से उसके नौकरों का झगड़ा हो गया था। पुलिसवालों ने जमींदार के घर में बैठकर खूब दारू-मुर्गा चटकाया और गरीबों को पीट-पीटकर खदेड़ दिया था। औरतों तक को नहीं छोड़ा था। उनके बाल पकड़-पकड़ कर घसीटा था।" वह एक साँस में बोलता चला गया, "मैंने तो गलीचा कारखाने में भी कई बार एक सिपाही को आते देखा था। वह मालिक से शराब की बोतलें और पैसा लेकर चला जाता था। और मालिक के पाँव भी छूता था।"

मोहन के मुँह से पुलिस के बारे में कड़वा अनुभव सुनकर नागेश्वर का विचार बदल गया था। वह अपने मशवरे में सुधार करके कालू से बोला, "ठीक है, तो मैं फौज में चला जाऊँगा। फिर देखते हैं, बल्ला पटेल को मुझसे कौन बचाता है? कालू भैया! तुम भी फौजी बन जाना।" बाद में कालू भले ही नागेश्वर के बारे में

बात करते हुए आवेश में आ जाता था, परन्तु उसके मन में मालिकों के प्रति बदले या हिंसा की भावना कभी नहीं रही। न ही कभी उसकी पुलिस या फ़ौज में भर्ती होने की इच्छा हुई थी।

सात साल के नागेश्वर को एक दलाल दरभंगा ज़िले के उसके गाँव से बहला-फुसलाकर बनारस के बरगई गाँव में ले गया था। उसे वहाँ एक क़ालीन कारख़ाने में छोड़ दिया था। सन् 1995 में तेईस अक्टूबर का दिन था। उस दिन हिन्दुओं का सबसे बड़ा त्योहार दीवाली था। परन्तु नागेश्वर और उसके साथ काम करने वाले बच्चों के लिए क्या ईद और क्या दीवाली! पूरा गाँव साज-सज्जा में लगा हुआ था। घर-घर में सफ़ाई, रंग-रोगन व सफ़ेदी हो चुकी थी। सभी नए-नए कपड़े पहने हुए थे। घरों में से पकवान बनने की ख़ुशबू आ रही थी। दीवाली में लोग आम तौर पर अपने दरवाज़े खुले रखते हैं। उनकी मान्यता है कि धन की देवी लक्ष्मी को अन्दर आने में कोई रुकावट न हो। कारख़ाना मालिक बल्ला पटेल और उसके परिवार के सभी लोग त्योहार मनाने में व्यस्त थे। कोठरी और बाहर के अहाते के दरवाज़े खुले हुए थे।

मौक़े का फ़ायदा उठाकर नागेश्वर और उसका एक साथी गणेश दीये जलने से पहले घर के पीछे के दरवाज़े से भाग निकले। उन्हें मालूम था कि गाँव से लगभग एक किलोमीटर दूर नदी बहती है। उन्हें पहले दो बार घेरकर नहलाने-धुलाने के लिए वहाँ ले जाया गया था। उन्होंने सोचा कि अगर वे किसी तरह नदी पार करने में सफल हो गए, तो हमेशा के लिए उस नरक से आज़ाद हो जाएँगे। वे नदी के किनारे तक जा पहुँचे। कोशी नदी के बाढ़ग्रस्त इलाक़े में पैदा होने के कारण वे अच्छी तरह तैरना जानते थे। परन्तु रात के अँधेरे में तैरकर नदी पार करने की हिम्मत नहीं कर सके। दीवाली की वजह से वहाँ कोई नाव भी नहीं चल रही थी।

कुछ ही मिनटों के बाद बल्ला पटेल और उसका भाई उनका पीछा करते हुए वहाँ पहुँच गए। बच्चों ने उन्हें देखते ही भागने की कोशिश की। लेकिन उन्होंने गणेश को पकड़कर लात-घूँसों से पीटना शुरू कर दिया। नागेश्वर ने देखा कि उसका साथी ज़मीन पर गिर गया था। उसके पेट और छाती पर लातों से पिटाई हो रही थी। अचानक उसके मुँह से बड़ी ज़ोर से ख़ून की उल्टी हुई और वह शान्त हो गया। शायद मर चुका था। उन लोगों ने गणेश को घसीटते हुए ले जाकर नदी के गहरे पानी में फेंक दिया। नागेश्वर जान बचाकर उलटे पाँव घर की तरफ़ भागा।

थोड़ी देर में वे लोग भी घर लौट आए। उन्होंने उसे काठ के साथ रस्सी से बाँध दिया। वह अपने साथी को याद करके रोए जा रहा था।

बाहर पूरा गाँव झिलमिलाती रौशनी में डूब चुका था। तभी बल्ला पटेल और उसका भाई कोठरी में घुस आए। उनके हाथों में फुलझड़ियों और आतिशबाज़ी के डिब्बे थे। नागेश्वर ने उस घटना को याद करते हुए बताया था, "मैं इस बात से हैरान था कि सेठ (मालिक) मुझे फुलझड़ियाँ चलाने को दे रहा है! मैंने अपने मन में सोचा कि वे लोग इसलिए मुझ पर रहम दिखा रहे हैं, ताकि मैं गणेश के बारे में किसी को न बताऊँ। मैंने सोच लिया था कि मुझे मरना थोड़े ही है। मैं मालिक के पैर पकड़कर माफी माँग लूँगा, और फिर कभी नहीं भागूँगा।"

बताते हुए उसकी आवाज़ भर्राने लगी थी और गला रुँध गया था। उसने बताया, "उन्होंने दियासलाई की तीली से बड़ी-बड़ी फुलझड़ियाँ और बारूद भरी पेंसिलें जला लीं। मेरे हाथ-पैर बँधे हुए थे। मैंने एक कच्छे के अलावा कुछ नहीं पहन रखा था। उन्होंने मुझे जलाना शुरू कर दिया। मैं बुरी तरह चीख रहा था।" इसके बाद की कहानी नागेश्वर को नहीं मालूम, क्योंकि वह बेहोश हो चुका था। उसके चीख़ने की आवाज़ बाहर के पटाखों के शोरगुल में उसी तरह गुम हो चुकी थी, जैसे विकास की रफ़्तार में उन लोगों का अस्तित्व नहीं रहता, जिनके ख़ून-पसीने से उसी विकास का इंजन चलता है। बच्चे का शरीर और उससे बँधी रस्सियाँ जल चुकी थीं, लेकिन उसकी ग़ुलामी की रस्सियाँ बरकरार थीं। उसका मृतप्राय शरीर ज़मीन पर पड़ा था। ख़ौफ़ के मारे वहाँ मौजूद दूसरे बच्चों की घिग्घियाँ बँधी हुई थीं। फिर भी मालिकों के वहाँ से चले जाने के बाद उन्होंने उसके शरीर पर मिट्टी डाल आग बुझाने की कोशिश की थी।

किसी पड़ोसी को बल्ला के कारख़ाने से चीख-पुकार सुनाई पड़ गई थी। उसे कुछ शक हो गया। संयोग से वह आदमी बनारस में शिव प्रसाद चौबे नाम के हमारे एक कार्यकर्ता का रिश्तेदार था। उसने एस.टी.डी. बूथ (प्राइवेट तौर पर चलाई जाने वाली टेलीफ़ोन सेवा) पर जाकर चौबे जी को सूचना दे दी। तब तक भारत में मोबाइल फ़ोन नहीं आया था। हमारे कार्यकर्ता सुबह पौ फटने से पहले पुलिस को साथ लेकर बरगई गाँव जा पहुँचे। वे नागेश्वर को मुक्त करा करके उसे तत्काल बनारस ले गए। वहाँ एक अच्छे अस्पताल में दाख़िल कराकर उसके ज़ख़्मों का इलाज शुरू कर दिया गया। वह बैठने या खड़े होने की हालत में नहीं था। उठाकर

लिटाना तक मुश्किल था। वह इतनी बुरी तरह से जल चुका था कि डॉक्टरों तक को यह यक़ीन नहीं था कि वह बच सकेगा। पुलिस की पूछताछ में मालिक और गाँव के लोगों का कहना था कि बच्चा दिवाली मनाते हुए पटाखों से जल गया है। पुलिस ने ले-देकर उसी कहानी को सच बता दिया था। हालाँकि डॉक्टरों को यह शक था कि नागेश्वर को जान-बूझकर जलाया गया है। जिस आदमी ने चौबे को सूचना दी थी, वह ख़ुद खुलकर पुलिस को कुछ भी बताने के लिए तैयार नहीं था।

सबसे चिन्ताजनक बात यह हुई कि नागेश्वर की आवाज़ पूरी तरह जा चुकी थी। वह बोलना तो दूर, बुदबुदा तक नहीं पा रहा था। बनारस के अस्पताल में चार दिनों तक नागेश्वर की हालत डाँवाडोल बनी रही थी। आख़िर हमारे कार्यकर्ता डॉक्टरों से परामर्श करके उसे दिल्ली ले आए। जिस वक़्त मैंने उसे अपनी गोद में उठाकर कार में से उतारकर दफ़्तर के कमरे तक पहुँचाया, उस वक़्त ऐसा लग रहा था जैसे कि मुक्ति की आकांक्षा की सज़ा में जलाई गई अधमरी मानवता मेरी गोद में थी। हम उसे अच्छे-से-अच्छा इलाज और आराम देना चाहते थे, परन्तु उसके शरीर को छूने मात्र से उसे होने वाली तकलीफ़ को महसूस कर पाना असहनीय था। उसके घावों में से पानी रिस रहा था, मानो परमात्मा ख़ुद अपनी इनसान नामक कृति को बनाने पर आँसू बहा रहा हो। उनके सड़न की बदबू दिल और दिमाग़ के भीतर हज़ारों सालों की सभ्यता के किसी हिस्से की सड़न की तरह अनुभव हो रही थी।

पहले अस्पताल में, और फिर मुक्ति आश्रम में नागेश्वर का अच्छी तरह से इलाज कराया गया। आश्रम के बच्चों और कार्यकर्ताओं का स्नेह और देखरेख इलाज से कहीं ज़्यादा असरकारी सिद्ध हुए थे। कुछ महीनों के भीतर उसके घाव भर गए थे। उसने अपने आप खाना-पीना शुरू कर दिया था। वह चलने-फिरने लगा था और दूसरे बच्चों की तरह अपनी दिनचर्या जीने लगा था। फिर भी डॉक्टरों, मनोचिकित्सकों और हमारी तमाम कोशिशों के बावजूद वह अपने मुँह से एक शब्द तक नहीं बोलता था। आश्रमवासी उसके स्वस्थ हो जाने से बड़े ख़ुश थे, परन्तु गूँगा हो जाने से उतने ही दुखी भी थे।

एक दिन सुबह आठ-नौ बजे की बात है। मैं अपने घर पर था। मुक्ति आश्रम से एक कार्यकर्ता रणवीर का फ़ोन आया। वह सिर्फ़, 'भाई साहब!' शब्द बोलकर सुबकने लगा। मैं किसी अनहोनी की आशंका से घबरा उठा था। मैंने सांत्वना देते हुए कहा, "रणवीर! तुम मेरे लिए छोटे भाई की तरह हो। परिवार या आश्रम में क्या

हुआ है, मुझे सच-सच बताओ? जैसे भी हो सकेगा, मैं तुम्हारी मदद करूँगा।" वह हिचकियाँ भरते हुए थोड़ा सँभलकर बोला, "नहीं, नहीं, भाई साहब जी, मैं तो आपको बड़ी अच्छी खबर देने के लिए फ़ोन कर रहा हूँ।" फिर उसने ऐसी सूचना दी जिसे पाकर ख़ुशी के मारे सुमेधा जी और मेरे आँसू निकल गए थे। उसने बताया कि नागेश्वर की आवाज़ वापस आ गई है। वह बोलने लगा है।

हम जल्दी से मुक्ति आश्रम जा पहुँचे। पता चला कि नागेश्वर रोज़मर्रा की तरह सवेरे-सवेरे दूसरे बच्चों के साथ आश्रम की क्यारियों में पानी दे रहा था। वह वर्कशॉप के बाईं तरफ़ बने बग़ीचे में अपने-आपमें पूरी तरह मस्त था। एक बच्चा वहाँ से गुज़र रहा था। वह वहीं ठिठककर खड़ा रह गया। उसे अपने कानों और आँखों पर भरोसा ही नहीं हुआ। उसने नागेश्वर को एक फ़िल्मी गीत गुनगुनाते हुए सुना,

ग़म की अँधेरी रात में, दिल को ना बेक़रार कर
सुबह ज़रूर आएगी, सुबह का इन्तज़ार कर

वह बच्चा ख़ुशी के मारे चिल्ला-चिल्लाकर नाचने लगा। सभी उसी तरफ़ दौड़ पड़े। तब तक नागेश्वर शरमाकर चुप हो गया और एक कोने में खड़े होकर मुस्कुराने लगा। उसने वहाँ मौजूद कार्यकर्ताओं और बच्चों के बार-बार आग्रह करने पर दुबारा से उस गीत की पंक्तियाँ गुनगुनाकर सुना दीं। फिर क्या था, वहाँ तो अच्छा-ख़ासा त्योहार मनना शुरू हो गया था। घंटों तक ढोल बजते रहे, नाच-गाना चलता रहा, मिठाइयाँ बाँटी गईं। सबने एक-दूसरे का मुँह मीठा किया। उसके बाद नागेश्वर ने धीरे-धीरे बोलना-बतियाना शुरू कर दिया था। छोटी-सी उम्र में हुए उसके इस पुनर्जन्म की घटना से सभी प्रसन्न थे, किन्तु आवाज़ लौटने पर उसकी आपबीती सुनना उतना ही दुखदायी था। हमने पहली बार असली कहानी उसी के मुँह से सुनी थी। कालू की कहानी पर लौटते हैं।

कालू कुमार पहली बार सन् 1998 से सन् 2000 तक बाल आश्रम में रहा था। अन्य बच्चों की तरह उसका दाख़िला नज़दीक के गाँव सोठाना के सरकारी स्कूल में कराया गया था। उसका मन पढ़ने-लिखने में ख़ूब लगने लगा था। एक-दो महीनों के बाद उसके अध्यापक ने आश्रम आकर उसकी बड़ी तारीफ़ की। उनका सुझाव था कि वह बच्चा अपना पाठ सीखने में बहुत तेज़ है, इसलिए उसे सीधे दूसरी कक्षा में दाख़िल कर दिया जाए। कुछ महीनों में ही उसने कक्षा दो की

पढ़ाई पूरी कर ली थी। इससे प्रभावित होकर स्कूल के प्रधानाध्यापक ने उसकी थोड़ी और तैयारी कराकर सत्र के अन्त में तीसरी कक्षा की परीक्षा दिला दी। उस वक़्त हमारी ख़ुशी और आश्चर्य का ठिकाना नहीं रहा था, जब पता लगा कि वह अपनी कक्षा में सबसे ज़्यादा अंकों से पास हुआ है। वह अगले साल चौथी कक्षा में भी सर्वप्रथम रहा था।

कैरी कैनेडी की पुस्तक के विमोचन समारोह में बच्चों और अध्यापकों द्वारा कालू को चुने जाने के कई कारण थे। उसकी सोच और व्यक्तित्व बड़ा सकारात्मक था। मुस्कुराहट तो जैसे उसके चेहरे की बनावट का हिस्सा था। वह बड़ा सफ़ाई पसन्द था। रोज़ सुबह ख़ूब रगड़-रगड़कर नहाता था और कपड़े धोता था। दूसरे बच्चों को भी सफ़ाई के लिए प्रेरित करता था। उन दिनों आश्रम में उसके साथ कई साल गुज़ारने वाले किंशु कुमार की आँखें उसके बारे में बात करते-करते आज भी डबडबा जाती हैं। वह बताता है, "हमने कालू भैया को किसी बच्चे की गलती पर कभी गुस्सा होते हुए नहीं देखा था। वे हमेशा मौका देखकर हमें पुचकारते और समझाते रहते थे। जब भी आश्रम में कोई बच्चा जरा-सा बीमार पड़ता था, तब वे अपनी भूख-प्यास, पढ़ाई और खेल-कूद आदि सब कुछ भूलकर उसी की सेवा में जुट जाते थे। वे कई बार रातों में चुपचाप उठकर बीमार बच्चों के पास जाकर उनका हालचाल देखते थे।"

वह कहता है, "मेरे आश्रम आने के बाद कालू भैया ऐसे मिले थे जैसे वे मुझे वर्षों से जानते हों। नए आने वाले बच्चों से वे सबसे पहले दोस्ती कर लेते थे। वे जिस तरह बाल आश्रम और बचपन बचाओ आन्दोलन के बारे में हमें समझाते थे, उसे सुनते ही हमें लगने लगता था कि ये हमारा दूसरा घर है, जहाँ पर हम अपने सपने देख सकते हैं और उन्हें पूरा कर सकते हैं।"

बँधुआ मज़दूरी से छुड़ाए गए एक और बच्चे विजय ने आश्रम में उसके साथ कई साल बिताए थे। वह बताता है, "कालू भैया के रहते हुए कोई भी बच्चा और गुरु जी दुखी या निराश नहीं रह सकते थे। पता नहीं कि वे यह कैसे जान जाते थे कि हममें से कोई अकेलापन महसूस कर रहा है। वे तभी कोई ऐसी बात कर देते थे जिसे सुनकर हँसी आ जाती थी, और हम सब कुछ भूल जाते थे। वे अक्सर हममें से किसी बच्चे की थाली में से खाना लेकर खा लेते थे। हम सब उनसे बहुत प्यार करते थे। हर किसी को इन्तजार रहता था कि वे उसकी थाली में से खाना खाएँ।

वे जिसकी थाली में साथ बैठकर खाना खाते थे, उसे मुस्कुराते हुए कोई-न-कोई सीख जरूर दे देते थे। वह भी हँसी-मजाक में।"

कालू जो भी काम करता था, उसमें पूरी तरह डूब जाता था। वह खेल-कूद का बड़ा शौक़ीन था। वह आश्रम में क्रिकेट, वॉलीबॉल, बैडमिंटन और टेबिल टेनिस खेलता था। पिच पर ज़्यादा देर तक जमे रहकर टुक-टुक करते रहने के बजाय, उसे लम्बे हाथ मारना पसन्द था। भले ही जल्दी आउट हो जाए। परन्तु जब जम जाता था, तो उसके छक्कों के सामने अच्छे-अच्छों के छक्के छूट जाते थे। कई बार उसकी गेंदें मैदान से काफ़ी आगे भोजनालय या मीटिंग हॉल से दूर निकल जाती थीं। वह अपनी क्रिकेट टीम का कैप्टन हुआ करता था। उसकी टीम में खेल चुके बच्चे उसकी खेल भावना और नेतृत्व की जितनी तारीफ़ करते थे, विरोधी टीम में खेलने वाले भी उतना ही सम्मान करते थे। मैं उसके साथ कई बार वॉलीबॉल और क्रिकेट खेला हूँ। बराबर की टीमों में होड़ के कारण अकसर बड़ी उत्तेजना बनी रहती थी। प्रतिद्वन्द्वी टीम के अंक बढ़ने पर ज़्यादातर लोग झुँझला उठते हैं, किन्तु कालू कभी नहीं झुँझलाता था। उसका जीवन भी उसके क्रिकेट मैचों की तरह ही था। खेलने के अलावा वह लिखने का बड़ा शौक़ीन था। उसे महान पुरुषों की सूक्तियाँ, बाल मज़दूरी आदि के बारे में कुछ-न-कुछ लिखते रहने में बड़ा मज़ा आता था।

वह अमेरिका की यात्रा से लौटकर वहाँ की हर घटना को अपने साथियों के बीच बड़े चटखारे ले-लेकर सुनाता था। वहाँ बिताए दिनों को अपनी ज़िन्दगी के सबसे मौज़-मस्ती भरे लम्हे मानता था। वह शरारत से मुस्कुराते हुए बताता था, "हम, भाई साहब जी के साथ दिल्ली में हवाई जहाज के भीतर तो घुस गए, लेकिन मेरा दिल धक-धक कर रहा था। इतना बड़ा पहाड़-सा जहाज उड़ेगा कैसे? अगर रुक गया तो क्या हम आसमान में ही लटके रह जाएँगे? भैया, जैसे-तैसे हम भगवान का नाम लेकर सीट पर बैठ गए थे। भाई साहब जी ने मेरी सीट पर बैल्ट बाँध दी। मैंने उनसे कहा, प्लीज़ भाई साहब जी, बैल्ट मत बाँधिए। खुले रहने से तो हम कूदकर जान बचाने की कोशिश कर लेंगे। सीट से बँधे रह गए तो क्या होगा?"

वह सुनाता था, "हवाई जहाज उड़ने लगा था तभी मुझे बड़ी तेज पेशाब लग आई। भाई साहब बड़ी देर तक मेरे कन्धे पर हाथ रखे रहे। उससे मेरा डर तो चला गया, किन्तु मुझे लघुशंका की तलब बढ़ती जा रही थी। उन्होंने पहले मुझे बताया था कि जहाज में पानी, भोजन, टट्टी-पेशाब आदि की सुविधा होती है। लेकिन मैं

घबराहट के मारे यह भूल चुका था। काफी देर बाद जब मुझे वह बात याद आई तो मैंने उनको अपनी परेशानी बता डाली। वे मुझे संडास तक ले गए और समझाया कि दरवाजा कैसे खोला और बन्द किया जाता है। लेकिन भैया, मैंने तो डर के मारे दरवाजे की कुंडी खुली ही रखी! वे बाहर खड़े रहकर बीच-बीच में पूछ लेते थे कि मैं ठीक-ठाक से हूँ कि नहीं? मैंने हवाई जहाज में बैठे-बैठे इतना जूस पी लिया, जितना पूरी ज़िन्दगी में नहीं पिया था।"

कालू वॉशिंगटन में अपने होटल का संस्मरण कुछ ज़्यादा ही मज़े लेकर सुनाता था, "हमें एक शानदार होटल में ले जाया गया। श्रीमती कैरी कैनेडी जी का धन्यवाद है कि हमें इतनी सुन्दर जगह पर ठहराया। जिन्दगी में पहली बार ऐसी जगह में घुसा था। पहले हम लोग एक डिब्बे-जैसे कमरे में खड़े हुए। किसी ने दीवार पर लगा एक बटन दबाया और हम झपाक से दसवीं मंजिल पर पहुँच गए। मैंने भाई साहब से कहा कि ये तो उड़न खटोला है। बैठे नहीं, कि ऊपर पहुँच गए! उन्होंने बताया कि कालू यह लिफ़्ट है। भारत में भी ऊँची-ऊँची बिल्डिंगों में ऐसी लिफ़्टें लगी रहती हैं। तब मैं समझा कि पटना और दिल्ली में लोग ऊँचे मकानों में उसी में खड़े होकर चढ़ते होंगे। फिर हम अपने कमरे में घुसे जो फ़िल्मों के महल-जैसा था। वहाँ दो बड़े-बड़े पलंग बिछे थे। पलंग का गद्दा इतना मोटा था कि ज़मीन को छू रहा था। मैंने सोचा, ऐसा बिस्तर किसी राजा-महाराजा का होगा। भाई साहब बोले, कालू, एक पलंग तुम्हारे लिए है, उस पर बैठ जाओ। मुझे थोड़ा डर लग रहा था। समझ में नहीं आ रहा था कि ऐसे कैसे बैठूँ। मैं पहले कभी ऐसे गद्दे पर नहीं बैठा था। मैं भाई साहब जी के कहने पर बैठ गया। मैंने सोच लिया था कि अगर किसी ने रोका तो भाई साहब निबटेंगे। लेकिन उस पर बैठकर इतना मजा आया कि क्या बताऊँ। फिर तो मैंने बार-बार उस गद्दे पर उछलकर खूब मजे लिए।"

वह यह कहानी इतनी उम्दा एक्टिंग के साथ सुनाता था कि सुननेवाले हँस-हँसकर लोट-पोट हुए बिना नहीं रह सकते थे। वह एक जन्मजात अभिनेता था। वह आश्रम की रामलीला में मुँह में हवा भरकर, पूँछ लगाकर और लाल लँगोट पहनकर हनुमान जी का रोल किया करता था। क्रान्तिकारी गीत भी बड़ी तन्मयता से गाता था। उसने बाल आश्रम के शुरुआती दिनों में पहली बार मंच पर जाकर अपने स्वाभाविक अन्दाज़ में जो चुटकुला सुनाया था, वह मुझे अभी तक याद है। उसने बोला था, "एक बार एक हाथी तालाब में स्नान कर रहा था। वहाँ से चूहा गुजर रहा

था। चूहा नशे में चूर था। वह हाथी के पास जाकर बोला, 'बाहर निकल।' हाथी ने ध्यान नहीं दिया। फिर चूहा खूब जोर से चिल्लाया, 'बाहर निकल, हाथी के बच्चे!' हाथी गुस्से से बाहर निकला और चूहे से पूछा, 'तूने मुझे बाहर क्यों निकाला?' चूहा धीरे से बोला, 'भाई कोई बात नहीं। अब तुम वापस जाकर नहाओ। मैं तो बस यह देख रहा था कि कहीं तुमने मेरा कच्छा तो चुराकर नहीं पहन रखा है?'" कालू ने वह चुटकुला एक साथ हाथी और चूहे की एक्टिंग करके सुनाया था।

वह आम तौर पर हँसी-मज़ाक़ के अन्दाज़ में अपनी और दूसरों की मसखरियाँ करता था। लगभग तीन वर्ष तक बाल आश्रम में रहने के बाद हमने कालू के पिता, बड़े भाई और बचपन बचाओ आन्दोलन के नेता घुरन मास्टर के कहने पर उसे गाँव वापस भेज दिया। उसके पिता सालिक ऋषिदेव बीमार रहने लगे थे। आँखें ख़राब हो जाने के कारण वे थोड़ा-बहुत ही कमा पाते थे। उसके बड़े भाई की शादी बचपन में ही हो चुकी थी। वह दिहाड़ी मज़दूरी करके किसी तरह अपनी पत्नी और बच्चों का पेट पालता था और पिता से अलग रहता था। हमने उसके छोटे भाई को पढ़ाई-लिखाई करने के लिए बाल आश्रम में बुला लिया था।

कालू का दाख़िला उसके गाँव के पास के एक स्कूल में करा दिया गया था। वह वहाँ भी चुप नहीं बैठा। उसने केवल अपने ही नहीं, बल्कि पड़ोस के कई गाँवों में एक-एक करके दर्जनों मुसहर बच्चों को बाल मज़दूरी से निकालकर शिक्षण-प्रशिक्षण के लिए बाल आश्रम भिजवाया था। उसके अलावा बहुत-से बच्चों को आसपास के स्कूलों में भर्ती कराया था। वह आन्दोलन के कार्यक्रमों में भाग लेने के सिलसिले में अक्सर बाल आश्रम आता-जाता रहता था।

उसी बीच एक भयानक घटना घट गई थी। यह सन् 2004 की बात है। नेपाल के कुछ माता-पिताओं ने दिल्ली आकर हमसे गुहार की कि उनकी बेटियों को 'रोमन सर्कस' में गुलाम बनाकर रखा गया है। मालिक, उसके गुर्गे और दूसरे लोग उनके साथ ज़ोर-ज़बरदस्ती करने सहित हर प्रकार के ज़ुल्म करते थे। उन दिनों वह सर्कस उत्तर प्रदेश के करनैलगंज क़स्बे में चल रहा था। सर्कस मालिक एक माफ़िया सरगना था। स्थानीय पुलिस, मजिस्ट्रेट और राजनैतिक लोग तो जैसे उसकी मुट्ठी में थे। जब हम उन बच्चियों को आज़ाद कराने के लिए गए तो सर्कस मालिक और उसके गुंडों ने हम पर प्राणघातक हमला कर दिया था। वहाँ मौजूद राष्ट्रीय टी.वी. चैनलों के कुछ संवाददाताओं ने पूरी घटना को प्रसारित किया था।

कालू ने अपने गाँव में किसी चैनल पर मुझे, भुवन को तथा दो बच्चियों के माता-पिता को घायल हालत में देख लिया था। उसे मेरे सिर से बह रहे ख़ून को देखते ही गहरा सदमा लग गया। वह उसी वक़्त अपना मानसिक सन्तुलन खो बैठा था। स्वभाव से हमेशा शान्त और गम्भीर रहने वाले कालू के भीतर एक भयंकर ज्वालामुखी छुपा बैठा था। वह विक्षिप्त होकर सर्कस मालिकों को मार डालने के लिए भागता था। गाँववालों के रोकने पर उन्हें गालियाँ देते हुए चीख़ता-चिल्लाता हुआ ज़ोर-ज़ोर से दहाड़ें मार-मारकर रोने लगता था। जो भी चीज़ उसके हाथ आती थी, उससे अपने सिर और शरीर को पीटने लगता था। फिर घंटों तक गुमसुम होकर लेट जाता था। उसने खाना-पीना भी लगभग छोड़ दिया था। उसके परिवारवाले और बचपन बचाओ आन्दोलन के कार्यकर्ता उसकी दवा-दारू तथा देखभाल कर रहे थे। लेकिन उसका ज़्यादा असर नहीं हुआ था। हमले के बाद मुझे कुछ दिनों तक स्वास्थ्य लाभ करना पड़ा था। इसलिए कालू की हालत के बारे में देर से बताया गया था। पता चलते ही मैंने फ़ोन पर बातचीत करके उसे समझाया कि मैं पूरी तरह स्वस्थ हूँ। परन्तु उसे विश्वास नहीं हुआ। वह समझता था कि मैं भूत बनकर उससे बातें करता हूँ। कालू के दिल में बड़े गहरे में कहीं यह डर घुस गया था कि मैं ज़िन्दा नहीं बचा हूँ।

आख़िर हमने उसे दिल्ली बुलाकर कई दिनों तक अपने पास रखा। मनोचिकित्सक के इलाज के अलावा मेरा पूरा परिवार और कई वरिष्ठ सहयोगी उसका ध्यान रखते थे। कई महीनों के बाद उसकी हालत सामान्य हो सकी थी। उस घटना के बाद उसे फिर से बाल आश्रम में रख लिया गया था। वह बीच-बीच में अपने गाँव जाता रहता था। उसने सन् 2008 में राजस्थान में मुक्त विद्यालय से हाई स्कूल की परीक्षा पास कर ली थी। हमारा संगठन समय-समय पर उसके परिवार की थोड़ी-बहुत आर्थिक सहायता करता रहता था। परन्तु उसके बावजूद कालू के पिता और भाई ने फिर से दबाव बढ़ाना शुरू कर दिया था कि वह 'नेतागिरी' के बजाय कोई काम-धन्धा या मज़दूरी करे।

कालू को उसकी योग्यता और दूसरे गुणों के कारण बचपन बचाओ आन्दोलन में एक युवा कार्यकर्ता की तरह शामिल कर लिया गया। शुरू में उसे हमारे मुक्ति कारवाँ में एक कार्यकर्ता की तरह रखा गया था, लेकिन जल्दी ही वह उस अभियान का नायक बन गया था। उसने कारवाँ में नई ऊर्जा का संचार कर दिया था। उसने

टीम के सदस्यों में आपसी तालमेल के अभाव और बढ़ती हुई अनुशासनहीनता पर नियंत्रण पाने में ग़ज़ब की सफलता हासिल की थी। इतना ही नहीं, उसके शामिल होने के बाद टीम के सदस्यों की कई कमज़ोरियों का खुलासा हो पाया। कुछ युवक शराब का नशा करने लगे थे, जिससे ग्रामीणों के बीच कारवाँ की साख घट रही थी। कालू ने कारवाँ टीम का नए सिरे से पुनर्गठन करके कई सुधार किए, और अपना कुशल नेतृत्व व प्रबन्धन क्षमता साबित की।

मुक्ति कारवाँ प्रचार-प्रसार की सामग्री व यंत्रों एवं लाउडस्पीकरों आदि से लैस एक छोटी बस थी। उसमें नौजवानों की एक टोली सवार रहती थी। वे सभी नौजवान बचपन बचाओ आन्दोलन द्वारा मुक्त कराए गए पूर्व बाल एवं बँधुआ मज़दूर थे। उन्हें पहले से नुक्कड़ नाटकों, चेतना गीतों, दीवार लेखन और भाषण कला आदि में ख़ूब अच्छी तरह प्रशिक्षित किया जाता था। अब भी मुक्ति कारवाँ गाँव-गाँव में घूमकर बाल मज़दूरी एवं बाल विवाह, बाल दुर्व्यापार आदि दूसरी सामाजिक कुरीतियों के ख़िलाफ़ तथा शिक्षा के लिए अलख जगाने का काम करता है। जोशोख़रोश से भरे हुए ये नौजवान जब गाँवों, चौपालों या शहरों के व्यस्त चौराहों पर डुगडुगी बजाते हुए अचानक बस से उतरकर माइक हाथ में लिए जोशीले गीत गाने लगते थे, तो पूरा माहौल कौतूहल और जोश से भर उठता था। उनके क्रान्ति गीत, जैसे—

घर-घर अलख जगाएँगे—हम बदलेंगे जमाना।
निश्चय हमारा दुर्लभ अटल है,
काया के रग-रग में निष्ठा का बल है,
जागृति शंख बजाएँगे—हम बदलेंगे जमाना।

आदि श्रोताओं में सनसनी पैदा कर देते थे।

उनके नारे 'भारत पढ़ेगा, आगे बढ़ेगा'; 'सभी पढ़ेंगे, अभी पढ़ेंगे'; 'ये रहीम के असली बन्दे, ये ही सच्चे राम लला, चलो इन्हें आज़ाद कराएँ, चलो देश का करें भला'; 'नन्हे हाथों में औजार नहीं, खिलौने दो, किताबें दो' और 'पढ़ाई के लिए आज़ादी, आज़ादी के लिए पढ़ाई', आदि हज़ारों गाँवों में लाखों बच्चों की ज़ुबानों पर ही नहीं, दिलों पर भी छा चुके हैं।

बाद में विजय भी मुक्ति कारवाँ की टीम में शामिल हो गया था। वह उत्तर प्रदेश

की एक नुक्कड़ सभा की घटना को याद करते हुए बताता है कि एक बार कालू बच्चों को ग़ुलाम बनाने वालों एवं दुर्व्यापार करने वालों को जेल भिजवाने की बात कर रहा था। अचानक भीड़ में से एक आदमी ग़ुस्से से बड़बड़ाता हुआ आ गया। वह एक बाल तस्कर था। उसकी देखादेखी कुछ और लोगों ने चिल्लाना शुरू कर दिया। कालू बिना डरे हुए मुस्कुराता हुआ सबको समझाने लगा कि बाल मज़दूरी क्यों बुरी है। तभी उस आदमी ने कालू के गाल पर झापड़ मार दिया। इससे पहले कि मुक्ति कारवाँ के बाक़ी युवक उसे बचाने के लिए लपक पाते, उसने थप्पड़ मारने वाले के सामने अपना दूसरा गाल भी कर दिया। और मुस्कुराते हुए बोला, "कृपया और मार लीजिए। शायद इससे आपका गुस्सा शान्त हो जाए।" वह आदमी शर्मिंदा होकर वहाँ से भाग गया। उपस्थित लोग हक्के-बक्के होकर एकदम शान्त हो गए थे। कालू ने अपनी बात जारी रखी। वहाँ मौजूद कई लोगों ने उसकी बहुत तारीफ़ की थी और भावुक होकर गले लगा लिया था।

इसी तरह एक बार संगठन के एक वरिष्ठ अध्यापक ने किसी बात पर कालू के गाल पर थप्पड़ मार दिया था। कालू चुपचाप रहा। थोड़ी देर बाद उनके पास जाकर बोला, "गुरु जी, मैं देख रहा हूँ कि आपका ग़ुस्सा अभी भी शान्त नहीं हुआ है। अगर आपको भरोसा है कि सचमुच मेरी ही गलती थी, तो उसके लिए एक थप्पड़ पर्याप्त नहीं। थोड़ा और मारिए।" वे उसके इस व्यवहार से बेहद शर्मिंदा हो गए थे। उन्होंने अपने अहंकार की वजह से उससे माफी नहीं माँगी थी, जिसका अफ़सोस वे अब तक करते हैं। कालू अपने मुँह से कभी बुरा न बोलने, बुरा न सुनने और बुरा न देखने का उपदेश भले ही न देता हो, लेकिन वह इन बातों को ज़िन्दगी में जीता था।

उसकी ज़िन्दगी बड़े-बड़े हादसों से भरी थी। सन् 2010 की बात है। वह एक बार छुट्टी पर घर गया था। वह पड़ोस के एक गाँव में अपने रिश्तेदार से मिलने के लिए अकेला चला गया। परन्तु लौटकर अकेला नहीं आ पाया। दरअसल उसका अपहरण कर लिया गया था। अपहरण बँधुआ बनाने के लिए या किसी तरह की फिरौती के लिए नहीं, बल्कि हमारे कालू मियाँ को दूल्हा बनाने के लिए हुआ था।

बिहार के कई ज़िलों में योग्य नौजवानों का अपहरण करके ज़बरदस्ती शादी करवा देना एक आम रिवाज है। अगर लड़का पढ़ा-लिखा और कमाऊ हो, तो उसे बन्दूक की नोक पर मंडप में बैठाकर फेरे डालकर विवाह की रस्म पूरी कर दी जाती है। इंजीनियर, डॉक्टर या सरकारी कर्मचारी वग़ैरह को अगवा करने की साजिशें

सालों पहले रच ली जाती हैं। जब तक लड़के के माता-पिता या नज़दीकी रिश्तेदारों को पता चल पाता है, तब तक बहुत देर हो चुकी होती है। कई बार तो बेटे को ढूँढ़ने निकले परिजनों को उनके बेटा-बहू कहीं पर साथ-साथ रहते हुए मिलते हैं।

सम्पन्न परिवारों के कमाऊ दूल्हों की क़ीमत तो आराम से पच्चीस-तीस लाख रुपये तक होती है। ग़रीब से ग़रीब दूल्हा लाख-पचास हज़ार से कम क़ीमत में मिलना मुश्किल है। दहेज़ के अलावा बारातियों का स्वागत और उनके नाज़-नखरे उठाने पड़ते हैं। महँगा भोज, बिरादरीवालों व सम्बन्धियों की आवभगत और लेन-देन की परम्पराएँ निभानी होती हैं। शायद इसीलिए जहाँ-जहाँ लड़कीवालों का दाँव लगता है, योग्य लड़के का अपहरण कर लेते हैं। फिर उसका ब्याह कराकर दुल्हन के साथ घर वापस विदा कर देते हैं। अन्त में जात-बिरादरी के दबाव या समझाने-बुझाने के बाद लड़केवालों को समझौता करना पड़ता है। कई मामलों में आपसी विवाद और मनमुटाव बना रहता है।

बेचारे कालू कुमार जी के साथ यही हुआ था। क्लिंटन साहब के साथ अख़बार में फोटुआ छपेगा, तो यही सब तो होइबे न! पूरे इलाक़े के लड़कीवाले हमारे कालू बबुआ को पहचानने लगे थे। फिर भला वह मुसहर बच्चियों के बाप-भाइयों से कैसे छुपा रह सकता था? दूसरों की मुक्ति के युवा नायक आख़िरकार ख़ुद ही पकड़े गए थे। एक लड़की के घरवालों ने उसे जबरन पकड़कर पहले से तैयार मंडप में बिठाकर शादी की रस्म पूरी करा दी थी। कुछ घंटों के बाद श्रीमान कालू कुमार को नए पतलून, क़मीज़ और कोट में सिर पर सेहरा बाँधकर पत्नी श्रीमती बैगनी देवी के साथ वापस रवाना कर दिया गया। आख़िर वे करते भी क्या, इसलिए दुल्हन को लेकर चुपचाप अपने गाँव लौट गए। पिता, भाई और दूसरे रिश्तेदारों के पास बेटा-बहू को अपनाने के अलावा कोई चारा नहीं था।

उसने शर्म के मारे महीने-दो महीने तक इस बारे में मुझे या मुक्ति कारवाँ के साथियों को कुछ नहीं बताया। परन्तु उसके स्वभाव व व्यवहार में कुछ बदलाव देखकर उसके साथियों को शक होने लगा था। उसकी मुस्कान और भी ज़्यादा चौड़ी हो गई थी। श्रीमान जी खाने-पीने के मामले में बड़े पाबन्द हो गए थे। उनके दाँत और चेहरा ही नहीं, बल्कि कपड़े भी ज़्यादा चमकते नज़र आने लगे थे। एक बार कालू घर जाने का बहाना मारकर छुट्टी पर गया था। जब कारवाँ के एक सदस्य ने किसी काम से उसके गाँव में फ़ोन किया तो पता चला कि हजरत वहाँ

पहुँचे ही नहीं थे। असल में वे ससुराल में खीर-पूड़ी चटखार रहे थे। कालू उम्दा खाने का ख़ूब शौक़ीन था।

वह कुछ महीनों बाद दिल्ली आया, किन्तु संकोचवश हमसे मिलने घर नहीं आया। उसे मालूम था कि हमें उसकी शादी के बारे में पता चल चुका है। वह मुक्ति आश्रम में ठहरा हुआ था। मैं जान-बूझकर वहीं चला गया। वह हमें देखकर चुपचाप कहीं छुप गया। आख़िर थोड़ी देर बाद तो सामना होना ही था। वह दोनों हाथ की हथेलियों से अपना चेहरा ढककर आँखें बन्द किए हुए, सिर झुकाकर मेरे सामने आकर खड़ा हो गया। उसकी शर्मीली मुस्कान हथेलियों और उँगलियों को चीरती हुई बाहर झलक रही थी। वह सिर झुकाकर अपनी आँखें नीचे किए हुए बुदबुदाने लगा, "भाई साहब जी, मैं क्या करता? उन्होंने मुझे जबरन पकड़कर विवाह करा दिया। मैं तो अकेला था, भाई साहब! वे ढेर सारे लोग थे।" थोड़ी देर बाद वह बड़े भोलेपन से बोला, "पहले मुझे बड़ा गुस्सा आया था। लेकिन आपकी बहू (नवविवाहिता दुल्हन) का चेहरा देखकर सोचा, चलो, जो हुआ सो अच्छा हुआ!" ख़ूब चपड़-चपड़ करनेवाले कालू को ये दो वाक्य बोलने में कम-से-कम दो-तीन मिनट तो लगे ही होंगे।

वह संगठन के कार्यक्रमों में दिल्ली और बाल आश्रम में आता रहता था और बैगनी को साथ नहीं लाने पर हर बार मुझसे या सुमेधा जी से डाँट खाता था। उसने कई बार कहा था, "आपको ही मेरे गाँव आना पड़ेगा।" लेकिन संकोच के मारे यह नहीं बताया था कि बैगनी गर्भवती है। फिर एक दिन उसके पिता बन जाने की ख़ुशख़बरी आ गई। वह बच्चे के जन्म के अगले महीने एक कार्यक्रम में भाग लेने दिल्ली आया था। उसे फूलों की माला पहनाई और मुँह में लड्डू खिलाया। बाक़ी लोगों को भी मिठाइयाँ बाँटी गईं। सबके मन में यह जिज्ञासा बनी हुई थी कि अकस्मात् इतनी ख़ुशी क्यों मनाई जा रही है! थोड़ी देर के बाद मैंने कालू को बधाई देते हुए कहा कि उसने मुझे 'दादा' बनने का गौरव प्रदान किया है। यह सुनते ही वहाँ मौजूद देश भर के कार्यकर्ता तालियाँ बजाते हुए खड़े हो गए थे। सभी ने अपने लाड़ले दोस्त को गले लगाकर बधाई दी। उसने हमसे माफ़ी माँगते हुए वायदा किया था कि अगली बार अपनी पत्नी और बच्चे को दिल्ली लेकर ज़रूर आएगा। मेरी याददाश्त में बस यही एक वायदा था जो वह कभी पूरा न कर सका।

सन् 2011 के अक्तूबर की बात है। मुक्ति कारवाँ झारखंड के कोडरमा व

गिरिडीह आदि ज़िलों के अभ्रक खदान क्षेत्र में घूम-घूमकर सघन अभियान चला रहा था। कारवाँ की बस कोडरमा ज़िले के तिसरी प्रखंड मुख्यालय से सटे एक गाँव में रुकी हुई थी। कालू कुमार के नेतृत्व में देर शाम तक नुक्कड़ नाटक और जन सभा हुई। उसने स्वयं बालश्रम के ख़िलाफ़, 'बच्चे कहाँ गए?' नामक नाटक में सूत्रधार का अभिनय किया। उस रात उसने अपने जीवन का आख़िरी गीत भी गाया—

इंकलाब का नारा लगाते चलो साथियो!
बाल मज़दूरी मिटाते चलो साथियो!!
जालिमों के जुल्म को मिटा के हम बताएँगे,
शोषकों के राज को हटा के हम दिखाएँगे,
एक हो के जुल्म को मिटाते चलो साथियो!
हिन्दू और मुसलमान, सिक्ख और ईसाई
एक माँ के बेटे हो, मत करो लड़ाई।
सारे भेद-भाव को मिटाते चलो साथियो
इंकलाब का नारा लगाते चलो साथियो!

पूरा गाँव उत्साह और चेतना से भर गया था। सभी ने कालू और उसके साथियों की भूरि-भूरि प्रशंसा की। परन्तु कोई नहीं जानता था कि जागृति भरी उस रात का सवेरा कितना अँधेरा होगा! मुक्ति कारवाँ के कार्यकर्ता रात में एक सरकारी स्कूल की दालान में जाकर सो गए थे। सुबह तीन-चार बजे का वक़्त था। कालू उठकर विद्यालय के पीछे सटे तालाब पर पेशाब करने चला गया। वहीं पर उसे किसी ज़हरीले नाग ने डस लिया। वह उस साँप को देख नहीं सका था, इसलिए उसने सोचा कि शायद किसी कीड़े-मकोड़े ने काटा है। वह चुपचाप जाकर लेट गया। सभी युवक थककर सोए पड़े थे। अपने स्वभाव के अनुसार कालू ने उन्हें परेशान करना उचित नहीं समझा।

वह कई घंटे तक पाँव में गमछा बाँधकर पड़ा रहा था। परन्तु जब दर्द असहनीय हो गया तो उसने मुक्ति कारवाँ के एक साथी को जगाकर उससे चूना माँगा। उसने सुन रखा था कि किसी ज़हरीले कीड़े या साँप के काटने पर चूना लगाने से ज़हर ठीक हो जाता है। अर्धनिद्रा में लेटे-लेटे उस नौजवान ने उसे चूना दे दिया। थोड़ी देर के बाद अचानक उसे याद आया कि कालू तो खैनी या अन्य कोई नशा करता नहीं,

फिर उसे चूने की क्या ज़रूरत आ पड़ी? वह फ़ौरन भागकर कालू के पास गया। तब उन्हें अंदेशा हुआ कि उसे साँप ने काटा था। इतनी बड़ी बात छुपाने के लिए सभी ने कालू को डाँट पिलाई। फिर उसे आनन-फ़ानन में गाँव के अस्पताल ले जाया गया। उसके अस्पताल पहुँचने पर यह सुनिश्चित हो गया कि वह सर्पदंश ही था।

साँप काटे हुए कई घंटे गुज़र चुके थे। ज़हर पूरे शरीर में फैल गया था। उस अस्पताल में साँप के काटने की दवाई तक नहीं थी। घबराए हुए कार्यकर्ता उसे तत्काल ज़िला अस्पताल ले गए। उन्होंने हमारे दिल्ली कार्यालय में भी फ़ोन कर दिया। तब तक कालू बेहोश हो चुका था। उसकी हालत काफ़ी बिगड़ चुकी थी। लेकिन डॉक्टरों के बढ़िया इलाज से हालत में काफ़ी सुधार होने लगा था। वह दूसरे दिन होश में आ गया था, परन्तु उसके दिमाग़ में ज़हर का तेज़ असर हो चुका था। वह बहकी-बहकी बातें करता था। उसने दवाई की ड्रिप को उतारकर फेंक दिया और इंजेक्शन लेने से इनकार कर दिया। दिल्ली में हमारे संगठन और परिवार के लोग पल-पल उसके स्वास्थ्य की जानकारी ले रहे थे। अगले दिन फिर से उसकी हालत गम्भीर होने पर डॉक्टरों की सलाह से उसे धनबाद ले जाकर एक बड़े प्राइवेट अस्पताल में भर्ती करा दिया गया। धनबाद झारखंड का एक बड़ा और आधुनिक शहर है। वहाँ उसकी हालत में सुधार होना शुरू हो गया था। बचपन बचाओ आन्दोलन के वरिष्ठ अधिकारी धनंजय जी और मुख़्तार-उल-हक़ लगातार उसके साथ थे।

कालू को होश आ जाने पर मैं भी थोडी-थोड़ी देर में फ़ोन पर बात करके आग्रह करता था कि वह डॉक्टरों की सलाह मानकर ठीक से दवाइयाँ खाता रहे। वह मेरी बात मान लेता था। इससे उसके ठीक हो सकने की आशा बढ़ गई थी। परन्तु कुछ दिनों बाद ही उसकी किडनी में तेज़ी से ख़राबी होने के संकेत मिले। स्थिति की गम्भीरता को देखते हुए उसे एक आधुनिक एम्बुलेंस में धनबाद से दुर्गापुर (बंगाल) ले जाकर वहाँ के सबसे अच्छे सुपर स्पेशलिटी अस्पताल में दाख़िल करा दिया। वहाँ के इलाज का अच्छा असर होने लगा था। डॉक्टर साँप का ज़हर बेअसर करने में सफल हो गए थे। वह ख़तरे से बाहर हो चुका था। हम आश्वस्त हो गए थे कि हमारा कालू मौत से लड़कर जीत गया है।

मुझे उसी दौरान एक कार्यक्रम में भाग लेने चार-पाँच दिनों के लिए अमेरिका जाना पड़ा। वह कार्यक्रम खेतिहर बाल मज़दूरी के विरुद्ध एक अभियान शुरू करने

से सम्बन्धित था। रास्ते भर मेरी आँखों के सामने कालू का चेहरा घूमता रहा था। मुझे उसके स्वस्थ हो जाने का पूरा भरोसा था, फिर भी मन में धक-धक लगी हुई थी। मैं वॉशिंगटन में अपने पारिवारिक मित्र रोहित शरण के घर पर ठहरा हुआ था। वहीं पर पता लगा कि कालू की सेहत फिर से बिगड़ने लगी थी। उसको दिन में दो-दो बार डायलिसिस पर ले जाकर नया ख़ून चढ़ाया जा रहा था। मैं सत्रह अक्टूबर को सुबह से ही उससे बात करने का प्रयत्न कर रहा था, किन्तु वह लगभग अचेत था। अचानक आधी रात में मेरे मोबाइल फ़ोन पर एक बार 'ट्रिंग' की आवाज़ हुई। तब भारत में अठारह तारीख हो चुकी थी। मैंने किसी अनहोनी से भयभीत होकर फ़ोन उठाया। वह भुवन का एसएमएस था, जिसमें तीन शब्द लिखे थे, 'कालू हैज लेफ़्ट'। यह मेरे जीवन के सबसे ज़्यादा दुखद समाचारों में से एक था। मैं कालू की मृत्यु की ख़बर पढ़ते ही सन्न रह गया था। वह नन्हा फ़रिश्ता हमें छोड़कर जा चुका था।

भारत वापस लौटते ही मैं मुख़्तार भाई, घुरन मास्टर जी आदि के साथ कालू के गाँव मुढ़ौ पहुँचा। हम मुसहर टोले में धूल और कीचड़ से भरी कच्ची घुमावदार पगडंडियों से होकर उसके घर तक पहुँचे। वह टूटी हुई खपरैल की एक छोटी दालान थी, जिसके आधे हिस्से में मिट्टी से बना एक कमरा और सामने की तरफ़ एक छोटा-सा आँगन था। जन्म के पहले से लेकर मृत्यु तक वही उसकी पारिवारिक सम्पत्ति थी। आँगन में कालू द्वारा लगाए गए पौधों में फूल खिले हुए थे। बैगनी ने घूँघट में से सुबकते हुए अपने बेटे सत्यम को मेरी गोद में डाल दिया था। कालू ने अपने बेटे का नाम सत्यम रखा था। जब मैंने उसे अपनी गोद में उठाया तो मेरी आँखों से एक साथ ख़ुशी और ग़म के आँसू ढलकने लगे थे। मुझमें एक शब्द तक बोल सकने की शक्ति नहीं बची थी।

उस छोटे से आँगन और पतली गली में टोले के सभी स्त्री-पुरुष और बच्चे ठसाठस भरे हुए थे। मुझे ऐसा लग रहा था जैसे भीड़ के हरेक चेहरे में से कालू मुस्कुराते हुए मुझसे मुँह चिढ़ाकर कह रहा हो, "देख लो भाई साहब, मैं जीत गया! आखिर मैंने आपको अपने घर बुला ही लिया न?" मैं सत्यम को अपने सीने से चिपटाए हुए कभी तो आँगन में खिले फूलों को देखता, तो कभी झुरमुटों के बीच आसमान से झाँकती डूबते हुए सूरज की किरणों को। कालू सभी में मुस्कुरा रहा था। मैं बच्चे की धड़कनों में उसके पिता के दिल की उन धड़कनों का एहसास

कर रहा था, जब उसे गलीचा फ़ैक्टरी के अँधेरे कमरे से निकालकर पहली बार अपने सीने से चिपटाया था।

हम कई घंटे तक गाँव में रुके। वहाँ उसकी स्मृति में एक श्रद्धांजलि सभा हुई, जिसमें पूरा-का-पूरा गाँव उमड़ पड़ा था। सभा में हमारे साथियों ने उसके जीवन से जुड़े कई महत्त्वपूर्ण संस्मरण सुनाए थे। उसको मुम्बई में नौकरी का ऑफ़र मिलने के बारे में हम जानते थे, लेकिन घुरन जी ने जो कुछ सुनाया उससे कालू के प्रति हमारा प्यार और श्रद्धा पहले से ज़्यादा बढ़ गई थी। वर्ष 2009 की बात थी। बचपन बचाओ आन्दोलन ने एक बड़ी मीडिया कम्पनी के साथ मिलकर दिल्ली में लोकजागृति अभियान चलाया था। कालू कुमार ने अपने कारवाँ के साथ अभियान का नेतृत्व किया था। कम्पनी के अधिकारी उससे बहुत ज़्यादा प्रभावित हो गए थे। उन्होंने मुम्बई लौटकर हमारे कार्यालय से सम्पर्क किया कि वे कालू कुमार को अपनी कम्पनी की क्रिएटिव टीम में नौकरी पर रखना चाहते हैं। उनका प्रस्ताव था कि उसको मुम्बई में रहने की सुविधा दी जाएगी। पहले साल में प्रशिक्षण के दौरान उसे बीस से पचीस हज़ार रुपया महीना वेतन दिया जाएगा, जो आने वाले वर्ष में दुगना तक हो सकता था। यह हम सभी के लिए बड़े गौरव और प्रसन्नता की बात थी। कालू को इसकी सूचना पहुँचा दी गई थी। वह बड़ा ख़ुश था। उसे तुरन्त दिल्ली पहुँचने को कहा गया, ताकि वह शीघ्र मुम्बई जाकर नौकरी शुरू कर सके।

यह तब की बात है जब सिर्फ़ उसी के वेतन से घर का गुज़ारा चलता था। बूढ़े पिता की दोनों आँखों के मोतियाबिन्द का ऑपरेशन होना था। बरसात में चू रही घर की खपरैल बदलवानी थी, जिनके लिए पैसे नहीं थे। पत्नी बैंगनी देवी हज़ारों ख़्वाहिशें लिए अपने ससुर, देवर, जेठ, जेठानी और उनके दो बच्चों के साथ उसी टूटी मढ़ई में पति का इन्तज़ार करती रहती थी क्योंकि वह मुक्ति कारवाँ में व्यस्त रहने के कारण अक्सर घर से बाहर रहता था। लगभग तय हो चुका था कि कालू कुमार जी मुम्बई जाकर एक नया और ख़ुशहाल जीवन शुरू करेंगे।

उस दिन की श्रद्धांजलि सभा में घुरन मास्टर जी ने कालू से हुई उनकी बातचीत को विस्तार से दोहराया। उन्होंने बताया कि एक दिन कालू उनके घर गया था। उसने कहा था, "सभी लोग मुझे मीडिया कम्पनी में नौकरी कर लेने की सलाह दे रहे हैं। सलाह तो बढ़िया है। लेकिन जब मैं जिन्दगी में एक बार गुलामी से आजाद हो चुका हूँ, तो दोबारा से किसी की नौकरी क्यों करूँ? वे तो व्यापारी लोग हैं। वे

मेरी कहानी को बेच-बेचकर धन कमाएँगे।" मास्टर जी के अनुसार, कालू ने उनसे कहा था, "हो सकता है कि वे लोग मुझे काबिल समझकर नौकरी दे रहे हों। मैं उनका बड़ा आभारी हूँ। लेकिन उन्हें यह जानना चाहिए कि यह योग्यता आई कहाँ से? अपने आन्दोलन से ही न? तो मैं आन्दोलन को कैसे छोड़ सकता हूँ? वह भी ज़्यादा पैसे के लिए? न बाबा न! मास्टर जी बताइए भला, क्या बाल दासता और बाल व्यापार खत्म हो गए हैं? क्या सभी बच्चों के स्कूलों में दाखिले हो चुके हैं? नहीं न! फिर भला मैं बचपन बचाओ आन्दोलन को कैसे छोड़ दूँ? मरते दम तक कन्धे से कन्धा मिलाकर लड़ूँगा।"

हमारे समझाने-बुझाने पर कुछ सालों के बाद बैगनी ने कालू के छोटे भाई तुरंती से विवाह कर लिया था। वे अपने गाँव में रहते हैं। कालू बाल आश्रम में जिस छात्रावास में रहता था, उसका नाम 'कालू कुमार छात्रावास' रख दिया गया था। अभी थोड़ी देर पहले उसी छात्रावास के सामने के मैदान में कालू के बेटे सत्यम ने मुझे दौड़ में हरा दिया था। वह क़रीब साल भर से आश्रम में ही रहकर पढ़ना-लिखना सीख रहा है। सत्यम मुझसे जीतकर जिस तरह अपनी बत्तीसी दिखाकर खिलखिलाकर हँस रहा था, मुझे पक्का यक़ीन है कि कालू हमेशा जीतेगा।

अभी-अभी मुझे ऐसा लगा कि हमेशा की तरह कालू दरवाज़ा खटखटाए बिना अचानक मेरे कमरे में घुस आया है। वह फिर उसी भोलेपन से अपनी सफ़ेद चमचमाती हुई बड़ी-सी बत्तीसी दिखाकर मुस्कुराता हुआ मेरे पैर छूकर बोला, "भाई साहब जी देखिए, आपका कालू आ गया!"

ख़्वाहिशों की छलाँगें

यह कहानी डर के बीज से फूटे एक ऐसे अंकुर की है, जिसमें सपनों की उड़ान और ख़ुद को बचा-बचाकर खाद, पानी, हवा और रौशनी को समेटते रखने की कला है। यह मधुमक्खी की तरह उड़-उड़कर छत्ता बनाते हुए शहद जमा करने की कोशिशों की कहानी है। इसमें करुणा, चतुराई, संकल्प, उद्यमिता और बोझ के दबाव से नए-नए रास्तों का निर्माण होता है। यह प्रेम कहानी दूसरों को पहचान दिलाने और ख़ुद को ढूँढ़ते रहने की भी है।

खेतों में सियार और लोमड़ियों की आवाज़ से जिस बच्चे ओमाकूँ की घिग्घियाँ बँध जाती थीं, दुनियाभर में उसकी आवाज़ की गूँज की कहानी है।

सन् 2019 के जुलाई महीने की बात है। यूँ तो ओमाकूँ अक्सर बाल आश्रम आता-जाता रहता है, लेकिन उस दिन वह एक विशेष मक़सद से मुझसे ही मिलने आया था। मैं उसका चेहरा देखते ही समझ गया था कि वह किसी गहरी उलझन में है, इसलिए उसे अलग ले जाकर बैठ गया। वह कुछ देर तक इधर-उधर की बातें करने के बाद बोला, "मुझे आपको एक लड़की से मिलवाना है। अगर आप चाहेंगे, तो मैं उसे अभी यहीं पर बुला लेता हूँ?" मुझे कोई ताज्जुब नहीं हुआ। मैंने कहा, "तू तो जयपुर में रहता है, लड़की को कहाँ से बुला लेगा?" उसने उत्तर दिया, "वह दो-ढाई घंटे में पहुँच जाएगी।" मैंने मुस्कुराते हुए उसका एक कान पकड़कर कहा, "बच्चू, इसका मतलब तो यह हुआ कि बात बहुत आगे बढ़ चुकी है। बस अब तो तू मुझसे हामी भरवाना चाहता है।" उसने शर्म से सिर झुकाते हुए कहा, "नहीं भाई साहब जी, हम दोनों बड़े अच्छे दोस्त हैं, लेकिन शादी-ब्याह की बात कभी नहीं हुई।"

मैंने हँसते हुए कहा, "चल, पहले अपनी दोस्ती की पूरी कहानी बता दे। शादी-ब्याह की बात तो हो जाएगी।" ओमाकूँ बोला, "उस लड़की का नाम मोना है। शायद आपको याद होगा कि वह दो साल पहले आपके साथ भारत यात्रा में शामिल हुई थी।" मुझे वह नाम कुछ सुना-सुना-सा लगा था, लेकिन उसकी शक्ल याद नहीं थी। इसलिए मैंने उसके बारे में और कुछ बताने के लिए कहा। उसने बताया, "मोना ने उसी विश्वविद्यालय से बी.कॉम. किया है, जहाँ से मैंने पढ़ाई की है। वह मेरे साथ पाठशाला प्रोजेक्ट में झुग्गी-बस्ती के बच्चों को पढ़ाने का काम भी करती थी। आजकल एक कम्पनी में जॉब कर रही है।" मैंने पूछा, "क्या तुम्हारी जान-पहचान यूनिवर्सिटी में हुई थी, या पहले से एक-दूसरे को जानते हो?" उसने कहा, "उससे दोस्ती की कहानी तो लम्बी है, जो मैं फिर कभी बताऊँगा। असल

में मोना मेरे ही तहसील थानागाज़ी की है। मेरी जान-पहचान तब से है, जब वह दसवीं क्लास में पढ़ती थी।" मैंने पूछा, "क्या तुम दोनों सचमुच एक-दूसरे से शादी करना चाहते हो? अगर हाँ, तो उसमें सबसे बड़ी अड़चन क्या है?"

ओमाकूँ ने कहा, "मैं तो मोना को बहुत चाहता हूँ, वह भी मुझे चाहती है। लेकिन मेरे या उसके घरवालों को हमारी दोस्ती के बारे में पता नहीं है।" मैंने उसे टोकते हुए पूछा, "इसका मतलब यह कि तुम दोनों को डर है कि घर के लोग तैयार नहीं होंगे?" उसने तपाक से कहा, "हाँ जी, मेरा परिवार गुर्जर है और उसका ब्राह्मण। हमारे इलाके में अब तक ऐसी कोई शादी नहीं हुई है। इसलिए वे लोग कभी नहीं मानेंगे।"

मैंने कहा कि पहले मैं मोना से बात करूँगा। ओमाकूँ ने तुरन्त फ़ोन मिलाकर मुझे पकड़ा दिया। मैं उससे बात करके समझ गया कि वह लड़की उसे प्यार करने के साथ-साथ सामाजिक सरोकार भी रखती है। यह भी लगा कि शादी करने के लिए उसमें ओमाकूँ के मुक़ाबले ज़्यादा हिम्मत और स्पष्टता है। मैंने उसे भरोसा दिलाया कि इसमें हमारा पूरा आशीर्वाद और सहयोग रहेगा। फिर भी बेहतर यही होगा कि वे किसी तरह अपने माँ-बाप को भरोसे में लेने की कोशिश करें।

उस मुलाक़ात के लगभग डेढ़ साल बाद, 23 जनवरी, 2021 की बात है। उस दिन ओमाकूँ और मोना ने मजिस्ट्रेट और पुलिस के साथ मिलकर राजस्थान के भिवाड़ी शहर से 26 बाल बँधुआ मज़दूरों को आज़ाद कराया था। ओमाकूँ ने बहुत उत्साहित होकर बताया, "वह चीनी मिट्टी का सामान बनाने की एक फ़ैक्टरी थी। उसके अन्दर घुसने पर किसी गैस की इतनी तेज़ बदबू आ रही थी कि खड़ा रहना मुश्किल हो गया था। पुलिस वाले बाहर भाग गए थे। मोना और मैंने मास्क पहन रखे थे, लेकिन अन्दर काम करने वाले बच्चे तो घुट-घुटकर बीमार पड़ रहे होंगे।"

मैंने उसे पूरी घटना बताने के लिए कहा। वह बोला, "मुझे बचपन बचाओ आन्दोलन के दिल्ली ऑफ़िस से ख़बर मिली थी कि भिवाड़ी में कुछ बच्चे बँधुआ मज़दूर बनाकर रखे गए हैं। मैं 14 जनवरी को वहाँ पहुँच गया था। खोजबीन करने पर एक छत के ऊपर आठ-दस बच्चे सोते हुए मिले। उनका पूरा शरीर किसी सफ़ेद पाउडर से भरा हुआ था, शक्लें तक पहचान में नहीं आ रही थीं। पता चला था कि उन्होंने पूरी रात काम किया था। इसलिए मैंने उन्हें नहीं जगाया। हम उन्हें छुड़ाने की पूरी तैयारी कर चुकने के बाद 23 तारीख़ को दोबारा वहाँ पहुँचे। लेकिन तब

फ़ैक्टरी में कोई बच्चा नहीं मिला। हमने जब उसी अहाते के अन्दर इधर-उधर देखा तो वहाँ दो बिल्डिंगों में एक और कारख़ाना चल रहा था। हमें उसमें छह लड़कियाँ और बीस लड़के काम करते हुए मिले। वे बिहार, उत्तर प्रदेश, मध्य प्रदेश आदि प्रान्तों से ट्रैफ़िकिंग करके लाए गए थे। सबसे छोटा बच्चा सिर्फ़ 8 साल का था।"

मैंने ओमाकूँ को बहुत शाबाशी दी और छापामार कार्रवाई के दौरान पुलिस के रवैये के बारे में पूछा। उसने बताया कि उन्होंने बहुत मुस्तैदी से हमारा सहयोग करके बच्चों को छुड़वाया था। यूँ तो वह पहले कई छापामार कार्यवाहियों में शामिल रहा था, लेकिन पहला मौक़ा था जब वह अपनी मित्र मोना के साथ इतने सारे बच्चों को छुड़ाने में क़ामयाब रहा था। इसलिए वह ज़रा ज़्यादा ही उत्साहित था। मैंने कहा, "भाई, बहुत हो चुका है, अब तो तू जल्दी से उस लड़की से शादी कर ले।" वह बोला, "हाँ, मैं और मोना समझ गए हैं कि घरवालों को बताने से बात बिगड़ जाएगी। इसलिए हमने कोर्ट मैरिज करने का फ़ैसला किया है। हम तो चाहते थे कि जनवरी में आपके जन्मदिन पर ही शादी का रजिस्ट्रेशन हो जाए। लेकिन मैं थोड़ा डर गया था।"

ओमाकूँ का असली नाम ओमप्रकाश है। शायद मैं अकेला ही उसे ओमाकूँ कहकर बुलाता हूँ। इसके पीछे की कहानी बाद में बताऊँगा। ओमप्रकाश को सन् 1999 में खेतिहर बाल मज़दूरी से आज़ाद कराकर बाल आश्रम लाया गया था। तब वह लगभग नौ साल का था। आजकल वह बचपन बचाओ आन्दोलन का एक कार्यकर्ता है। मैं यह तो नहीं कह सकता कि वह संगठन में कितने समय तक टिकेगा, लेकिन इतना ज़रूर जानता हूँ कि बेहद महत्त्वाकांक्षी और उद्यमी ओमप्रकाश बच्चों की भलाई के लिए कुछ-न-कुछ करता रहेगा।

वह बाल आश्रम में आने से पहले के दिनों को याद करते हुए बताता था, "जब मैं खेतों में काम करता था या गाँववालों की भैंसें, गायें या बकरियाँ चराने जाता था तो कई बार बारिश हो जाती थी। कभी-कभी नीलगायें, सियार और लोमड़ियाँ आ जाते थे। मैं बारिश में भीगकर या डर के मारे बुरी तरह काँपने लगता था। कहीं छुपने की जगह ढूँढ़ता था, लेकिन न मिलने से रोने लगता था। मेरे मन से वह डर अभी तक नहीं जा सका है।" ओमाकूँ कहता है, "मुझे बाल आश्रम का अपना पहला दिन अच्छी तरह याद है जब मुझे और दूसरे कई बच्चों को नए कपड़े दिए गए थे। मुझे लगा जैसे कि हम सबकी शादी हो रही है। नए कपड़े पहनना तो एक

सपने की तरह था। मैंने कभी खेलने की आज़ादी और इतने बढ़िया खाने के बारे में सोचा तक नहीं था।"

छह महीने तक आश्रम में रखकर पढ़ाई करने के बाद पास के एक स्कूल में उसका दाख़िला करा दिया गया था। वहाँ वह मन लगाकर पढ़ाई करने लगा था। वह भले ही कई बातों में बहुत डरपोक हो, लेकिन कहीं कोई बुराई या अन्याय देखकर उसकी शिकायत ज़रूर करता था। उसने देखा कि स्कूल में बच्चों के बैठने के लिए टाट पट्टियाँ नहीं थीं, न ही पेशाब करने की जगह थी। स्कूल के भीतर गाय-बकरियाँ आ जाती थीं। उसमें हेडमास्टर से बोल सकने की हिम्मत नहीं थी, इसलिए उसने सुमेधा जी और आश्रम के दूसरे अधिकारियों से उस बात की शिकायत की। हम उन दिनों बाल मित्र गाँव बनाने की शुरुआत कर रहे थे, जिसमें बाल पंचायतों के चुनाव किए जा रहे थे। सुमेधा जी ने ओमाकूँ समेत आश्रम से स्कूल जाने वाले बच्चों को प्रेरित किया कि वे मिलकर बाल पंचायत का गठन करें। वह उसमें चुन लिया गया था। बाल पंचायत के द्वारा आवाज़ उठाने पर स्कूल की वे सारी ख़ामियाँ सुधर गई थीं। यह उसके जीवन में आत्मविश्वास और सपनों की पहली सीढ़ी थी।

ओमप्रकाश के आश्रम में आने से पहले उसके अनपढ़ माता-पिता की छह सन्तानें थीं, चार लड़कियाँ और दो लड़के। परिवार की ग़रीबी के कारण उसे दूसरों के खेतों में काम करना पड़ता था। उसकी बहनें स्कूल नहीं जा सकी थीं। आश्रम में रहने से उसे यह बात अच्छी तरह समझ में आ गई थी कि ढेर सारे बच्चे पैदा हो जाने से ग़रीबी बढ़ती है। इसलिए वह अपने पिता से नाराज़ रहने लगा था। एक बार उसने गाँव जाकर पिता से कह दिया कि घर की बुरी हालत के लिए वे ही ज़िम्मेवार हैं, क्योंकि उन्होंने इतने ज़्यादा बच्चे पैदा किए हैं। इस पर पिता ने उसकी पिटाई कर दी थी। बाप से इस तरह बोलने के कारण उसे माँ ने भी बहुत फटकारा था। कुछ महीनों के बाद उसकी एक और बहन पैदा हो गई थी। घर में बच्चे पैदा होने का सिलसिला नहीं रुका। ओमप्रकाश के आश्रम में रहते-रहते तीन और छोटी बहनों ने जन्म ले लिया था। उन सातों बहनों के पास न तो ढंग के कपड़े होते थे और न ही पेट भर खाना। इस पर ओमाकूँ ने कई बार अपनी नाराज़गी ज़ाहिर की, लेकिन अक्खड़ बाप उसे डाँट-डपट करके या थप्पड़ मारकर चुप करा देता था।

बाल आश्रम से उसका गाँव लगभग 15 किलोमीटर की दूरी पर था। इसलिए वह लगभग हर छुट्टी में घर चला जाता था। लेकिन वहाँ से लौटकर आने के

बाद कुछ दिनों तक खोया-खोया और परेशान रहता था। वह मन-ही-मन घुटता रहता था और शर्म के मारे घर के बारे में बात नहीं करता था। बोलने में भी कभी-कभी हकलाता था। अपनी घरेलू परेशानियों को छुपाते-छुपाते झूठ बोलने लगा था। हालाँकि व्यवहार में विनम्र और बातचीत में उतना ही चतुर था। गुरु जी लोग उसकी सच्ची बात पर भरोसा नहीं करते थे, इसलिए वह रुआँसा होकर एक ही बात की बार-बार सफ़ाई देता रहता था। उसे अपनी बहनों से इतना प्यार था कि उनकी मदद करने के लिए चोरी करना तक सीख गया था। आश्रम का भोजनालय बाहर की दीवार के साथ सटा हुआ था। ओमप्रकाश अपने एक दोस्त संदीप के साथ मिलकर खाने के बर्तन चुराकर दीवार के पीछे से किसी को बेच देता था। एक बार वह ऐसा करते हुए पकड़ा गया। डर और अपराधबोध की वजह से वह अपने दोस्त के साथ आश्रम की दीवार फाँदकर भाग गया था, लेकिन गुरु जी के द्वारा पकड़ लिया गया। दोनों ने उनसे अपनी ग़लती के लिए क्षमा माँगी। उसके बाद वह सामान्य ज़िन्दगी जीने लगा था। लेकिन वह झूठ बोलने से बाज़ नहीं आया।

ओमप्रकाश अपने स्कूल, बाल आश्रम और गाँव में सामाजिक कार्यों में ख़ूब दिलचस्पी लेता रहा था। वह क्रिकेट खेलने का बड़ा शौक़ीन था। हमने सन् 2004 में प्रसिद्ध अभिनेत्री नंदिता दास के साथ मिलकर एक ऐतिहासिक पहल की थी। भारत और पाकिस्तान के बच्चों के बीच आपस की दोस्ती और सद्भावना बढ़ाने के लिए क्रिकेट मैच की एक सीरीज़ आयोजित की गई थी। उस कार्यक्रम का नाम 'शान्ति के लिए क्रिकेट—क्रिकेट के लिए शान्ति' दिया गया था। भारत से बच्चों की एक टीम पाकिस्तान के दौरे पर भेजी गई थी, और पाकिस्तान की टीम भारत के दौरे पर आई थी। हर मैच खेलने के लिए भारतीय और पाकिस्तानी बच्चों की मिली-जुली टीमें बनाई जाती थीं। वे बच्चे क्रिकेट खेलने के अलावा कई सामाजिक-सांस्कृतिक कार्यक्रमों में भाग लेकर शान्ति का पैग़ाम फैलाते थे। हमने दोनों देशों के कई शहरों के स्कूलों में भी कार्यक्रम आयोजित किए थे।

भारत से गए बच्चों में ओमप्रकाश भी था। वह बताता था, "हमें तो गाँव में बचपन से यही सिखाया जाता था कि पाकिस्तान हमारा दुश्मन है। लेकिन वहाँ तो सब अपने जैसे ही थे। हर जगह पर प्यार और इज्जत मिलती थी। कई जगह तो लोग हमसे खाने के पैसे तक नहीं लेते थे। शुरू-शुरू में खाने की तकलीफ हुई थी। हमारे होटल में दाल और सब्जी में जो शोरबा डाला जाता था, उसमें मांस

मिला हुआ पानी होता था। अच्छा हुआ कि पहली बार ही वहीं के किसी आदमी ने वह देखकर खाना परोसने वाले को टोक दिया था। उसके बाद से वैसी गलती कभी नहीं हुई।"

अब मैं ओमप्रकाश के ओमाकूँ बनने की कहानी बताता हूँ। सन् 2005 की बात है। वह मेरे साथ जापान में कुछ कार्यक्रमों में भाग लेने के लिए गया था। वह जिस तरह से पहली बार आश्रम में टेलीविज़न देखकर डर के मारे भाग खड़ा हुआ था, उसी तरह टोकियो में होटल के दरवाज़ों को देखकर बुरी तरह घबराकर भाग गया था। दरवाज़ों में सेंसर लगे हुए थे। वे पास जाने पर अपने आप खुलते और दूर हटने पर बन्द हो ज़ाते थे। वह यह देखते ही ज़ोर से चीख़ पड़ा था। हमें लगा कि वह अचानक बीमार हो गया है, या कोई चोट लग गई है। वह उन दरवाज़ों का रहस्य जानने के लिए बड़ी देर तक मेरे साथ माथापच्ची करता रहा था। वह जब तक अपनी बात पूरी तरह न समझा दे, या दूसरे की बात को ढंग से न समझ जाए, तब तक उसे चैन नहीं मिलता था।

दूसरे दिन हम अपने मेज़बानों के साथ जापान की शिक्षा मंत्री से मुलाक़ात करने गए थे। वहाँ के कुछ अधिकारी बिल्डिंग के बाहर हमारा स्वागत करने के लिए खड़े हुए थे। उन्होंने जापान के रिवाज के अनुसार कमर तक सिर झुकाकर हमारा अभिवादन किया। हमने उसी तरह से जवाब दिया। वे लोग दोबारा झुक गए। आगे खड़ा ओमप्रकाश उनसे भी ज़्यादा झुककर अभिवादन करने लगा। वे बार-बार झुकते रहे और ओमप्रकाश रुकने के बजाय लगातार झुकता रहा। शायद वहाँ की परम्परा के हिसाब से जब तक मेहमान नहीं रुक जाता, तब तक मेज़बान भी झुकता रहता है। ओमप्रकाश अपनी धुन में इतना मशग़ूल था कि मुझे या पीछे खड़े हमारे साथियों को देख तक नहीं रहा था। वह सोच रहा था कि जब तक हमारा स्वागत करने वाले नहीं रुकेंगे तब तक उसे भी नहीं रुकना चाहिए। आख़िर हमारे एक सहयोगी ने उसे आगे बढ़कर रोका।

ओमप्रकाश ने जापानी भाषा के दो-चार शब्द सीख लिए थे। वह जिससे भी मिलता था, नमस्कार, धन्यवाद आदि कहने के लिए उन्हीं शब्दों का प्रयोग करता था। वह जापान का वैभव देखकर वहाँ का दीवाना हो गया था। मैंने उससे पूछा, "अगर तुझे मौक़ा मिले तो दुनिया में कहाँ रहना चाहेगा?" वह तपाक से बोला, "सच बताऊँ, मैं तो यहीं रहना चाहता हूँ।" फिर उसने हमेशा की तरह बड़ा मासूम-

सा चेहरा बनाकर पूछा, "लेकिन यह कैसे हो सकता है?" मैंने हँसते हुए कहा, "इसका सबसे आसान तरीक़ा तो यह है कि तेरी शादी किसी जापानी लड़की से हो जाए। कोशिश करने पर पढ़ाई और रोज़गार के लिए इजाज़त तो मिल सकती है, लेकिन नागरिकता बहुत सालों के बाद मिल पाती है।" संयोग से हमारी मेज़बान संस्था में हाई स्कूल में पढ़ने वाली एक छात्रा वॉलंटियर थी, और उसका बड़ा ध्यान रखती थी। उसके माता-पिता गुजराती थे, लेकिन वह वहीं पैदा हुई थी। वह उस लड़की की तरफ़ आकर्षित नज़र आ रहा था।

मैंने मज़ाक़ में कहा, "ओमप्रकाश, ऐसा लगता है कि तुझे यह लड़की बहुत पसन्द है! जापान तो पसन्द है ही। अगर तू कहे तो अभी से बात शुरू करते हैं। चार-छह साल में बात पक्की हो जाएगी। फिर शादी करके यहीं बस जाना।" उसने शरमाते हुए मुँह लटकाकर कहा, "अभी तो मैं बहुत छोटा हूँ। इतने साल तक कौन इन्तजार करेगा? यह लड़की तो मुझसे तीन-चार साल बड़ी है।" मैंने कहा, "दुखी मत हो। तू भी तो अभी बच्चा है। इससे नहीं तो किसी और जापानी से तेरी शादी करेंगे। लेकिन अभी से तेरा एक जापानी नाम रख देते हैं।" यह सुनकर वह बहुत ख़ुश और उत्साहित हुआ था। तभी मैंने उसका नाम ओमाकूँ रख दिया। पूरी यात्रा के दौरान सब उसे इसी नाम से बुलाते रहे थे।

ओमाकूँ कामयाबियों की सीढ़ियाँ चढ़ते हुए सन् 2006 में बच्चों को दिए जाने वाला सबसे बड़ा इनाम लेने नीदरलैंड जा पहुँचा था। उसे 19 नवम्बर को वहाँ की राजधानी हेग में ऐतिहासिक संसद भवन में अन्तरराष्ट्रीय बाल शान्ति पुरस्कार से नवाज़ा गया था। वह पुरस्कार दक्षिणी अफ़्रीका के भूतपूर्व राष्ट्रपति और नोबेल पुरस्कार विजेता एफ़ डब्ल्यू डी क्लार्क के हाथों से दिया गया था। उन्होंने उस मौके पर ओमप्रकाश का परिचय देते हुए कहा था कि वे ऐसे बच्चे को पुरस्कार देने में ख़ुद को गौरवान्वित महसूस कर रहे हैं, जिसने अपने साथियों के साथ मिलकर 500 से अधिक बच्चों का जन्म पंजीकरण कराकर उनको भारत का नागरिक होने की पहली पहचान दिलाई है। ओमाकूँ ने उस भव्य समारोह में कई महत्त्वपूर्ण हस्तियों के सामने बड़ी शिद्दत के साथ बच्चों के अधिकारों के लिए आवाज़ उठाई थी। वहाँ मौजूद रहना मेरे लिए बहुत गर्व की बात थी।

ग़ुलामी और ट्रैफ़िकिंग से छुड़वाकर बाल आश्रम और मुक्ति आश्रम लाए गए बच्चे और उनके अनपढ़ और ग़रीब माँ-बाप अपने बच्चों की जन्मतिथि नहीं जानते

थे। उनके जन्म पंजीकरण का सवाल ही नहीं था। सरकारी रिकॉर्ड में ऐसे बच्चे की कोई क़ानूनी पहचान या अस्तित्व नहीं होता था। उनका स्कूलों में दाख़िला, नौकरियों में नियुक्ति, पासपोर्ट, ड्राइविंग लाइसेंस, राशन कार्ड या पहचान सम्बन्धी दस्तावेज़ हासिल करना बहुत कठिन होता था। तब भारत में हर वर्ष दो करोड़ साठ लाख बच्चे जन्म लेते थे, जिनमें से एक करोड़ का जन्म पंजीकरण नहीं होता था। ओमप्रकाश उन्हीं में से एक था।

हमारे संगठन ने सन् 2003 में बाल आश्रम के आसपास के ज़िलों में बच्चों के जन्म पंजीकरण का ज़ोरदार अभियान चलाया था। कार्यकर्ता गाँव-गाँव में घूमकर माता-पिता को इस बात के लिए राज़ी करते थे कि वे बच्चों के पैदा होते ही सरकारी काग़ज़ों में उनके जन्म का पंजीकरण करा लें। पहले जिनका पंजीकरण नहीं हुआ होता था, ग्राम पंचायत की मदद से उन्हें भी पंजीकृत कराया जाता था। हमारे कार्यकर्ता और बाल नेता बड़ी उमंग के साथ वह काम करते थे। छुट्टियों में ओमप्रकाश भी अपने गाँव में बढ़-चढ़कर भाग लेता था। उसने वहाँ के बच्चों और किशोरों की एक टोली बना ली थी। वे मिल-जुलकर बहुत से गाँवों में बच्चों का जन्म पंजीकरण कराने में सफल रहे थे।

उसी साल एक और घटना घटी थी। हमारे संगठन ने दिल्ली में विश्व बाल कांग्रेस आयोजित की थी। उसमें दुनिया के चालीस देशों के बाल नेता शामिल हुए थे। बाल आश्रम की तरफ़ से कुछ बच्चों के साथ ओमप्रकाश को दिल्ली जाना था। उस दिन वह किसी पारिवारिक कारण से नहीं जा पाया था। लेकिन दूसरे दिन दो सौ किलोमीटर साइकिल चलाकर कांग्रेस में जा पहुँचा था। उसने वहाँ अपने और साथियों के काम के बारे में बहुत प्रेरक भाषण दिया था। उन्हीं सब कारणों से हमने उसका नाम नीदरलैंड में अन्तरराष्ट्रीय बाल शान्ति पुरस्कार के लिए भिजवा दिया, जिसमें उसे चुन लिया गया था।

पुरस्कार का समाचार राजस्थान के कई प्रमुख अख़बारों में प्रमुखता से छपा था। उसमें स्पष्ट तौर से लिखा गया था कि "इस पुरस्कार के नाम पर घोषित एक लाख डॉलर की राशि किसी देश में एक ख़ास बाल परियोजना पर ख़र्च की जाती है।" कुछ दिनों के बाद कई मीडियाकर्मी ओमप्रकाश के घर पहुँच गए। उन्होंने उसके पिता का इंटरव्यू किया। एक अख़बार वाला यह भाँप गया कि बाप-बेटे के सम्बन्ध अच्छे नहीं हैं। उस पत्रकार ने अपनी ख़बर को दूसरों से अलग और

मसालेदार बनाने के लिए हरीराम को भड़काकर पूछताछ की। उन्होंने बोल दिया कि उन्हें पुरस्कार की राशि का एक धेला तक नहीं मिला है। सारी राशि बाल आश्रम ने हड़प ली और उनके बेटे ओमप्रकाश को बँधुआ बनाकर रखा है। दूसरे दिन ही उस अख़बार ने 'कहाँ गए 45 लाख?' शीर्षक से एक बड़ी ख़बर छापी। उसमें यह झूठ लिखा गया था कि इनाम की राशि ओमप्रकाश को दी गई थी। जिस दिन वह ख़बर छापी गई थी, उसी दिन ओमप्रकाश की 10वीं कक्षा की परीक्षा थी। उसे पिता के बयान और अख़बार की शरारत पर बहुत दुख और ग़ुस्सा आया। वह यह बर्दाश्त नहीं कर सका था। उसने मुझे फ़ोन करके रोते-रोते हुए कह दिया कि उसमें परीक्षा देने की हिम्मत नहीं है। काफ़ी समझाने के बावजूद भी वह अपना पेपर नहीं दे सका था।

अख़बार के संवाददाता ने समाचार लिखने से पहले इनाम देने वाली संस्था किड्स राइट्स से पूछताछ कर ली थी। जवाब में संस्था के अधिकारियों ने स्पष्ट कर दिया था कि ओमप्रकाश, बचपन बचाओ आन्दोलन या बाल आश्रम को पुरस्कार के तौर पर न तो कोई पैसा दिया गया है और न ही दिया जाता है। लेकिन फिर भी वह ख़बर एक बड़े ख़ुलासे की तरह छापी गई थी। ओमप्रकाश को और हमारे पूरे संगठन को कई दिनों तक वह वेदना झेलनी पड़ी थी। कई लोग हम पर शक़ करने लगे थे। विरोधियों ने भी वह मौक़ा नहीं छोड़ा था। आख़िर में किड्स राइट्स संस्था ने अख़बार के सम्पादक को क़ानूनी कार्यवाही का नोटिस भेजा। उसी के बाद अख़बार ने सफ़ाई छापकर पुराने समाचार का खंडन किया।

हमारे आश्रम में विदेशों से कई वॉलंटियर आते रहते थे। उसमें सबसे ज़्यादा ताइवान के होते थे। वहाँ की कई युवतियाँ बड़ी सुन्दर, सरल और भावुक होती हैं। वे आश्रम के बच्चों और किशोरों के साथ बहुत आत्मीयता का व्यवहार करती थीं। मैंने देखा कि ओमाकूँ जैसे कुछ किशोर अपने स्कूल की पढ़ाई-लिखाई पर ध्यान देने के बजाय सज-धजकर उनके आगे-पीछे घूमते रहते थे। मैंने एक दिन ओमाकूँ को अलग ले जाकर बड़ी देर तक उम्र के साथ शरीर में होने वाले बदलावों के कारण मन और भावनाओं पर पड़ने वाले असर के बारे में बातचीत की। उन्हें बताया कि दिमाग़ में होने वाली रासायनिक क्रियाओं के असर से लड़के और लड़कियों के बीच आपसी आकर्षण एक स्वाभाविक बात है। एक-दूसरे के अंगों के बारे में कल्पनाएँ करने लगना किसी अजूबे की बात नहीं है। न ही कोई पाप

है। एक उम्र के बाद सभी के साथ यही होता है। परन्तु इसके बारे में ठीक-ठीक जानकारी न होने और ऐसी भावनाओं पर संयम न रख पाने से गड़बड़ियाँ होती हैं। समय से पहले रास्ता भटकने से बचने के लिए धीरज और इन्तज़ार के साथ-साथ हमेशा अपना बड़ा लक्ष्य याद रखना चाहिए। उसे मेरी बात समझ में आ गई थी और उसने अपनी पढ़ाई पर पूरा ध्यान देना शुरू कर दिया था।

उसके विदेशी मेहमानों के नज़दीक जाने की कोशिश के पीछे एक और कारण था। उसे लगता था कि वे लोग उसकी बहनों की पढ़ाई-लिखाई और घर की ग़रीबी दूर करने में मदद कर सकते हैं। हॉलैंड घूमकर आने और अन्तरराष्ट्रीय बाल शान्ति पुरस्कार प्राप्त करने की वजह से उसके भीतर आत्मविश्वास के साथ-साथ लम्बी छलाँग लगाने की महत्त्वाकांक्षा बढ़ने लगी थी। एक बार यूरोप की एक मेहमान बाल आश्रम आकर ठहरी हुई थी। ओमाकूँ ने उस अधेड़ महिला से अच्छी-ख़ासी दोस्ती कर ली थी। वह उससे संवाद करने के लिए अंग्रेज़ी पढ़े-लिखे एक नौजवान कर्मचारी की मदद लेता था। ओमाकूँ महिला को चुपचाप अपने गाँव ले गया। वह उसके घर की दयनीय हालत जानकर बहुत द्रवित हुई। उसने स्वदेश लौटने के बाद उसके परिवार की मदद के लिए 7 लाख रुपये भिजवा दिए। यह पोल तब खुली जब आश्रम के उस कर्मचारी ने अकेले ही वह सारा पैसा हड़पने की कोशिश की थी।

ओमाकूँ चुपचाप विदेशियों के पते इकट्ठे करके ईमेल पर अपनी कहानियाँ-क़िस्से भेजता रहता था। जापान और नीदरलैंड की यात्राओं के बाद से उसे लगता था कि विदेशियों के पास बहुत धन है और उन्हें ख़ुश करके आसानी से ख़ूब पैसा कमाया जा सकता है। संयोग से उसे सन् 2009 में फिर से एक मौक़ा मिल गया। युवक-युवती का एक जोड़ा साइकिल से विश्व भ्रमण पर निकला था। वे लोग विराट नगर से गुज़र कर रहे थे। उसने स्कूल से लौटते वक़्त उन्हें देख लिया। वह लपककर उनके पास गया। नीदरलैंड के वे नागरिक सरिस्का अभयारण्य देखने जाना चाहते थे। वह टूरिस्ट गाइड की तरह उनके साथ लग लिया। उसने उन लोगों के ठहरने आदि का उम्दा और सस्ता प्रबन्ध करा दिया था। फिर उनसे दोस्ती करके अच्छी-ख़ासी रक़म ले ली। वे बाद में भी उसको अच्छी रक़म भेजते रहते थे।

उसने बाल आश्रम में रहते हुए सन् 2010 में 12वीं कक्षा पास कर ली थी। उसका सपना बी.कॉम. करके चार्टर्ड अकाउंटेंट की पढ़ाई करने का था। एक

तरफ़ तो वह जल्दी-से-जल्दी ख़ूब पैसा कमाना चाहता था, दूसरी ओर उसके मन में ज़रूरतमन्द बच्चों के लिए काम करने की इच्छा बनी रहती थी। उसे किड्स राइट्स के माध्यम से कई कार्यक्रमों में विदेश जाने का मौक़ा मिलता रहता था। वह वहाँ ऐसे किशोरों और युवाओं से मिलता था, जो अपने-अपने तरीक़े से समाज में बदलाव लाने के कामों में जुटे हैं। उससे ओमप्रकाश के मन में सामाजिक कार्य करने की प्रेरणा के साथ-साथ एक तरह का मानसिक दबाव बना रहता था। उसी साल वह और उसका साथी सुमन महतो बी.कॉम. करने के लिए दिल्ली चले गए थे, लेकिन विश्वविद्यालय में एडमिशन न मिलने से वापस लौटना पड़ा था। किड्स राइट्स ने उसे बी.कॉम. तक और उसकी सभी बहनों की हाई स्कूल तक की पढ़ाई कराने का ज़िम्मा ले लिया था, जो उन्होंने पूरा किया।

विदेशियों से दोस्ती बनाकर उनके साथ लिखा-पढ़ी करते रहना उसके लिए नशा-जैसा हो गया था। उसका बहुत-सा समय उसी में लगता था। इसलिए उसने सन् 2010 में अपने गाँव के पास थानागाज़ी नाम की जगह पर कम्प्यूटर टाइपिंग और साइबर की दुकान खोल ली थी। उसमें ज़्यादा कमाई तो नहीं थी, लेकिन ख़र्चा निकालकर थोड़ा-बहुत पैसा बच जाता था। उसी दुकान के पास मोना, यानी मोनिका शर्मा का घर था। तब वह हाई स्कूल में पढ़ती थी। वहीं पर उनमें जान-पहचान हो गई थी, जो गहरी दोस्ती में बदल गई। एक बार उसने मुझे बताया था, "मोना जब माँ के पेट में थी तब उसके पिता ने शिशु का लिंग परीक्षण कराया था। वह आदमी सिर्फ़ बेटा चाहता था। जब उसे पता चला कि गर्भ में तो सात महीने की लड़की है, तो उसने अपनी पत्नी के पेट में ज़ोर से लात मार दी, जिससे समय से पहले ही लड़की पैदा हो गई थी, जो मुश्किल से बच सकी थी। आख़िर पति-पत्नी में तलाक़ हो गया था। बाद में माँ ने दूसरी शादी कर ली थी।"

मैंने उससे पूछा, "तुम जिस यूनिवर्सिटी में पढ़ते हो, मोना वहीं पढ़ने कैसे पहुँच गई?"

उसने कहा, "इसकी भी एक लम्बी कहानी है। मैं उन दिनों जयपुर में कम्प्यूटर विषय में बी.सी.ए. कर रहा था। मोना का परिवार उसे 12वीं के बाद पढ़ा पाने में सक्षम नहीं था। मैं चाहता था कि वह हर हालत में आगे पढ़ाई करे। बहनों की पढ़ाई का इन्तज़ाम तो हो गया था, लेकिन मेरे पास मोना को यूनिवर्सिटी में पढ़ाने के लिए पैसे नहीं थे। सन् 2014 की बात है। मैं किसी कार्यक्रम में नीदरलैंड गया

था। एक शाम को मैं अपने उन्हीं दोस्तों के साथ बैठा था, जो भारत में साइकिल भ्रमण करते हुए मुझे मिले थे। मैंने बातों-बातों में उनसे कह दिया कि मेरी एक गर्लफ्रेंड है। साथ ही उन्हें मोना की आगे की पढ़ाई की समस्या बताई। उन्होंने उस समय तो कुछ नहीं कहा, लेकिन कुछ दिनों के बाद उसके एडमिशन और पढ़ाई का पूरा खर्चा सीधा यूनिवर्सिटी में भिजवा दिया था। इस तरह से सन् 2017 में मोना ने बी.कॉम. पास कर लिया था।"

ओमाकूँ के मन में छोटे बच्चों के प्रति बहुत स्नेह था। वह आश्रम में आने वाले नए बच्चों का बहुत ध्यान रखता था। सन् 2012 में यूनिवर्सिटी में दाख़िल होने के बाद उसने देखा कि आसपास भवन निर्माण करने वाले मज़दूरों के बच्चे यूँ ही फ़ालतू घूमते रहते हैं। वहाँ पर उनकी पढ़ाई का कोई इन्तज़ाम नहीं था। उसने कुछ दोस्तों के साथ शाम को ख़ाली समय में झुग्गियों में जाकर उन बच्चों को पढ़ाना शुरू कर दिया। धीरे-धीरे उस काम में बहुत-से विद्यार्थियों और शिक्षकों की रुचि बढ़ने लगी थी। उसी दौरान उसने कुछ सहयोगियों के साथ मिलकर पाठशाला नाम से एक संस्था बना ली। ओमाकूँ बड़ी चतुराई से यूनिवर्सिटी से खेल-कूद का सामान निकालकर बच्चों तक पहुँचाता था। यूनिवर्सिटी के कुछ अधिकारियों ने उन गतिविधियों पर कड़ा एतराज़ किया और कहा कि वह वहाँ पढ़ने के लिए आया है, न कि उस तरह के कामों के लिए। लेकिन उसने हार नहीं मानी। हालाँकि कुछ शिक्षिकाओं ने ग़रीब बच्चों को पढ़ाने में उसका समर्थन भी किया था।

सन् 2014 में मेरे नोबेल पुरस्कार की घोषणा के बाद ओमाकूँ के कई इंटरव्यू टेलिविज़न और अख़बारों में आए थे। यूनिवर्सिटी के संस्थापकों ने उसे बुलाकर बधाइयाँ दीं। वह ऐसा मौक़ा कहाँ चूकने वाला था। उसने उनके सामने प्रस्ताव रख दिया कि वह मेरे काम को आगे बढ़ाने के लिए ज़रूरतमन्द बच्चों की मदद करना चाहता है। वे ख़ुशी-ख़ुशी राज़ी हो गए। उसे अपनी पाठशाला चलाने के लिए चार एयर कंडीशंड कमरे और कम्प्यूटर लैब दे दिए गए। उनमें प्रोजेक्टर और दूसरी सारी सुविधाएँ थीं। क़रीब एक सौ बच्चों के लिए शाम की कक्षाएँ चलने लगी थीं। उन्हें हॉस्टल के छात्रों को मिलने वाला शाम का बढ़िया नाश्ता दिया जाता था। झुग्गियों से लाने-ले जाने के लिए दो बसें दे दी गई थीं। उसी दौरान ओमाकूँ ने युवा वॉलंटियरों की एक अन्तरराष्ट्रीय संस्था से तालमेल करके ख़ुद के लिए नियमित आमदनी का इन्तज़ाम कर लिया था। हालाँकि इन सब कामों का बचपन बचाओ आन्दोलन से

कोई सम्बन्ध नहीं था। न ही मुझे उनके बारे में जानकारी दी थी। लेकिन जब उसने उन उपलब्धियों के बारे में बताया तो मैंने उसे ख़ूब शाबाशी दी थी।

पाठशाला में विदेशी वॉलंटियरों का आना उसके लिए वरदान-जैसा था। वह उन्हें ठहराने, जयपुर व दूसरे शहरों में पर्यटन कराने और कपड़े तथा गिफ़्टें आदि ख़रीदने में कमीशन लेकर ख़ूब पैसा कमाने लगा था। उसने एक कार ख़रीद ली थी, जिसे वॉलंटियरों के लिए किराये पर चलाता है। उसके अलावा विदेशियों से दोस्तियाँ करके अपने सामाजिक कामों और परिवार की मदद के लिए लगातार पैसा मँगाता रहता था। आज भी वही उसकी आमदनी का एक बड़ा ज़रिया है। उसी धन से ओमाकूँ की सभी बहनें कॉलेजों में पढ़ रही हैं। अब वह उनकी शादी के लिए पैसे जमा कर रहा है।

उसने कुछ मित्रों और एक अध्यापक के साथ मिलकर पाठशाला संस्था का पंजीकरण करा लिया था। कुछ समय के बाद उसे यह जानकर बड़ा धक्का लगा कि उन्हीं लोगों ने वह संस्था अपने क़ब्ज़े में ले ली। लेकिन ओमाकूँ को ख़ुद पर, मोना पर और अपने विदेशी सहयोगियों पर पूरा भरोसा था। इसलिए जल्दी ही मोना और उसने पाठशाला ट्रस्ट नाम से एक दूसरी संस्था बना ली। वह भविष्य में उसी ट्रस्ट के माध्यम से झुग्गी बस्तियों में बच्चों को पढ़ाने, और युवाओं तथा वयस्कों को हस्तशिल्प सिखाकर विदेशी बाज़ार में बिकवाने का काम करना चाहता है।

हमने सन् 2017 में बच्चों के यौन शोषण के ख़िलाफ़ देश भर की भारत यात्रा की थी। ओमाकूँ की यूनिवर्सिटी ने जयपुर में उसके प्रबन्ध की ज़िम्मेवारी ली थी। बाद में उसने मुझे बताया था, "आप मेरी हालत समझ सकते हैं। मेरी यूनिवर्सिटी वाले मुझे आपका प्रिय शिष्य मानकर सारी बैठकों में आगे-आगे रखते थे, जबकि मुझे यात्रा के बारे में ठीक-ठीक जानकारी भी नहीं होती थी। पहले तो मैं शर्म और डर के मारे बचपन बचाओ आन्दोलन के अधिकारियों से कुछ नहीं पूछ पाता था। फिर किसी तरह हिम्मत करके ईमेल पर पूछना शुरू किया, लेकिन बाल आश्रम के मैनेजर मुझसे नाराज़ रहते थे। इसलिए कभी जवाब तक नहीं दिया।"

वह ख़ुद जयपुर की तैयारियों में शामिल रहा और किसी तरह मोना को यात्रा में भेज दिया था। वह हैदराबाद से दिल्ली तक यात्रा में चली थी। वह बताता है, "मैं मोना के कहने से जयपुर से शामिल हो गया था। जब हमारी यात्रा बाल आश्रम पहुँची तो मैं बहुत भावुक हो गया था। वहाँ मेरे कुछ पुराने साथी मिल गए थे।

बच्चों के साथ नाचते-गाते वक़्त मुझे अपने बचपन के दिन याद आ गए थे। मैं कुछ बोल पाने तक की हालत में नहीं था। मोना ने मुझे इतना भावुक देखकर डाँटकर कहा कि घबराता क्यों है, सीधे भाई साहब से बात कर। आख़िर मैंने वही किया।"

मुझे फ़ोन पर यह बात सुनाते-सुनाते ओमाकूँ फफक-फफककर रो पड़ा था। वह बहुत समझाने के बाद सिर्फ़ यही बोल सका, "आपसे और बचपन बचाओ आन्दोलन से इतने समय तक दूर रहना मेरे जीवन का सबसे दुखद समय था।" फिर बड़ी देर तक उसकी सिसकियाँ नहीं रुकीं। मैंने उसे प्यार से पुचकारते हुए कहा कि उठकर पहले एक गिलास पानी पिए। अगर हो सके तो चाय बनाकर भी पी ले। फिर बात करेंगे। दस-पन्द्रह मिनट के बाद उसका फ़ोन आया। मैंने पूछा, "पानी या चाय पी ली?" उसने जवाब दिया, "हाँ, मोना ने मुझे चुप कराया और चाय बनाकर पिला दी।"

मैंने मज़ाक़ करते हुए कहा, "अच्छा ही हुआ कि तू कुछ समय के लिए आन्दोलन से थोड़ा दूर रहा तो इतनी अच्छी लड़की के नज़दीक आ गया। देख, मोना को पता था कि अब तू रोने वाला है, इसलिए उसने पहले से ही चाय का इन्तज़ाम कर लिया था। अब जल्दी से शादी कर ले। कुछ सालों के बाद जब तू मेरी डाँट खाकर रोएगा, तब मोना नहीं, बल्कि तुम्हारे बच्चे तुझे चुप कराया करेंगे।" ओमाकूँ हँस पड़ा और बड़े उत्साह से बोला, "बिलकुल, भाई साहब जी!"

मुझे मोम की गुड़िया मत समझना

यह कहानी फगुनी की राजकुमारी की है। हालाँकि न तो फगुनी कोई राज्य है, और न ही राजकुमारी का पिता वहाँ का राजा। फिर भी वह इज़्ज़त और प्यार हासिल करने में किसी राजकुमारी से कम नहीं है। यह उसके अनवरत संघर्ष की कहानी है।

यह कच्ची मिट्टी की दीवारों पर लोहे की छतें डालकर ऊँची इमारत बनाने की सदियों पुरानी कोशिशों और उन्हें रोकने की कहानी है। सभ्यता के विकास में विवाह जैसी सामाजिक संस्थाओं का निर्माण सन्तुलन, समरसता, उत्तरदायित्व और स्थायित्व आदि के लिए हुआ है। इसके सांस्कृतिक, नैतिक और धार्मिक आधार भी हैं। लेकिन इसे औरतों और बच्चों के ख़िलाफ़ दासता के बन्धनों की तरह इस्तेमाल किया जाता रहा है। यह कहानी ऐसे बन्धनों के बँधने से पहले ही उन्हें रोकने की है।

जब सीधी-सादी और सामान्य लड़कियाँ चुप्पी तोड़कर अपने भीतर की ऊर्जा, हौसलों और सपनों को आकार देती हैं, तब वे राजकुमारी, पायल, सरस्वती और दीपिका बनती हैं और उन्हीं से नए समाज का निर्माण होने लगता है। यह उन्हीं की कहानी है।

फगुनी बिहार में सिर्फ़ बत्तीस घरों में रहनेवाले लगभग दो-ढाई सौ बाशिन्दों का एक छोटा-सा गाँव है। वहाँ पहुँचना आसान नहीं है। दिल्ली या पटना से वहाँ जाने के लिए कोडरमा नामक रेलवे स्टेशन पर उतरना पड़ता है, जो झारखंड में है। सिर्फ़ स्टेशन का नाम कोडरमा है। असली जगह तो 'झुमरी तिलैया' है जो वहाँ से दस-बारह किलोमीटर दूर है। कोडरमा से गिरिडीह की तरफ़ जाने वाली सड़क से एक रास्ता नीरू पहाड़ी की तरफ़ मुड़ता है। वहीं से एक जंगली रास्ता फगुनी को जाता है। झुमरी तिलैया से फगुनी तक की दूरी लगभग पचास किलोमीटर है। वह गाँव बिहार के नवादा ज़िले में पड़ता है। गाँव में सभी लोग अनुसूचित जातियों, यानी सबसे निचली समझी जाने वाली जातियों के हैं। उन्हें आज भी अछूत माना जाता है।

सन् 2005 की बात है। मैं पहली बार फगुनी गया था। गर्मियों के दिन थे। शाम के वक़्त हम लोग खपरैल की एक कच्ची दालान में बैठकर लोगों से बातचीत कर रहे थे। शुरू-शुरू में कुल दस-बारह लोग रहे होंगे। उस वक़्त कई स्त्री, पुरुष और बच्चे अभ्रक की खदानों से काम करके लौट रहे थे। वे धीरे-धीरे हमारे पास जमा हो गए। हमें बातचीत में पता चला कि गाँव में सभी स्त्रियों और पुरुषों के विवाह छोटी-सी उम्र में ही हो चुके थे। ज़्यादातर किशोर-किशोरियाँ भी शादीशुदा थे। मैं उन्हें समझा रहा था कि बाल मज़दूरी और बाल विवाह क्यों बुरे हैं। तभी एक नौजवान बोला, "देखिए, हम लोग इतने गरीब हैं कि अगर बच्चे मजदूरी नहीं करेंगे तो घर का गुजारा कैसे चलेगा? बचपन में शादी नहीं करेंगे तो बच्चे बर्बाद हो जाएँगे।"

मैंने बड़े प्यार से उससे पूछा, "क्या तुम्हारी शादी हो गई है?" उसने उत्तर दिया, "हाँ, कई साल पहले हो चुकी थी।" मैंने फिर पूछा, "तुम्हारी पत्नी कहाँ है?" वह मायूस होकर बोला, "वह तो अक्सर बीमार रहती है। उसे मिर्गी आती

है।" मैंने कहा, "मैं तुम सभी से दो बातें पूछूँगा। पहली बात यह कि तुममें से कितने लोगों ने कभी यह सोचा है कि तुम ग़रीब क्यों हो? और दूसरी यह कि जितना वज़न जवान आदमी अपने सिर पर उठा सकता है, उतना अगर छोटे बच्चे के सिर पर रख दिया जाए तो क्या होगा?" वे सभी एक-दूसरे को ताकने लगे थे। फिर वही नौजवान बोला, "गरीबी के बारे में तो नहीं सोचा। हाँ, बच्चे के सिर पर ज्यादा वजन रख देने से उसकी गर्दन जरूर टूट जाएगी।" मैंने कहा, "तुमने मेरे पहले सवाल का ठीक जवाब दिया है। छोटी लड़कियों की शादी हो जाने से उनके कच्चे मन और शरीर पर जो असर पड़ता है, वह गर्दन टूटने से भी ज़्यादा ख़तरनाक होता है। तुम्हारी पत्नी के साथ भी यही हो रहा है।"

मैंने अपने ही दूसरे सवाल का जवाब देते हुए कहा कि ग़रीबी के कई कारण हैं। लेकिन एक कारण बताता हूँ। दुनिया के जिन-जिन इलाक़ों की धरती में भरपूर जंगल, खनिज सम्पदा और पानी होते हैं, वहीं के निवासी सबसे ज़्यादा ग़रीब, अनपढ़ और लाचार बने हुए हैं। पुराने जमाने में फ़िरंगी लोग दूसरे देशों में जाकर दोस्ती और व्यापार करते-करते अपना क़ब्ज़ा जमा लेते थे। फिर वहाँ के राजा बन बैठते थे। तब भी उनका सबसे बड़ा मकसद लोगों को ग़ुलाम बनाकर धरती के नीचे और ऊपर की दौलत लूटकर अपने देश में ले जाना होता था। आज के ज़माने में देशी-विदेशी उद्योगपति उन इलाक़ों में घुस जाते हैं, जहाँ ज़मीन के नीचे खनिज सम्पदा भरी पड़ी हो और सस्ते मज़दूर मिल जाते हों। इसीलिए सबसे धनवान धरती पर रहने वाले लोग अक्सर सबसे ग़रीब बने रहते हैं। इन हालातों को बदलने के लिए शिक्षा सबसे बड़ा हथियार है।

भीड़ में कुछ बच्चियाँ चुपचाप पीछे खड़ी थीं। अचानक उनमें से एक बोल पड़ी, "लड़कियों को पढ़ने का क्या फायदा, उन्हें तो ससुराल जाना होता है?" यह कहते हुए वह अपनी हथेलियों से मुँह ढककर शरमाते हुए पीछे जाकर छुप गई। मैंने उसकी हिम्मत के लिए सबसे तालियाँ बजवाईं। फिर उसे अपने पास बुला लिया। उस बच्ची का नाम राजकुमारी था। तब उसकी उम्र दस वर्ष की रही होगी। मैंने कहा कि लड़कियों के पढ़ने-लिखने का पहला फ़ायदा तो यह होता है कि छोटी-सी उम्र में उन्हें अपना घर छोड़कर ससुराल नहीं जाना पड़ता। फिर उनकी शादी भी पढ़े-लिखे नौजवान से होती है। और भी बहुतेरे फ़ायदे हैं, जैसे वे शिक्षिकाएँ, डॉक्टर, इंजीनियर, वकील, नेता और व्यापारी आदि कुछ भी बन सकती हैं। सबसे

बड़ी बात तो यह कि उनमें किसी ज़ुल्म और बुराई को पहचानकर उसके ख़िलाफ़ आवाज़ उठाने की हिम्मत और ताक़त आ जाती है।"

राजकुमारी आँखें फाड़े हुए बड़ी उत्सुकता से देख रही थी। फिर कुछ सोचकर बोली, "आप ठीक कह रहे हैं। हमारे गाँव में स्कूल नहीं है। इसीलिए मेरी बहन की बचपन में ही शादी हो गई थी। क्या आप लोग हमें पढ़ा-लिखा सकते हैं?" उसने यह कहकर शरमाते हुए अपना मुँह कन्धे पर रखे तौलिए से ढक लिया था। उसकी बहन का विवाह तेरह साल की उम्र में कर दिया गया था। वह समय-समय पर मायके आती थी। राजकुमारी उससे ससुराल में होने वाली तकलीफ़ों के बारे में सुनकर दुखी होती थी।

कुछ दिनों के बाद बचपन बचाओ आन्दोलन ने तभी से उस क्षेत्र में 'बाल मित्र गाँव' बनाने का काम शुरू कर दिया गया था। उसी दौरान फगुनी में एक विद्यालय भी खोल दिया गया था। दशरथ तुरी की बेटी राजकुमारी सबसे पहले स्कूल जाने वाले बच्चों में से एक थी। वह ख़ुद से छोटे और हमउम्र बच्चों को स्कूल में भर्ती कराने में जुटी रहती थी।

गाँव में रोज़ी-रोटी चलाने का कोई और साधन नहीं था, इसलिए क़रीब-क़रीब सभी लोग अभ्रक की खदानों में काम करते थे। राजकुमारी भी बचपन से वही काम करती थी। उन दिनों को याद करते हुए वह बताती है, "हम लोग दिन-दिन भर ढिबरा (अभ्रक के टुकड़े) खोदकर इकट्ठा करते थे। खेलने के लिए सिर्फ़ रात का वक़्त होता था। तेज़ बारिश के कारण खदानों में काम बन्द हो जाता था। तब हमें घर में मिट्टी और कीचड़ में खेलने का मौक़ा मिल जाता था। हमारे गाँव से थोड़ी दूरी पर पथरोन गाँव में हर साल एक मेला लगता है। मुझे उसका साल भर इन्तज़ार रहता था, क्योंकि उस मेले में से पिताजी मेरे लिए एक मिट्टी का खिलौना ख़रीदकर लाते थे। पूरे साल भर तक उसे सहेजकर रख पाना मुश्किल था। वह बीच में ही टूट जाता था। वह मेरे लिए बहुत दुख का दिन होता था।" मेले में जाने के लिए उसके पिता को एक-एक पाई जमा करनी पड़ती थी। एक बार खिलौना टूटने पर वे बहुत नाराज़ हुए। माँ-बाप की ग़रीबी और परेशानी को देखते हुए राजकुमारी ने अपने लिए खिलौनों की ज़िद छोड़ दी थी। वह उनका सहारा बनने के लिए टोकरी, कुदाल और फावड़ा लेकर ढिबरा खोदने जाने लगी थी।

लगभग पाँच साल बाद, यानी सन् 2010 की बात है। बचपन बचाओ

आन्दोलन ने दिल्ली में राजघाट स्थित गांधी संस्थान में 'राष्ट्रीय बाल महापंचायत' की थी। उसमें देश भर के बारह राज्यों के बाल मित्र गाँवों से लगभग दो सौ बाल प्रतिनिधि पहुँचे थे, जिनके संघर्ष और उपलब्धियों की रोमांचक और प्रेरणास्पद कहानियाँ थीं। मंच पर कुछ बाल नेताओं के साथ मुख्य अतिथि के रूप में न्यायमूर्ति डॉ. एम.के. शर्मा बैठे थे। उन दिनों वे भारत के सर्वोच्च न्यायालय के वरिष्ठ न्यायाधीश थे। न्यायमूर्ति शर्मा ने बच्चों से एक दोस्त की तरह ख़ूब घुल-मिलकर बातें कीं। कई बच्चों ने उन्हें अपनी कहानियाँ सुनाईं। फगुनी की राजकुमारी उनमें से एक थी। उसने बड़े गर्व से बताया, "मैं अपने गाँव की पहली इनसान थी, जिसने कागज और कलम पकड़ी थी। बचपन बचाओ आन्दोलन के कार्यकर्ता ने हमें बाल मित्र गाँव के बारे में समझाया था। उनकी बात हम सबको बड़ी अच्छी लगी थी। मेरे पिताजी भी मान गए थे कि मुझे मजदूरी कराने के बजाय पढ़ाना-लिखाना चाहिए। धीरे-धीरे हमारा गाँव बाल मित्र गाँव बन गया था। इसका मतलब यह है कि गाँव के क़रीब-क़रीब सारे बच्चों को बाल मजदूरी से हटाकर स्कूल में दाखिला करा दिया गया है।"

न्यायमूर्ति जी ने पूछा, "क्या सभी बच्चों के माता-पिता इसके लिए आसानी से मान गए थे?" उसने तपाक से उत्तर दिया, "नहीं, सभी आदमियों की तरह मेरे पिता भी ढिबरा चुनकर लौटते वक़्त दारू के अड्डे पर रुक जाते थे। वहाँ से मस्त होकर घर लौटते थे। मेरी माँ उनकी गाली-गलौच सुनने, और कई बार तो पिटने के लिए पहले से तैयार रहती थी। मुझे और मेरे भाइयों को बहुत बुरा लगता था। लेकिन हम डर के मारे कुछ नहीं बोलते थे। बाल मित्र ग्राम का काम शुरू होने के बाद बहुत-से बच्चे और उनकी माँएँ शराबखोरी के खिलाफ बोलने लगे थे। फिर कार्यकर्ताओं ने गाँव में महिलाओं को इकट्ठा करके महिला मंडल बना दिया था। उसी तरह नौजवानों को साथ लेकर एक युवा मंडल बनाया गया था। महिलाएँ और युवा मंडल सभी प्रकार की बुराइयों के ख़िलाफ़ जागरूकता फैलाने में जुट पड़े थे। धीरे-धीरे उनकी समझाइश का असर पूरे गाँव पर पड़ने लगा था। शुरू में ज़्यादातर लोग हमें काम से हटाने और स्कूल में पढ़ाने का विरोध करते थे। सब कहते थे कि लड़की पढ़कर क्या करेगी? उसकी जल्दी शादी कर देनी चाहिए। लेकिन मैं और मेरी सहेलियाँ उन लोगों के आगे नहीं झुकीं।"

न्यायमूर्ति जी ने उससे दूसरा सवाल किया, "तुम्हें सबसे ज़्यादा ख़ुशी कब

हुई थी?" उसने थोड़ा सोचकर जवाब दिया, "एक खुशी की बात हो तो बताऊँ?" उन्होंने कहा, "चलो, सारी ख़ुशियाँ गिनवा दो।" वह बोली, "मैंने जब पहली बार अपनी पेंसिल से कागज पर कुछ गोल-गोल बनाया, तब मास्टर जी ने कहा कि 'तुमने यह क्या बना दिया?' मैंने कहा, 'यह तो रोटी है', तो उन्होंने बताया कि देखो, यह चन्दा मामा भी है। तब मैं बहुत खुश हुई थी। मैंने सोचा कि लिखना-पढ़ना सीखने से कुछ भी बनाया जा सकता है। पढ़-लिखकर अच्छी तरह रोटी कमा सकते हैं। इज्जत से रह सकते हैं और चाँद तक को छू सकते हैं। जब मैं चुनाव जीतकर बाल पंचायत की मुखिया चुनी गई थी, तब भी बड़ी खुश हुई थी।"

तभी मैंने भी राजकुमारी से पूछा, "चलो, एक और बात बताओ, वह कौन-सा दिन होगा जब तुम्हें सबसे ज़्यादा ख़ुशी होगी?" उसने तत्काल जवाब दिया, "जिस दिन मैं टीचर बनकर क्लास में जाऊँगी।" मैंने पूछा, "टीचर ही क्यों?" वह बोली, "अरे भाई साहब जी, जब सभी बच्चे क्लास के भीतर पढ़ेंगे-लिखेंगे, तभी बाल मजदूरी और बाल विवाह रुकेंगे। पढ़ाने का काम टीचर ही तो करेगी।"

उसने अपनी पढ़ाई-लिखाई जारी रखी। लेकिन कुछ समय के बाद उसके परिवार ने उसकी शादी कराने की बात शुरू कर दी थी। उस समय राजकुमारी की उम्र लगभग 15 साल की थी। एक जगह तो विवाह की बात पक्की कर ली गई थी। इस बात का पता चलते ही उसने सख़्ती के साथ अपने माँ-बाप को मना कर दिया। घर गें बहुत हंगामा हुआ। उसकी पिटाई तक की नौबत आ गई थी, लेकिन वह नहीं मानी। उसने बाल मित्र गाँव के कार्यकर्ताओं को बता दिया कि या तो वे उराके पिता को मना लें, नहीं तो पुलिस में शिकायत कर देगी। मामले को जैसे-तैसे सुलटाया गया और उसकी शादी रुक गई। राजकुमारी के गाँव और उस पंचायत के कई गाँवों में यह पहली घटना थी, जब किसी लड़की ने विरोध करके अपना बाल विवाह रुकवाया था। उस घटना से आसपास बहुत जागरूकता फैल गई थी। धीरे-धीरे पूरे अभ्रक क्षेत्र में बाल मज़दूरी के साथ-साथ बाल विवाह के ख़िलाफ़ हमारा अभियान ज़ोर पकड़ने लगा था। सबसे महत्त्वपूर्ण बात यह है कि उसकी अगुवाई ऐसे बच्चे कर रहे हैं, जिन्होंने ख़ुद का बाल विवाह रुकवाकर अपनी बहादुरी के उदाहरण पेश किए हैं।

हमने बिहार और झारखंड से पहले राजस्थान में बाल-बच्चों के अधिकारों की रक्षा के लिए मित्र गाँव बनाना शुरू कर दिए थे। वहाँ के सैकड़ों बच्चों ने बाल

मज़दूरी रोकने के साथ-साथ आसपास कई गाँवों से बाल विवाह की बुराई का भी अन्त कर दिया था। उन्हीं में से एक पायल जांगिड़ है, जो आज सितारे की तरह चमक रही है। वह अपने गाँव हींसला को बाल मित्र गाँव बनाने की मुहिम में ख़ूब सक्रिय रहती थी। इसलिए वह सन् 2013 में बाल पंचायत की मुखिया चुन ली गई थी। तब उसकी उम्र ग्यारह साल की थी। पायल के पिता परिवार के गुज़ारे के लिए बढ़ई का काम करते थे, जिसमें वह भी हाथ बँटाती थी। वहाँ पर लड़कों के मुक़ाबले में किसी लड़की का चुनाव जीतना एक इंक़लाब से कम नहीं था, ख़ासकर तब, जब लड़की नीची माने जाने वाली जाति की हो। उसकी जीत की सबसे बड़ी वजह थी कि वह सच बोलने वाली, निडर और दूसरों की मदद के लिए हमेशा तैयार रहने वाली लड़की थी।

एक दिन उसे पता चला कि घर में उसकी तेरह साल की बहन और उसकी शादी की तैयारियाँ शुरू हो गई हैं। दोनों बहनों को एक साथ पड़ोस के गाँव के दो भाइयों के साथ ब्याह देने की बात पक्की हो चुकी थी। बाल विवाह के ख़िलाफ़ जागरूकता के काम में जुटी बाल सरपंच पायल भला यह कैसे गवारा कर सकती थी? उसने अपने माँ-बाप से कह दिया कि न तो वह शादी करेगी और न ही अपनी बहन की शादी होने देगी। यह सुनते ही घर में हंगामा खड़ा हो गया। वह क्षेत्र देश में बाल विवाहों, कन्या भ्रूणहत्या और लड़कियों की अशिक्षा का बहुत बड़ा गढ़ माना जाता था। कई मामलों में तो बच्चों के जन्म से पहले ही शादियाँ पक्की कर दी जाती थीं। दूर-दराज़ के दो रिश्तेदार या बिरादरी वाले आपस में वायदा कर लेते थे कि यदि उनमें किसी एक के घर में लड़का पैदा होगा, और दूसरे के यहाँ लड़की, तो वे गोद में ही उनका ब्याह कर देंगे।

परिवार वाले किसी क़ीमत पर शादियाँ रोकने के लिए राज़ी नहीं थे, जबकि पायल अपने संकल्प पर अडिग थी। घर के बुज़ुर्ग और नज़दीकी रिश्तेदार उस पर भावनात्मक दबाव डाल रहे थे। माँ-बाप का कहना था कि गाँव और बिरादरी में मुँह दिखाने लायक़ भी नहीं रहेंगे। पायल ने पुलिस में शिकायत कर देने की धमकी तक दे डाली, लेकिन वे टस-से-मस नहीं हुए। तब उसने बाल पंचायत के साथियों और बाल मित्र ग्राम के कार्यकर्ताओं को अपनी समस्या बताकर उनसे सहयोग माँगा। सुमेधा जी और बाल आश्रम के प्रबन्धक आदेश शर्मा और उनकी टीम उसकी पूरी मदद करते रहे थे। उन्होंने पायल के पिता और घरवालों को समझाया कि शादी

रोकने में ही उनकी और लड़कियों की भलाई है। कई दिनों तक झंझट चलते रहने से बात घर-के-घर में नहीं रह सकी। वह ख़बर उस परिवार तक पहुँच गई जिसके लड़कों से पायल और उसकी बहन की शादी होने वाली थी। वे लोग बुरी तरह से डर गए और हौंसला जाकर ख़ुद ही रिश्तों को तोड़ दिया। उनका कहना था कि वे ऐसी उजड्ड लड़कियों से अपने बेटों का विवाह कभी नहीं करेंगे।

इस तरह से एक अध्याय ख़त्म हो गया था, लेकिन बिरादरी में पायल की बड़ी बदनामी हो गई थी। रिश्तेदारी और गाँव में उसके पिता का उठना-बैठना मुश्किल हो गया था। उन्हें हर जगह यही उलाहना मिलता था कि उन्होंने लड़की को स्कूल भेजकर और ग़लत संस्कार देकर बहुत पाप किया है। दूसरी तरफ़ उसकी बहादुरी की ख़बरें फैलने लगी थीं। बाल पंचायत, स्कूल और बाल आश्रम ने उसका शानदार अभिनंदन किया। उस घटना के बाद वह ख़ुद ऐसी बहुत-सी लड़कियों का आदर्श बन गई थी, जिन्हें बाल विवाह की बेड़ियों में जकड़ा जाना था। उसने अपनी बाल पंचायत के साथ मिलकर न केवल अपने गाँव को, बल्कि आसपास के कई गाँवों को बाल विवाहों से मुक्त बनवा दिया था। अख़बारों में उसकी प्रशंसा की ख़बरें छपने लगी थीं। जांगिड़ समाज के समझदार लोग उसकी इज़्ज़त करने लगे थे।

वह बाल मित्र गाँवों और बाल आश्रम की गतिविधियों में भाग लेने के लिए अबरार आश्रम जाती रहती थी। उसके अलावा दिल्ली और दूसरे स्थानों पर होने वाले कार्यक्रमों में ख़ूब ज़ोर-शोर से शामिल होती थी। इसलिए अक्सर मेरा उससे मिलना हो जाता था। एक बार उसने बड़े उत्साह से मुझे बताया था, "कुछ दिन पहले मेरे घर पर हमारे इलाक़े के एस.डी.एम. साहब आए थे। उनके साथ कई अफसर, पुलिस वाले और मीडिया के लोग भी थे। मेरे पड़ोस के लोग डर गए थे। शायद उन्होंने सोचा कि या तो मैंने कुछ गड़बड़ की है या फिर मेरे पिता की शिकायत हो गई होगी। लेकिन वे सब अफसर तो मुझसे मिलने और बधाई देने आए थे। वे आग्रह कर रहे थे कि मैं अलवर जिले में सरकार की तरफ से बाल विवाह के खिलाफ प्रचार करूँ।"

मैंने कहा, "वाह, ये तो बड़ी अच्छी बात हुई! तब तूने क्या कहा?" वह बोली, "मैंने कह दिया था कि हमने अपने गाँव के सारे बच्चों को बाल मजदूरी से छुड़ाकर स्कूल में दाखिल करा दिया है। लेकिन स्कूल की हालत बहुत खराब

है। पढ़ाई-लिखाई भी कमजोर है। अध्यापक तक पूरी संख्या में नहीं हैं। गरीबों, वृद्धों और महिलाओं के लिए बनी सरकारी स्कीमें हमारे गाँव में ठीक से लागू नहीं होतीं। श्रीमान जी, पहले ये सब कराइए। मैं संगठन के वरिष्ठ साथियों से सलाह करके बता दूँगी कि सरकार के साथ मिलकर काम करना है या नहीं। वे वह सब करने के लिए राजी हो गए। आदेश भैया और दूसरे साथियों से बात करने के बाद मैंने भी हाँ कर दी थी।"

मैंने कहा, "शाबाश बेटा, तू अच्छी तरह समझ गई है कि सारे मुद्दे एक-दूसरे से जुड़े हैं! सामाजिक सुरक्षा, विकास, मानव अधिकार और अपराधों की समाप्ति के बीच गहरा सम्बन्ध है।" फिर मैंने मज़ाक़ में कहा, "इन लक्षणों से तो लगता है कि तू बाल सरपंच के बजाय जल्दी ही ग्राम पंचायत की सरपंच चुन ली जाएगी।" वह मेरी बात बीच में काटती हुई बोली, "अरे, आप यह क्या कह रहे हैं? आप ही तो कहते रहते हैं कि अगर सपने देखने की आजादी है तो छोटा क्यों, बड़े-से-बड़ा सपना देखो। फिर मैं एक सरपंच का सपना क्यों देखूँ?" मैंने कहा, "सॉरी, मैं भूल गया था। तुझे तो प्रधानमंत्री बनने का सपना देखना चाहिए। लेकिन फिर भी पहली सीढ़ी के रूप में सरपंच चुने जाने में कोई बुराई नहीं है।" वह हँस पड़ी। थोड़ी देर के बाद उसने कुछ सोचकर कहा, "अभी आपने जो सामाजिक सुरक्षा और अपराध वगैरह की बात कही है, वह ठीक से समझ में नहीं आई। प्लीज़ समझाइए।" मैंने उसे और साथ खड़े दूसरे बच्चों को आश्रम में नीम के पेड़ के नीचे बने चबूतरे पर अपने पास बैठा लिया।

मैंने उनसे पूछा, "जिन बच्चों को बाल मज़दूरी से हटाया गया था, उन्हें आसानी से स्कूल में दाख़िला कैसे मिल सका था?" एक बच्चे ने जवाब दिया, "वह तो उनका हक था, क्योंकि हमारे देश में आरटीई (शिक्षा के अधिकार का कानून) है।" मैंने फिर पूछा, "क्या स्कूल में मिलने वाले मध्याह्न भोजन से कोई फ़ायदा होता है?" दो-तीन बच्चे एक साथ बोल पड़े, "हाँ, जरूर होता है। पहले हमें और हमारे माँ-बाप को लगता था कि मजदूरी करके थोड़ा-बहुत पैसा कमा सकते हैं। लेकिन अब पढ़ाई के साथ-साथ मुफ्त में खाना मिल जाने से रोज स्कूल जाना अच्छा लगता है।" मेरे यह पूछने पर कि उनमें से कितने बच्चों के माता-पिता को सरकार की ग्रामीण रोज़गार गारंटी योजना का फ़ायदा मिलता है, कई बच्चों ने हाँ कहते हुए अपने हाथ खड़े कर दिए। उन्होंने बताया कि उनके माता-पिता इसी

योजना के तहत सड़कें और बाँध बनाने, तालाब खोदने तथा बिजली के खम्भे लगाने में मज़दूरी करते हैं।

फिर मैंने सवाल किया कि उससे बच्चों को मज़दूरी छोड़ने और स्कूल जाने में कुछ लाभ हुआ था या नहीं? जवाब में सबका कहना था कि जिन-जिन परिवारों को इस तरह की स्कीमों का फ़ायदा मिल रहा है, वे अपने बच्चों को आगे भी पढ़ाना चाहते हैं। आख़िर में मैंने बताया, "दोपहर का भोजन और रोज़गार गारंटी जैसे कार्यक्रम सामाजिक सुरक्षा कहलाते हैं। सड़कें और बाँध बनाना विकास के काम हैं। बाल मज़दूरी और बाल विवाह क़ानूनी अपराध हैं। शिक्षा जैसी चीज़ें मौलिक अधिकार हैं।" यह सुनकर पायल और दूसरे सभी बच्चों के चेहरों पर मुस्कुराहट बिखर गई थी। वह बोली, "अब तो अच्छी तरह समझ में आ गया कि हमें सभी मुद्दों पर एक साथ काम करना पड़ेगा।"

अख़बारों में लगातार समाचार छपते रहने, घर में सरकारी अफ़सरों के आने-जाने और प्रशंसकों की तादाद बढ़ने से पायल के पिता पप्पू राम जांगिड़ को यह बात समझ में आने लगी थी कि उनकी बेटी में ज़रूर कुछ ख़ास है। वह सोचता था कि उसकी बेटी एक उद्दंड, ज़िद्दी और घमंडी लड़की है, लेकिन जब गाँववाले उसकी इज़्ज़त करने लगे तो उसने भी पायल की इज़्ज़त करना शुरू कर दिया। कुछ सालों के बाद वह ख़ुद बाल विवाहों का विरोध करने में बेटी का साथ देने लगा था। जांगिड़ समाज पायल को अपनी बिरादरी का गौरव बताने लगा था।

सन् 2015 में अमेरिकी राष्ट्रपति बराक ओबामा अपनी पत्नी सुश्री मिशैल के साथ गणतंत्र दिवस, 26 जनवरी पर मुख्य अतिथि की तरह भारत आए थे। यात्रा के दौरान उनके साथ मेरी एक व्यक्तिगत मुलाक़ात थी। उसमें सुमेधा जी और मैं खेतिहर बँधुआ मज़दूरी से छुड़ाए गए एक बच्चे दीपक और पायल को भी अपने साथ ले गए थे, क्योंकि वे बच्चे मनुष्य की आज़ादी, गरिमा और आशा के प्रतीक थे। हमने ओबामा दम्पती से उनका परिचय कराया। मिशैल ओबामा किशोरियों के मामलों में बहुत सरोकार रखती हैं। वे पायल से बात करके इतनी प्रभावित हुईं कि अपनी उँगली में से अँगूठी उतारकर उसकी उँगली में पहना दी। राष्ट्रपति महोदय सहित हम सभी हक्के-बक्के थे, क्योंकि उनके हाथों में वही एकमात्र अँगूठी थी। पायल ने उनका धन्यवाद करते हुए हीरे से जड़ी हुई सफ़ेद सोने की वह अँगूठी वापस कर दी। वह बोली, "मैडम जी, शायद यह आपकी वैडिंग रिंग (शादी की

अँगूठी) है! मैं इसे नहीं रख सकती। अगर आप मुझे कोई गिफ्ट देना चाहती हैं तो वायदा कीजिए कि जब अगली बार आप भारत आएँगी, तो मेरे गाँव ज़रूर चलेंगी।" उन्होंने उसे गले लगाकर ख़ूब प्यार किया और उसके गाँव जाने का वायदा किया।

पायल की प्रसिद्धि बढ़ने के साथ-साथ बाल अधिकारों की रक्षा के लिए उसके क्रियाकलाप भी बढ़ते रहे थे। उसे स्वीडन में दिए जाने वाले अन्तरराष्ट्रीय बाल अधिकार पुरस्कार में ज्यूरी (निर्णायक मंडल) के एक सदस्य के रूप में स्टॉकहोम बुलाया गया था। वह वहाँ की रानी सहित कई हस्तियों से मिली थी। विश्व भर में फैली बाल विवाहों की सामाजिक बुराई और अपराध के ख़िलाफ़ व्यक्तिगत संघर्ष से उपजी उसकी आवाज़ की सच्चाई ने सभी को प्रेरित किया था।

सन् 2019 में केवल पायल के लिए ही नहीं, बल्कि हमारे आन्दोलन और पूरे देश के लिए एक गौरवपूर्ण क्षण आया। उसे बिल एंड मिलिंडा गेट्स फ़ाउंडेशन के विश्व प्रसिद्ध सम्मान, चेंज मेकर अवार्ड से नवाज़ा गया था। 25 सितंबर की शाम को न्यूयॉर्क में एक भव्य समारोह में सत्रह साल की पायल ने पहली भारतीय के रूप में वह पुरस्कार प्राप्त किया था। गेट्स दम्पती और दुनिया भर की जानी-मानी हस्तियों की मौजूदगी में उसे संयुक्त राष्ट्र संघ की उप महासचिव अमीना मोहम्मद ने वह अवार्ड दिया था। एक और महत्त्वपूर्ण बात यह थी कि पायल के पुरस्कार के साथ-साथ उसी मंच से भारत के प्रधानमंत्री नरेन्द्र मोदी को भी एक अवार्ड दिया गया था।

सुमेधा जी और मैं दर्शकदीर्घा में मौजूद थे। उस शानदार मंच पर पायल की गरिमामय, शालीन और विनम्र उपस्थिति ने पूरे सभागार में जादू-सा बिखेर दिया था। उसके भाषण के लगभग हर वाक्य पर सभागार तालियों की गड़गड़ाहट से गूँज उठता था। अन्त में उसके सम्मान में सभी ने खड़े होकर तालियाँ बजाई थीं। हम वहाँ बैठे हुए बेहद रोमांचित, आनन्दित और गर्वित हो रहे थे। समारोह ख़त्म होने के बाद उसके साथ सेल्फ़ियाँ और फ़ोटो खिंचवाने वालों, बधाई देने वालों और मीडियाकर्मियों का जमावड़ा लग गया था, इसलिए रात को बहुत देर से अपने होटल लौट सके थे। पायल के गाँव लौटने के बाद उसे कई सामाजिक संगठनों और प्रशासन ने सम्मानित किया था। आजकल वह बी.ए. की पढ़ाई करने के साथ-साथ बच्चों के अधिकारों की रक्षा के लिए लगातार संघर्षरत है।

सन् 2013 में राजकुमारी का विवाह फगुनी से सत्तर किलोमीटर दूर मरकच्चो

नामक गाँव में हो गया था। तब वह लगभग उन्नीस वर्ष की थी। उसका पति मुम्बई में रहकर मज़दूरी करता था। राजकुमारी का ज़्यादातर वक़्त बूढ़े सास-ससुर और ससुराल वालों की देखभाल करने में बीत जाता था। कभी-कभी मेरी उससे फ़ोन पर बातचीत हो जाती थी। वह अपने ससुराल में ख़ुश थी, परन्तु उसकी शिकायत रहती थी कि ससुराल चले जाने के बाद उसे सामाजिक काम करने का मौक़ा नहीं मिलता। उसकी दिली इच्छा जल्दी-से-जल्दी बचपन बचाओ आन्दोलन की कार्यकर्ता बनने की थी। दो-तीन साल तक अपनी इच्छा को दबाते रहने के बाद आख़िर उसने अपने पति से कह दिया था कि वह आन्दोलन का काम करना चाहती है। परन्तु उसने झिड़ककर मना कर दिया।

राजकुमारी चुप बैठने वाली नहीं थी। उसने पति और सास-ससुर को चेतावनी दे दी कि अगर वे उसे इजाज़त नहीं देंगे, तो भी वह वही काम करेगी। उसने उनसे साफ़-साफ़ कह दिया, "मुझे मोम की गुड़िया मत समझना।" इस बात से उसका पति बहुत नाराज़ हो गया था। दोनों के बीच आपसी झगड़ा रहने लगा था। फिर भी उससे जितना बनता था, लड़कियों की शिक्षा के लिए जागरूकता फैलाने में जुटी रहती थी। उसके अलावा बाल मज़दूरी का विरोध करने के कारण बच्चों का शोषण करने वाले उससे ख़फ़ा रहने लगे थे। फिर भी उसने हार नहीं मानी। वह बाल मित्र गाँवों के कार्यकर्ताओं के सम्पर्क में बनी रही। उसने उनसे आग्रह किया कि वह मायके में लौटकर टीचर बनकर अपना सपना पूरा करना चाहती है। आख़िरकार सन् 2019 में हमारे संगठन ने उसे उसी स्कूल में अध्यापक रख लिया, जिसमें वह ख़ुद पढ़ी थी। अब वह दो लड़कियों की माँ है। उनमें से एक पाँच साल की और दूसरी दो साल की है।

कई वर्षों के बाद हाल ही में मेरी उससे टेलीफ़ोन पर बात हुई थी। वह मेरी आवाज़ सुनकर ख़ुशी के मारे पगला उठी थी। बोली, "सर, मैं टीचर बन गई हूँ!" मैंने उसे टोकते हुए उलाहना देकर कहा, "राजकुमारी, तुझे पता है कि तू किससे बात कर रही है?" उसने थोड़ा घबराते हुए जवाब दिया, "हाँ सर जी, मुझे मालूम है! मैं श्री कैलाश सत्यार्थी जी से बात कर रही हूँ।" मैंने हँसकर पूछा, "यह बता कि तूने मुझे सर जी कहकर पहले कब बुलाया था? और तुझे ये सर-सर बोलना किसने सिखाया?" वह एकदम से झेंप गई। फिर रुककर बोली, "नहीं भाई साहब जी, गलती हो गई! यहाँ मीटिंगों में और स्कूल में आपस में सर जी और मैडम जी

कहकर बुलाते हैं। बड़े लोगों को सब कोई सर-सर कहता है।" मैंने कहा, "तेरे पिताजी तो तुझसे बहुत बड़े हैं, क्या उन्हें भी सर कहकर पुकारने लगी है?" उसने कहा, "आगे से यह गलती नहीं होगी।"

राजकुमारी उस दिन बहुत ख़ुश और गौरवान्वित थी। उसने कहा, "संघर्ष किए बिना सपने पूरे नहीं होते। मैंने टीचर बनने का सपना देखा था। हमारे घर की हालत जैसी थी, वह आपको पता है। हमारी बिरादरी में टीचर बनने के बारे में सोचना तक मुश्किल था। आज सब मेरी इज्जत करते हैं। गाँव की हर लड़की और लड़का स्कूल जाता है।" मैंने कहा, "चल बेटा, अब तो तेरा सपना पूरा हो चुका है! अपने परिवार का भी ध्यान रख और दोनों बेटियों को ख़ूब पढ़ा-लिखाकर अपनी तरह अच्छी इनसान बना।"

वह बोली, "सब कुछ इतना आसान थोड़े ही है। लड़ाई तो अभी भी जारी है। मेरी बेटियों का पिता और दादी-दादा मुझसे बड़े नाखुश रहते हैं। वे उलाहना देते रहते हैं कि मुझे लड़कियाँ ही पैदा क्यों हुईं, लड़का क्यों नहीं? दूसरी बात यह कि मैं अपने पैरों पर खड़े होकर मायके में रहती हूँ। हालाँकि हर महीने-पन्द्रह दिन में ससुराल जाती रहती हूँ। फिर भी वे सब मुझसे बहुत चिढ़ते हैं। लेकिन क्या मैं एक बात पूछूँ?" मैंने कहा, "हाँ बेटा, ज़रूर पूछो!" उसने कहा, "क्या आपको वो वाला नारा याद है?" मैंने पूछा, "मैंने तो बहुत से नारे सिखाए थे। तुम याद दिलाओ, किस नारे की बात कर रही हो?"

उसने कहा, "लड़ेंगे, जीतेंगे; हम लड़के लेंगे आज़ादी, हम छीन के लेंगे आज़ादी; हमें जान से प्यारी आज़ादी।" मैं राजकुमारी के उत्तर से भावुक हो गया था।

क्या मैं अभी भी बच्ची हूँ

यह सूरज की कहानी है जिसकी गर्मी और रौशनी चुराकर भी हम नहीं जान पाते कि उसके दिल के भीतर पल-पल कितने विस्फोट हो रहे हैं, क्योंकि हम उससे बहुत दूर हैं। यह कहानी धरती की भी है, जिसके अंग-अंग को नोच-खरोंचकर उसके हृदय के भीतर की उथल-पुथल से अनजान बने रहते हैं, क्योंकि हम उसके बहुत क़रीब रहते हैं। यह मधुर संगीत देने की ख़ातिर एक साज के भीतर चोटें खाने वाले तारों की कहानी है।

यह कहानी रोज़-रोज़ मरने वाली लड़कियों में से एक, चौदह साल की भावना की है, जिसे आदमी नाम के जानवर से नफ़रत हो गई थी। यह एक ऐसे फूल की कहानी है, जो मुरझाया-सा नज़र आने पर तोड़ दिया जाता था, और खिला हुआ दिखने पर भी।

सच ही कहा गया है, 'मरी खाल की स्वास सों, लौह भस्म हो जाए।' भावना ने अपना मुँह तो एक क़स्बे की छोटी-सी अदालत में खोला था, लेकिन आवाज़ की गूँज देश की सबसे बड़ी अदालत में सुनाई दी थी। यह कहानी उसी आवाज़ के असर की है, जिसने अनगिनत बच्चों की ज़िन्दगी ही नहीं, भारत के क़ानूनों को भी बदल डाला था।

उस दिन भावना के साथ दिल्ली में मुक्ति आश्रम की गोल कुटिया में बैठना मेरे जीवन की अविस्मरणीय घटनाओं में से एक है। आश्रम के बीचोबीच फूस की वह कुटिया लकड़ी के आठ खम्भों पर खड़ी है और सभी तरफ़ से खुली है। उसमें पचास-साठ बच्चे बैठ सकते हैं। वहीं बैठकर हज़ारों बच्चों ने अपनी ज़िन्दगी में पहली बार आज़ादी को महसूस किया है। बरसों की ग़ुलामी व उत्पीड़न के बाद उसी कुटिया के नीचे उनका बचपन वापस लौटा है। वहीं पर उनको अपनी पहचान, आवाज़, आत्मविश्वास और इनसान होने का पहला अहसास मिला है। हमने बाद में एक वैसी ही कुटिया राजस्थान के बाल आश्रम में भी बनाई थी।

वह 14-15 साल की गोल चेहरे वाली साँवली-सी लड़की थी। मुझे उसके साथ हुई बातचीत जस-की-तस याद है। उसका असली नाम भावना नहीं, कुछ और था। लेकिन उसकी पहचान छुपाने के लिए भावना कहकर बुलाता हूँ। उस दिन भावना की झुकी हुई आँखों से लगातार आँसू टपक रहे थे। उसने कहा था, "आप लोग बड़े भाग्यवान हैं, क्योंकि आप जिन्दगी में एक ही बार मरते हैं। मैं तो रोज-रोज मरी हूँ। सैकड़ों बार मर चुकी हूँ। बता नहीं सकती कि कितनी बार मेरी मौत हुई है।" बोलते हुए उसकी आवाज़ में लाचारी नहीं थी, बल्कि एक तरह का उलाहना और ग़ुस्सा था। उसका चेहरा लाल हो उठा था। वह अपने दोनों हाथों से कुर्सी के पायों को पूरी ताक़त से इस तरह भींचकर पकड़े हुई थी, जैसे उन्हीं के सहारे से उसे बोलने की हिम्मत मिल रही हो। या फिर पूरा ग़ुस्सा उन पायों पर निकाल रही थी।

उसे सांत्वना देने के लिए मेरे पास शब्द नहीं थे। इसलिए वहाँ पर कुछ देर तक सन्नाटा छाया रहा था। फिर मैं उठकर सामने किचन में से दो गिलासों में पानी भरकर ले आया। उसके हाथ में एक गिलास पकड़ाते ही वह ज़ोर-ज़ोर से रोने लगी थी । मैंने दूसरे गिलास से पानी पीना शुरू करके उससे भी पानी पीने के

लिए कहा। जितनी बार गिलास के पानी में उसके आँसू टपके, ऐसा लग रहा था कि उतनी ही बार मेरे भीतर कहीं से ख़ून की बूँदें टपक-टपककर शरीर पर गिर रही हों। धीरे-धीरे पानी पी चुकने के बाद उसने फिर से बोलना शुरू कर दिया। हालाँकि मैंने उससे कुछ नहीं पूछा था।

वह बोली, "सर्कस में खतरनाक करतब करते वक्त अगर हमारे चेहरे पर डर दिखने लगे, या फिर कोई ग़लती हो जाए, तो रात को हमें सजा मिलती थी। लेकिन अगर हम एक से दूसरे झूले पर उछल-कूद करके या हाथी की सूँड़ पर सिर के बल खड़े होकर मुस्कुराती रहती थी, तो मालिक खुश होकर कहता था, 'आज तू बड़ी सेक्सी लग रही थी।' वह इसके लिए हमें इनाम देता था। पर यह मत पूछिए कि वो सजा क्या होती थी, या फिर इनाम क्या होता था? दोनों एक ही थे। तीनों शो खत्म हो चुकने के बाद मालिक या उसके आदमी भूखे भेड़िए की तरह हमारे बिस्तर में घुस जाते थे। ये मौत नहीं तो और क्या था?" मैं देख रहा था कि भावना को यह बात कह सकने में कितनी हिम्मत जुटानी पड़ी थी। उसके होंठ और नथुने काँप रहे थे। गुस्से के मारे मेरी हथेलियाँ और पैरों के पंजे भी फड़फड़ा रहे थे। मैं कभी दाँतों से होंठ भींच रहा था, तो कभी अपनी मुट्ठियाँ। थोड़ी देर के बाद मुझे अहसास हुआ कि मेरे सिर, पीठ और पैरों में बँधी पट्टियों में खिंचाव आने से तेज़ दर्द होने लगा था। भावना जानती थी कि उसे और उसके साथ की तेईस लड़कियों को मुक्त कराने की कोशिश में सर्कस मालिकों के हमलों में मुझे गहरी चोटें लगी थीं।

सन् 2004 के जून महीने की बात है। एक दिन कुछ बच्चियों के माता-पिता हमारे कार्यालय आए थे। वे नेपाल के हिथौड़ा ज़िले के अलग-अलग गाँवों से थे। उनमें भावना की माँ विशुमाला भी थी। हिथौड़ा पश्चिमी नेपाल का एक बेहद पिछड़ा और ग़रीब इलाक़ा है, जो भारत के उत्तर प्रदेश प्रान्त के गोरखपुर ज़िले की सीमा से सटा हुआ है। नेपाल और भारत के बीच सदियों पुराना सांस्कृतिक, धार्मिक, व्यापारिक और राजनयिक रिश्ता है। दोनों देशों के बीच सैकड़ों मील की खुली हुई सीमाएँ हैं, यानी नागरिकों की आवाजाही या रहने-बसने पर कोई रोक-टोक नहीं है। इसके लिए किसी पासपोर्ट या वीज़ा की ज़रूरत नहीं पड़ती।

नेपाल हिमालय पर्वत की शृंखलाओं और घाटियों के बीच बसा लगभग पौने तीन करोड़ की आबादी का एक अत्यंत रमणीक देश है। चीन और भारत जैसी दो महाशक्तियों के बीच स्थित इस छोटे-से देश की राजनीति, समाज और अर्थव्यवस्था

पर इन्हीं दोनों का गहरा असर बना रहता है। नेपाल दुनिया के सबसे ग़रीब देशों में से एक है। चालीस लाख से ज़्यादा प्रवासी नेपाली भारत में बसते हैं। अंग्रेज़ों के ज़माने से भारतीय फ़ौज में नेपालियों का एक विशेष दस्ता, 'गोरखा रेज़िमेंट' के नाम से चला आ रहा है। गोरखा अपनी बहादुरी एवं वफ़ादारी के लिए जाने जाते हैं। भारत में ही नहीं, ब्रिटेन और अमेरिका सहित कई देशों में गोरखा चौकीदारों को रखा जाता है। नेपाली लोग बड़े पैमाने पर घरेलू नौकर के रूप में रहते हैं। भारत के वेश्यालयों में नेपाली युवतियों की भरमार है। मानव दुर्व्यापार, यानी ट्रैफ़िकिंग के ज़रिये लाकर यहाँ रखी गई ऐसी महिलाओं और लड़कियों की संख्या तीन से चार लाख के बीच बताई जाती है। वे सस्ती होने के साथ-साथ गोरे रंग व शारीरिक बनावट के कारण ज़्यादा पसन्द की जाती हैं।

नेपाल से वेश्यावृत्ति के लिए लाई गई हज़ारों महिलाएँ और लड़कियाँ दिल्ली के जीबी रोड, कलकत्ता के सोनागाछी और मुम्बई के कमाठीपुरा जैसी जिस्मफ़रोशी की कुख्यात मंडियों में रहती हैं। जब पुरुष और लड़के रोज़ी-रोटी की तलाश में भारत अथवा खाड़ी देशों में भाग जाते हैं, तब घर पर बची छोटी-छोटी लड़कियों और किशोरियों के इर्द-गिर्द दलाल मँडराने लगते हैं।

हमारे पास शिकायत लेकर आने वाले नेपाली माता-पिताओं में विशुमाला के साथ महेन्द्रनाथ नाम का एक आदमी भी था। महेन्द्र भारत के लखनऊ शहर में नौकरी कर रहा था। तभी नेपाल के गाँव में रह रही उसकी सात वर्षीय बेटी मानव तस्करों के हत्थे चढ़ गई। वह दलाल पहले भी कुछ लड़कियों को अच्छी कमाई का लालच देकर भारत ले गया था। वहीं पड़ोस के एक गाँव में ग़रीब विधवा विशुमाला अपनी आठ वर्षीया बेटी के साथ किसी तरह गुज़र-बसर करती थी। भावना उसकी इकलौती संतान थी। दलाल ने उसे और दूसरे कई माता-पिताओं को लालच दिया था कि उनकी लड़कियों को भारत में ले जाकर सर्कस में काम दिलाएँगे। वे वहाँ से ख़ूब पैसा कमाकर भेजेंगी।

विशुमाला ने बताया था, "सर्कस एजेंट ने दो हजार रुपये देकर मुझसे कुछ कोरे कागजों पर अँगूठा लगवा लिया था। मेरी बेटी पहली क्लास में पढ़ती थी। मगर माओवादियों की वजह से कई महीनों से स्कूल बन्द पड़ा था, क्योंकि उसमें पुलिस का डेरा लग गया था। इसलिए भावना का स्कूल छूट गया था। मैं उसे दलाल के हाथों नहीं सौंपना चाहती थी। लेकिन जब मैंने देखा कि गाँव की दूसरी लड़कियाँ

भी जा रही हैं तो मुझे भरोसा हो गया और उस आदमी की बातों में आ गई थी। उसके पिता के मरने के बाद हम कभी नए कपड़े तक नहीं पहन पाए थे। सोचा था कि उसकी कमाई से हालत सुधरेगी तो किसी अच्छी जगह उसकी शादी कर दूँगी। मैंने दलाल से कहा था कि मेरी बेटी पढ़ना-लिखना चाहती है। उसने वायदा किया था कि सर्कस में सिर्फ़ शाम को काम करना पड़ता है। सुबह सभी बच्चों को पढ़ाया-लिखाया जाता है। वह बोला था कि सर्कस में डबल रोटी के साथ-साथ मक्खन और बिस्कुट भी मिलते हैं।"

वह बार-बार अपने आँसू पोंछते हुए बोली, "मेरी बेटी बरबाद हो गई। उसे बचा लीजिए साहब जी!" वह नेपाली भाषा में बोल रही थी। ज़्यादातर बातचीत मेरी समझ में आ रही थी। हमारे ऑफ़िस में काम करनेवाला एक नेपाली कार्यकर्ता विक्रम बीच-बीच में मेरी मदद कर रहा था। अनुवाद करते-करते कई बार उसका गला भी रुँध जाता था।

वे यह नहीं जानते थे कि उनके बच्चे किस सर्कस में फँसे हुए हैं। इसलिए बेटियों की तलाश में भारत के कई सर्कसों में धक्के खाकर वापस लौट चुके थे। उन्हीं दिनों एक नेपाली नौजवान किसी तरह ग्रेट रोमन नामक सर्कस से भागकर गाँव पहुँच गया था। वह हिथौड़ा का रहने वाला था। उन्हें उसी से पता चला था कि उसी सर्कस में ज़िले की क़रीब दो दर्जन लड़कियाँ शो करती हैं। उन पर तरह-तरह के अत्याचार होते हैं। संयोग से थोड़े दिनों के बाद उन्हें कुछ ऐसे लोग मिल गए थे, जिनके बच्चों को हमने कुछ महीने पहले 'ग्रेट इंडियन सर्कस' से छुड़वाया था। उन्हीं ने विशुमाला और महेन्द्र को बचपन बचाओ आन्दोलन के बारे में जानकारी दी थी। हिथौड़ा में एक संस्था बाल कल्याण का काम करती थी। वे लोग उसी संस्था के एक कार्यकर्ता के साथ हमारे पास पहुँचे थे।

हमने सन् 2002 में सर्कस से बाल दासता मिटाने के लिए ज़ोरदार अभियान शुरू किया था। राजीव भारद्वाज, भुवन ऋभु और विनय सिंह लानू की अगुवाई में युवाओं की एक टीम उस काम में जुटी थी। उसी दौरान हिथौड़ा ज़िले के कुछ लोग हमारे पास आए थे। उनके बच्चे पिछले छह से लगाकर दस सालों से 'किंग भारत सर्कस' में बँधुआ बनाकर रखे गए थे। वे भी अपने बच्चों को ढूँढ़ने के लिए कई बार भारत जा चुके थे। लेकिन उन्हें पता चला था कि किंग भारत सर्कस तो सालों पहले बन्द हो चुका है। किसी ने उन्हें बताया था कि सर्कस वाले अपना

धन्धा बन्द करने से पहले बच्चों को महँगे दामों पर दूसरे सर्कसों को बेच देते हैं। जो जितना अच्छा 'आर्टिस्ट' होता है, वह उतने ही ज़्यादा दामों पर बिक जाता है।

हमारे कार्यकर्ताओं ने गहरी छानबीन करने के बाद पता लगा लिया कि 'किंग भारत सर्कस' ने अपना नाम बदलकर 'ग्रेट इंडियन सर्कस' रख लिया है। उन दिनों वह सर्कस केरल प्रान्त के शोटानूर नामक क़स्बे में चल रहा था। उन बच्चों को छुड़ाने के लिए 17 अप्रैल, 2004 को राजीव भारद्वाज के नेतृत्व में बच्चों के माता-पिताओं, पुलिस तथा स्थानीय मजिस्ट्रेट को साथ लेकर सर्कस में छापामार कार्यवाही की गई।

छापामारी के दौरान एक आदमी बहुत बेचैनी में सबसे आगे-आगे भाग रहा था। उसका नाम रामू बहादुर था। वह अपनी बेटी से मिलने के लिए पागल-सा हो रहा था। जब उसने थोड़े-से लालच में आकर नौ-दस साल की बसंती को एक सर्कसवाले के हवाले किया था, तब कल्पना तक नहीं की थी कि उसे देखने के लिए उसकी आँखें दस सालों तक तरसती रहेंगी। सर्कस में घुसने के चन्द मिनटों के भीतर बच्चों और किशोरियों का एक झुंड सामने दिखाई दिया, लेकिन रामू की आँखें सिर्फ़ बसंती को खोज रही थीं। वह जब माँ-बाप से बिछुड़ी थी, तब गोरी, दुबली-पतली, फ्रॉक पहनने वाली चुलबुली गुड़िया की तरह थी, किन्तु अब साँवले रंग की मुहासों से भरे चेहरे वाली एक मोटी युवती बन चुकी थी। इसलिए रामू उसे तुरन्त नहीं पहचान सका था।

कुछ क्षणों के बाद ज्योंही उसने बसंती को पहचाना, वह एक हृदय-विदारक चीख़ मारते हुए उसकी तरफ़ लपका, "यो मेरी छोरी हो।" परन्तु वह युवती चुपचाप खड़ी रही। उसका चेहरा अजीब तरह से भावहीन बना हुआ था। वहाँ पर मौजूद मजिस्ट्रेट ने उससे पूछा, "क्या यही तुम्हारे पिता हैं?" वह फटी हुई आँखों से लगातार रामू को देखे जा रही थी। थोड़ी देर बाद उसने बिना कुछ बोले सिर हिलाकर मना कर दिया। रामू चीख़े जा रहा था, "छोरी म तिम्रो बुआ (बाप) हूँ।" बार-बार पूछने पर वह ज़ोर से चिल्ला उठी, "नहीं।" फिर अचानक ठहाके मारकर हँसने लगी। सभी लोग हैरान थे। बाक़ी सब बच्चों ने अपने-अपने अभिभावकों को पहचान लिया था। वे ख़ुशी के मारे एक-दूसरे से चिपटकर रोए जा रहे थे।

मजिस्ट्रेट और राजीव यह देखकर हैरान थे कि बसंती, रामू बहादुर की बेटी होते हुए भी अपने रोते-बिलखते पिता को पहचानने से इनकार क्यों कर रही है?

उन्होंने कुछ बच्चों को अलग ले जाकर उसके बारे में पूछताछ की। बसंती की एक सहेली मोना ने बताया, "साहब जी, बसंती डर के मारे झूठ बोल रही है! सर्कस के मैनेजर ने पुलिस को आते हुए देखकर हम सभी को धमकाया था कि कोई सच्चाई न बोले। इतना ही नहीं, सर्कस के गार्ड ने बसंती की कनपटी पर बन्दूक रखकर कह दिया था कि अगर उसने अपने पिता को पहचान लिया, तो दोनों को गोली से उड़ा देंगे।" उसने कहा, "कई वर्षों से बसंती पर जुल्म हो रहे हैं। हमने कभी बसंती को हँसते-मुस्कुराते नहीं देखा। थोड़ी देर पहले गेट के बाहर से अपने पिता को आते देखकर वह खुशी से पागल होकर जमीन पर लोटने लगी थी। फिर वह जोर से बुआ-बुआ चिल्लाते हुए मुझसे चिपट गई थी। तभी गार्ड ने आकर बन्दूक रख दी थी। वह बहुत तेज काँपने लगी थी।"

मजिस्ट्रेट को यक़ीन हो गया था वही युवती बसंती है। इस तरह वह छूट तो गई थी, लेकिन अपने होशो-हवास पूरी तरह खो चुकी थी। वह कभी दहाड़ें मारकर रोती थी, तो कभी ज़ोर-ज़ोर से हँसने लगती थी। वहाँ तुरन्त एक डॉक्टर को बुलाया गया। उन्होंने उसे नींद की गोलियाँ तथा कुछ दूसरी दवाइयाँ दे दीं। बसंती सहित तीस बच्चों को छुड़ाकर दिल्ली में मुक्ति आश्रम में लाया गया था। उसे एक मनोचिकित्सक को दिखाया गया। उनके अनुसार वह भयानक दहशत और दस वर्षों के बाद पिता से मिलने की ख़ुशी के परस्पर विरोधी भावनात्मक आवेगों का सदमा बर्दाश्त नहीं कर सकी थी। इसीलिए उसका मानसिक सन्तुलन जाता रहा था। उन्होंने भरोसा दिलाया कि वह ठीक हो जाएगी, किन्तु लम्बा इलाज चलेगा। हमने उन सबको नेपाल तक सुरक्षित भिजवाने से पहले कुछ दिनों तक मुक्ति आश्रम में रखा था।

विशुमाला वग़ैरह को रामू बहादुर से ही हमारे बारे में जानकारी मिली थी। इसीलिए उन्हें हम पर पूरा भरोसा था। हमारी टीम ने मालूम कर लिया कि उनकी बेटियाँ 'ग्रेट रोमन सर्कस' में काम करती हैं, जो उन दिनों उत्तर प्रदेश के करनैलगंज नामक क़स्बे में चल रहा है। सूचना मिलते ही कुछ कार्यकर्ता उस जगह रवाना कर दिए गए। चूँकि हम सर्कसों के बारे में पहले से पूरा अध्ययन करा चुके थे, इसलिए पता था कि सर्कस के मालिक फ़तेह ख़ान और उसका बेटा रज़ा ख़ान हैं। वे और भी कई सर्कसों के मालिक थे। लोग बताते थे कि फ़तेह ख़ान ने एक सर्कस तो अपने एक रिश्तेदार की हत्या करके छीन लिया था। वह उत्तर प्रदेश की राजनीति में अपनी गहरी दख़ल तथा ऊँचे रसूख वाला एक माफ़िया सरगना था,

जो सर्कस की आड़ में नशीली दवाइयों, अवैध हथियारों और लड़कियों की भारत में तस्करी करता था।

सर्कस के खेल-तमाशों और दर्शकों के लिए जितना बड़ा शामियाना लगा होता है, उससे कई गुना बड़ी ज़मीन पर जानवरों और मनुष्यों के रहने वग़ैरह के लिए होती है। सर्कस का सारा ताम-झाम बड़ी-बड़ी लॉरियों और ट्रकों में एक से दूसरी जगह ढोया जाता है। दरअसल सर्कस अपने आपमें एक बहुत बड़ी मशीन की तरह चलता है, जिसमें काम करनेवाला हर इनसान और जानवर सिर्फ़ पुर्जे की तरह होता है। उसे हर हालत में मुस्तैदी से चलते रहना लाज़िमी है।

मालिकों, मैनेजरों व दूसरे कुछ लोगों की 'कृपापात्रि' बन चुकी लड़कियों द्वारा बाक़ी लड़कियों पर कड़ी निगरानी रखी जाती है। बदले में उन्हें अच्छे कपड़े, उम्दा खाना और रुपये मिलते हैं। सभी कथित कलाकार साथ-साथ रहने के बावजूद आपसी प्रतिद्वन्द्विता, रंजिश, शक आदि के कारण आपस में बँटे रहते हैं। बीमार, चोटिल, दुर्घटनावश अपाहिज हो चुके या बूढ़े स्टंटमैनों, आर्टिस्टों या जानवरों के लिए सर्कस में कोई जगह नहीं होती। उन्हें बस कुछ महीनों तक ही निभाया जा सकता है। बाद में दूध में पड़ी मक्खी की तरह निकालकर फेंक दिया जाता है। ऐसे लोग बेबसी, लाचारी और गुमनामी की अँधेरी ज़िन्दगी में कहाँ चले जाते हैं, कोई नहीं जानता। उन्हीं में बलात्कार, धोखे या भूल से गर्भवती हो चुकी लड़कियाँ भी होती हैं।

सर्कस में काम कर चुकी एक महिला ने एक बार बताया था, "हमारे यहाँ जानवरों के चारे और रसद के सामान के अलावा सबसे ज्यादा खपत जिस्म पर पोतने वाले रंग-रोगन और गर्भ रोकने या गिराने की दवाइयों जैसे सामान की होती है। हमारा नियमित चैकअप कराया जाता है। वह भी फेफड़ों, नाक, कान, मुँह आदि की बीमारियों का नहीं, बल्कि पेट का। हालाँकि यह कोई नहीं जानता कि पेट में पल रहा बच्चा, काम सिखाने वाले उस्ताद का, मालिक का, मैनेजर का या फिर नई-नई जगह के खास मेहमानों में से किसका है।" उसका कहना था, "उम्र पक जाने पर हमें दूसरों की टट्टी साफ़ करने तक के लिए भी नहीं रखा जाएगा। हम हमेशा दुआ करते हैं कि ईश्वर हमें बूढ़ा होने से पहले ही उठा ले।"

ऐसा नहीं कि इस नरक में सभी दरिंदे ही रहते हों। कभी-कभार जानवरों का कोई उस्ताद तक मासूम बच्चों पर छोटे कर्मचारियों के ज़ुल्म का विरोध कर देता

हैं। उस्ताद लोग अगर जानवरों के साथ निर्दयता से पेश आ रहे हों, बेवजह उनकी पिटाई कर रहे हों या उन्हें भूखा रख रहे हों, तो इसका मतलब है कि वे ख़ुद अपमान और तनाव में ख़ून के घूँट पी-पीकर जी रहे होते हैं।

करनैलगंज में छापामारी के दौरान सरकारी कर्मचारियों, पुलिस और मजिस्ट्रेट तक के हाव-भाव बड़े सन्देहास्पद थे। उनके व्यवहार से साफ़ झलक रहा था कि सर्कस के मालिक से उनकी ख़ूब मिलीभगत है। हमारे पहुँचने से पहले ही लड़कियों को छुपा दिया गया था। हमारे अन्दर घुसते ही फ़तेह ख़ान के बेटे रज़ा ख़ान ने मुझ पर बन्दूक़ तान दी थी। मैं किसी तरह बाल-बाल बच पाया था। हम जैसे-तैसे भागकर सर्कस के टेंट में से बाहर निकल तो गए थे, लेकिन सड़क पर आते ही सर्कस के गुंडों ने हम पर जानलेवा हमला कर दिया था। उसमें दो लड़कियों के माता-पिता, हमारा नौजवान कार्यकर्ता गोविंद खनाल, मेरा बेटा भुवन और मैं बुरी तरह घायल हो गए थे। सड़क से गुज़रती पत्रकारों की एक कार में भुवन और मुझे गम्भीर हालत में लखनऊ के एक अस्पताल में ले जाकर दाख़िल करा दिया गया था।

उस घटना के दौरान एक अच्छी चीज़ हो गई थी। सर्कस में पीछे छूट गए मेरे एक साथी की नज़र हाथियों के घेरे पर पड़ी। वहाँ बुरी तरह सहमी हुई एक लड़की दुबककर बैठी थी। वह लड़की भावना थी। उसने छापामारी की कार्यवाही के दौरान अपनी माँ को देख लिया था, लेकिन डर के मारे वहाँ जा छुपी थी। हमारे दो कार्यकर्ताओं ने धीरे-से उसके पास पहुँचकर कहा, "हमें तुम्हारे माँ-बाप यहाँ लेकर आए हैं। हम तुम्हें आज़ाद कराने के लिए यहाँ पहुँचे हैं।" पहले तो वह उन्हें देखते ही भागने लगी थी, किन्तु माँ के पास पहुँचने की आशा से उनके पीछे चल पड़ी थी। वे शौचालयों के रास्ते से निकलने की कोशिश कर रहे थे, लेकिन सर्कस के कर्मचारियों ने उन्हें देख लिया। सर्कस वाले उनकी तरफ़ दौड़ पड़े और भावना को ज़बरदस्ती खींचकर अपने साथ ले गए।

हमारे कार्यकर्ता छुपते-छुपाते हुए खेतों में भाग निकलने में कामयाब हो गए थे। तभी उन्होंने कुछ लड़कियों से भरी हुई एक बड़ी कार को सर्कस में से बाहर निकलते देखा। उनमें से एक लड़की ज़ोर से 'बचाओ बचाओ' चिल्ला रही थी। वह खिड़की में से बाहर की तरफ़ लगभग आधी लटकी हुई कूदने की कोशिश कर रही थी। शायद कोई अन्दर से उसके पैर पकड़कर खींच रहा था। खेतों में कार

धीरे-धीरे चल पा रही थी। हमारे एक कार्यकर्ता ने उसका फ़ायदा उठाकर तेज़ी से भागकर उसे खींचकर उतार लिया। वह उसे लेकर पीछे की तरफ़ भाग निकला। शायद कार चालक और उसमें बैठे लोग रुककर समय नहीं गँवाना चाहते थे। इसलिए उन्होंने गाड़ी नहीं रोकी।

कार्यकर्ता उसे लेकर सड़क की तरफ़ भाग रहे थे। तभी अचानक सामने से पुलिस के कुछ सिपाही आ धमके। उन्होंने कार्यकर्ताओं को धक्का देकर हटा दिया और रोती-बिलखती लड़की को जबरन उठाकर पुलिस थाने ले गए। हमारे साथी पीछा करते-करते वहाँ पहुँच गए। बच्ची को सीख़चों में बन्द करके ताला जड़ दिया गया था। वही लड़की भावना थी। कार्यकर्ताओं को उससे मिलने तक की इजाज़त नहीं दी गई। कुछ घंटों के बाद मुझे यह बात पता चली। तब हम लखनऊ के अस्पताल में अपना इलाज करा रहे थे। विशुमाला को मरहम-पट्टी और ज़रूरी उपचार कराने के बाद तुरन्त करनैलगंज रवाना कर दिया गया। हमारे दूसरे साथी उसके साथ शिकायत दर्ज कराने के लिए थाने में पहुँचे। बड़ी जद्दोजहद के बाद भी पुलिसवालों ने विशुमाला को भावना के पास नहीं जाने दिया। भुवन और हमारे दूसरे वकीलों ने ज़िले के पुलिस अधीक्षक को फ़ोन करके इस बात की शिकायत की। तब कहीं जाकर अकेली माँ को उसकी छह साल से बिछुड़ी बेटी से मिलने की इजाज़त दी गई थी।

विशुमाला बेटी से मिलकर अपनी सुध-बुध खो बैठी थी। हमारे कार्यकर्ताओं ने दरोगा से बहुत बहस की कि किसी भी क़ानून के तहत भावना को बन्दी नहीं रखा जा सकता। उसे माँ के हवाले कर दिया जाए, क्योंकि भावना तो पीड़िता थी, न कि आरोपी या अपराधी। लेकिन उन्हें पस्त होकर ख़ाली हाथ लखनऊ लौटना पड़ा। विशुमाला किसी क़ीमत पर अपनी बेटी को कोतवाली में अकेला छोड़कर लौटने को तैयार नहीं थी। वह हवालात के कमरे के बाहर चिपककर बैठ गई। दरोगा के चले जाने के बाद सिपाही उसे वहीं पड़ा छोड़कर सो गए। वह रात बहुत महत्त्वपूर्ण रात थी। क्योंकि उसी के गर्भ में एक ऐसा भविष्य छुपा था जिसने बाद में पूरे सर्कस उद्योग के चरित्र और भविष्य को बदलकर रख दिया था। मैं अपने घायल बेटे भुवन के साथ कराहते-कराहते किसी तरह से वह रात काटने की कोशिश कर रहा था, उधर करनैलगंज के पुलिस थाने में उस शर्मीली लड़की ने अपने संकोच का पर्दा उतारकर, अपनी माँ को पूरी सच्चाई बता दी थी।

उसने खुलासा किया था कि रज़ा ख़ान, सर्कस मैनेजर और उसके आदमी उसके साथ कई बार अपना मुँह काला कर चुके हैं। उसके लिए दिन में सर्कस में 'शो' करना और रात में ज़ोर-ज़बरदस्ती सहना रोज़मर्रा के अनुभव बन चुके थे। चौदह साल की उम्र में उसका गर्भपात भी कराया जा चुका था। उसने अपनी माँ को बताया कि पुलिस और रज़ा ख़ान ने एक रात पहले ही ज़्यादातर लड़कियों को कहीं ग़ायब करा दिया था। जो बाक़ी रह गई थीं, उन्हें उसी के साथ कार में ठूँसकर किसी अनजानी जगह ले जाया जा रहा था।

अगले दिन सुबह हमारे कार्यकर्ता भावना को छुड़वाने के लिए फिर से करनैलगंज पहुँचे। एक महिला कार्यकर्ता ने उससे बात करके जानना चाहा कि क्या वह अदालत में सच्चाई बयान कर सकती है? उसका संकल्प पत्थर की तरह दृढ़ था। उसने तुरन्त हाँ कर दी। भुवन की सलाह से एक स्थानीय वकील की मार्फ़त, लड़की को उसकी माँ के सुपुर्द करने के लिए न्यायालय में अपील की गई। साथ ही रज़ा ख़ान आदि के ख़िलाफ़ कार्यवाही की माँग की गई। पर उस दिन हमारे आवेदन पर सुनवाई नहीं हुई। दूसरे दिन की तारीख़ मिली। विशुमाला कोतवाली की दालान में ही पड़ी रही थी।

कई बड़े टी.वी. चैनलों पर उस घटना की ख़बर बार-बार दिखाई गई थी। सभी प्रमुख अख़बारों में पहले पेज पर उसका ब्योरा छपा था। फिर भी सरकार की तरफ़ से किसी प्रकार की कार्यवाही के संकेत नहीं मिले। उसी बीच रज़ा ख़ान की मदद के लिए उसका पिता फ़तेह ख़ान अपने आदमियों के साथ करनैलगंज जा धमका था। उस छोटे-से क़स्बे में कोतवाली, कचहरी, बाज़ार, वकीलों के दफ़्तर सहित ऐसी कोई जगह नहीं बची थी, जहाँ वे लोग भारी-भरकम कारों या मोटरसाइकिलों से घूम-घूमकर हमारे कार्यकर्ताओं का पीछा करते हुए आतंक न फैला रहे हों।

जब हमारी एक टीम फिर से अगली सुबह भावना को छुड़वाने के लिए करनैलगंज गई तो उन्हें वे लोग कोतवाली के अहाते में बैठकर मुर्गा-शराब उड़ाते हुए मिले। तब तक सर्कसवाले और पुलिस, भावना और विशुमाला को कई प्रकार की धमकियाँ और हज़ारों रुपये का लालच दे चुके थे। लेकिन उस वक़्त माँ-बेटी कुछ नहीं बोलीं। वे चुपचाप सुनती रही थीं। बाद में उन्होंने अदालत में जाकर अपनी चुप्पी तोड़ दी। भावना ने बड़ी हिम्मत से सारी आपबीती जज के सामने बयान कर दी। उस नाबालिग लड़की ने रज़ा ख़ान आदि पर कई बार बलात्कार

करने का बड़ा गम्भीर आरोप लगाया था। न्यायाधीश ने उसका मेडिकल परीक्षण कराने का आदेश देकर सुनवाई कुछ दिनों तक के लिए टाल दी थी और लड़की को महिला जेल में रखने का आदेश दिया। हमारे वकीलों ने उस बात पर ज़ोरदार एतराज़ किया, क्योंकि उसको जेल में रखा जाना निहायत-ग़ैरक़ानूनी था। परन्तु जज महोदय नहीं माने।

आख़िरकार मेडिकल रिपोर्ट में बलात्कार की पुष्टि हो गई। हालाँकि सर्कस माफ़िया ने डॉक्टरों को धमकाने और ख़रीदने की बड़ी कोशिश की थी। सरकारी अस्पताल का बड़ा डॉक्टर तो झूठी रिपोर्ट लिखने को तैयार हो गया था, किन्तु एक ईमानदार महिला डॉक्टर सच्चाई के लिए अड़ गई थी। इसीलिए ठीक-ठीक रिपोर्ट आ सकी। आख़िर रज़ा ख़ान को गिरफ़्तार करके थाने के हवालात में बन्द कर दिया गया। देर रात तक पुलिसवाले उस शाही मेहमान के लिए हवालात के भीतर ऐशो-आराम का इन्तज़ाम करने में जुटे रहे थे। वहाँ पर बढ़िया पलंग, टेलीविज़न, आराम करने के लिए सोफ़ा सैट, मिनरल वॉटर और फलों आदि के अलावा बिजली चालू रखने के लिए जनरेटर का प्रबन्ध किया गया था। उसके आदमियों ने मुर्ग़ा, मछली, महँगी शराब, दो-दो मोबाइल फ़ोन, कपड़े-लत्ते आदि पहुँचा दिए थे। हवालात में फ़ाइवस्टार सुविधाओं वाली पुलिसिया मेहमाननवाज़ी की ख़बरें स्थानीय अख़बारों तक में छपी थीं।

अगली सुनवाई पर न्यायाधीश ने हुक्म दे डाला कि विशुमाला बच्ची की ज़मानत देने के लिए अपने कुछ दस्तावेज़ अदालत में जमा कराए। वे काग़ज़ात सरकारी पहचानपत्र, ज़मीन आदि किसी सम्पत्ति के काग़ज़, भावना का जन्म प्रमाणपत्र और उसकी सगी माँ होने के सबूत आदि होने चाहिए। हम पर तो जैसे बिजली-सी गिर पड़ी थी। हमारे वकील भी पसोपेश में पड़ गए थे। क्योंकि नेपाल के दूर-दराज़ गाँव में बकरियाँ चराकर किसी तरह पेट पालने वाली ग़रीब और अनपढ़ विशुमाला ने ऐसे काग़ज़ों के नाम ही पहली बार सुने थे। जज साहब को कौन समझाए कि यदि वह इतनी ही समर्थ होती तो उसकी बेटी को भारत में ग़ुलामी करने के लिए क्यों मजबूर होना पड़ता? नेपाल में आधी से ज़्यादा आबादी का जन्म पंजीकरण नहीं किया जाता था, प्रमाणपत्र या दूसरे दस्तावेज तो बड़ी दूर की चीज़ें हैं। आख़िर भावना नहीं छूट सकी। अगली तारीख़ लगा दी गई थी।

अदालत में उस तारीख़ पर हमारे एक स्थानीय साथी को भावना की ज़मानत

देनी पड़ी थी, तब जाकर वह छूट पाई। छूट जाने के बाद उसका आत्मविश्वास भी बढ़ गया था। उस लड़की की याददाश्त ग़ज़ब की थी। उसने ऐसे कई लोगों के नामों और ठिकानों की जानकारी दी, जहाँ पर बाक़ी लड़कियों के छुपे होने का अंदेशा था। वह महत्त्वपूर्ण जानकारी लखनऊ की पुलिस के वरिष्ठ अधिकारियों तक पहुँचा दी गई थी, जो बाद में बड़ी उपयोगी साबित हुई।

हमने उत्तर प्रदेश हाई कोर्ट में एक याचिका दायर करके न्याय की गुहार की। न्यायालय ने उसे स्वीकार करके राज्य सरकार को नोटिस जारी कर दिए। वह हमारे लिए बड़ी राहत की साँस थी। न्यायमूर्ति महोदय ने पहली सुनवाई में ही सरकार के कई वरिष्ठ अधिकारियों के साथ-साथ प्रदेश के पुलिस महानिदेशक को व्यक्तिगत तौर पर हुक्म दिया कि वे याचिका में बताई गईं लड़कियों को ढूँढ़कर मुक्त कराएँ। उसका नतीजा यह रहा कि चौबीस बच्चियाँ मुक्त हो गईं, जबकि हमारे पास सिर्फ़ बारह के अभिभावक ही शिकायत लेकर आए थे। लखनऊ में काग़ज़ी कार्रवाई के बाद लड़कियों और उनके माता-पिता को दिल्ली ले जाकर मुक्ति आश्रम में ठहरा दिया गया था।

मैं दूसरे दिन सुबह उससे मिलने गया। मुझे उसकी जिजीविषा, साहस और सच्चाई पर गर्व था। मैं उसकी शक्ल के बारे में भी तरह-तरह की कल्पनाएँ कर रहा था। हर कल्पना में मुझे उसका चेहरा अपनी बेटी अस्मिता के जैसा ही दिखाई देता था। मैं मुक्ति आश्रम पहुँचकर गोल कुटिया में बैठ गया। आश्रम के बच्चे और कार्यकर्ता मेरी चोटों पर बँधी पट्टियाँ देखकर रोने लगे थे। मुक्त कराई गईं नेपाली बच्चियाँ भी आकर वहीं बैठ गई थीं, लेकिन उनमें भावना नहीं थी। कुछ देर बाद विशुमाला उसे अपने साथ लेकर पहुँची। मैं भावुक होकर उसे तत्काल गले से लगाकर प्यार करना चाहता था। किन्तु स्वयं को रोके रखा। मैंने देखा कि वह बहुत सहमी और डरी हुई थी। विशुमाला भावुक होकर रोने लगी। थोड़ी देर तक सांत्वना के बाद वह कुर्सी पर जाकर बैठी। भावना अपना सिर और आँखें झुकाए उससे पीछे कुछ दूरी पर चुपचाप खड़ी हो गई। मुझे पता चल चुका था कि वह पुरुषों से बातचीत करना तो दूर, उन्हें देखना तक पसन्द नहीं करती थी। अदालत में बयान देने के अलावा, उसने किसी पुरुष से बात नहीं की थी। मैं पुरुषों के प्रति उसकी नफ़रत और ग़ुस्से को भली प्रकार से समझता था, फिर भी बड़ी दुविधा और अजीब-सी अकुलाहट अनुभव कर रहा था।

मुझे यह देखकर बहुत सुकून मिला कि कुछ देर के बाद भावना बाक़ी लड़कियों के साथ कोने में जाकर बैठ गई है। मैं माहौल को हल्का करने और बच्चों को हँसाने की कोशिश करने लगा। बीच-बीच में चोरी से उसे भी देख लेता था। लेकिन मेरी और उसकी नज़रें नहीं टकराईं, क्योंकि वह लगातार ज़मीन की तरफ़ सिर झुकाए बैठी हुई अपने पंजों से धरती को कुरेद रही थी। करीब घंटा भर बीत चुका था। मैं सामने बैठे बच्चों की हलचल देखकर समझ गया कि वह उस जगह से धीरे-धीरे खिसककर मेरे पीछे पहुँच गई है।

मैंने पीछे मुड़े बिना भावना की बहादुरी का क़िस्सा सुनाना शुरू कर दिया। फिर कहा कि अब वह जल्दी घर लौटकर पढ़ाई-लिखाई शुरू कर देगी। पढ़-लिखकर मैम साहिबा बन जाएगी। बढ़िया-बढ़िया खाना खाएगी। अच्छे-अच्छे कपड़े ख़रीदेगी। फिर उसकी शादी होगी और वह एक दिन दुल्हन बनकर अपने ससुराल चली जाएगी। पढ़ी-लिखी बहू को तो सास भी तंग नहीं कर सकती! उसी बीच मैंने विशुमाला की तरफ़ इशारा करते हुए पूछा कि क्या वह नेपाल लौटकर बेटी को स्कूल भेजेगी? उसने उत्तर दिया, "हाँ भैया जी, जैसा आप कहेंगे, वैसा ही करूँगी।" मैंने फिर से ज़ोर देकर पूछा, "मुझे सिर्फ़ यह बताओ कि क्या तुम उसे दुबारा पढ़ने भेजोगी?" उसने जवाब दिया "हाँ, जरूर भेजूँगी।"

उसी दौरान मुझे अचानक अपने दाएँ हाथ पर पीछे की तरफ़ एक अद्भुत स्नेहमयी स्पर्श का अनुभव हुआ। वह भावना का स्पर्श था। सामने बैठे सभी बच्चों की नज़रें उसी की तरफ़ थीं, पर शायद वह उन्हें नहीं देख रही थी। फिर वह धीरे-से मेरे कन्धे और हाथ को सहलाने लगी। मैं बहुत भावुक हो उठा था, परन्तु ख़ुद को संयत रखे हुए इधर-उधर की बातें करता रहा। थोड़ी देर बाद मेरे कानों में उसके बुदबुदाने की आवाज़ सुनाई दी, "स्कूल कैसे जाऊँगी? अब तो मैं बड़ी हो चुकी। मैं अब बच्ची थोड़े ही हूँ?"

मैंने उसे अपने बग़ल में बैठाने के लिए हाथ बढ़ाया, लेकिन ठिठककर रोक लिया। फिर उसी से बैठ जाने के लिए कहा। वह बैठ गई। कुछ क्षणों के बाद मैं अपने आपको नहीं रोक सका। मैंने अपना एक हाथ बढ़ाकर उसके सिर पर रख दिया और दूसरे से ठोड़ी उठाते हुए उसका चेहरा अपने सामने कर लिया। मैंने कहा, "हाँ बेटी, तुम सचमुच अभी भी छोटी बच्ची हो! कौन बेवकूफ़ कहता है कि तुम बड़ी हो चुकी हो?"

उस वक़्त भावना की नज़रें पूरी तरह से मेरी नज़रों से मिली हुई थीं। वह कुछ क्षणों तक एकटक मुझे देखती रही थी। मुझे लगा जैसे उसकी ठंडी आँखें मुझसे ऐसे हज़ारों सवाल पूछ रही हैं, जो उसके भीतर बर्फ़ की मोटी परतों की तरह जमे पड़े थे। और मैं अपने भीतर केंचुओं की तरह गुँथे पड़े जवाब ढूँढ़ रहा था। फिर वह अचानक कुर्सी से उठकर मेरी छाती से लिपटकर इतनी ज़ोर से चीख़ मारकर रोई, जैसे धरती फट पड़ी हो, और वे सारे केंचुए उसमें समा गए हों। या फिर आसमान टूट-टूटकर बिखर गया हो, जिसके पीछे के सूरज की रौशनी से उसके सवालों के बर्फ़ की परतें पिघलकर आँसू बनकर बह निकली हों। उसके बाद भावना बड़ी देर तक उसी तरह रोती रही थी। मैंने उसे पुचकारकर कुर्सी पर बिठाकर उसके मुँह में पानी के घूँट डाले। वह ज़ोर से मेरा हाथ पकड़कर बोली, "मुझे अपने बुआ (पिता) की शक्ल याद नहीं है। ऐसा लगता है जैसे तुम्हीं मेरे बुआ हो।"

उसके आँसू टपक-टपककर मेरी दूसरी हथेली पर गिर रहे थे। मेरे भी कुछ आँसू शायद उसके गले और गाल पर टपके होंगे। वहाँ मौजूद कोई भी बच्चा या बड़ा अपने जज़्बातों को नहीं सँभाल पा रहा था। सभी सुबक रहे थे। ज़्यादातर ने अपनी हथेलियों से आँखें और चेहरे ढक रखे थे। कुछ मिनटों के बाद मैंने फिर से कुछ हँसी-मज़ाक़ की बातें शुरू कर दीं। भावना मेरा हाथ पकड़े हुए मुझसे सटकर बैठी रही। मैंने थोड़ी देर के बाद विशुमाला के अलावा सभी को गोल कुटिया से विदा कर दिया। हम तीनों वहाँ रह गए थे।

बाद में मैंने भावना से पूछा, "बेटी, यह बताओ, बड़ी होकर तुम क्या बनना चाहती हो?"

"मालूम नहीं।" उसने कहा।

"फिर भी तुम्हारा पढ़ना-लिखना तो पक्का है।" उकसाने के लिए मैंने कहा।

वह बोली, "हाँ, तब तो मैं कुछ भी बन सकती हूँ।"

मैंने पूछा, "जैसे कि...?"

उसने थोड़ा सोचकर जवाब दिया, "टीचर।"

फिर मैंने पूछा, "टीचर ही क्यों?"

भावना के उत्तर में अनपढ़ता और ग़ुलामी की दास्ताँ ही नहीं, बल्कि एक पूरा जीवन-दर्शन भरा था। उसने कहा, "मुझे याद है कि जिस दिन सर्कस का दलाल मेरे घर आया था, उसने मेरी माँ से दो कोरे कागजों पर अँगूठे लगवा लिए थे क्योंकि

उसे पढ़ना-लिखना नहीं आता था। वह दलाल हमें इंडिया ले आया था। यहाँ पहुँचने के बाद हमें दूसरे दिन चार बजे भोर में जगा दिया गया। उस्ताद आकर बोला कि चलो करतब सीखो। कसरत करो। दो-दो उस्ताद हमारे पाँव-हाथ पकड़कर उलटा-सीधा मोड़ देते थे। एक उस्ताद कसरत कराने से पहले हमसे बोला कि चलो अपने कपड़े उतारकर ये कपड़े पहन लो। एक औरत ने हमारे पूरे कपड़े उतारकर हमें छोटी-छोटी चड्ढी-बनियान थमा दी थी। हमें वे गन्दे-गन्दे कपड़े पहनने में बड़ी शर्म आई थी। हम सब लड़कियाँ खूब रोई थीं। हमने उस्तादों से कहा कि हमें वापस नेपाल भेज दो। इस पर सर्कस का एक आदमी बोला, 'तुम्हारे माँ-बाप ने दस-दस सालों का इकरारनामा लिख करके तुम्हें भेजा है।' उसके बाद जब भी हमने नेपाल भिजवाने के लिए कहा, हमें वही बात सुनने को मिलती थी।"

वह आगे बोलती गई, "माँ के अनपढ़ होने से मैं गुलाम बन गई थी। इसीलिए मैं अब तक मरती रही हूँ। लेकिन घर लौटकर पढ़ूँगी-लिखूँगी। दूसरों को भी पढ़ाऊँगी, ताकि उन्हें मेरी तरह रोज-रोज नहीं मरना पड़े।" शिक्षा और आज़ादी के सम्बन्ध पर बड़े-बड़े शिक्षाशास्त्रियों और सामाजिक कार्यकर्ताओं तक से इतने सच्चे और मार्मिक वक्तव्य की उम्मीद मुश्किल है।

हमने वहीं पर साथ में बैठकर खाना खाया। तभी उसने वे सारी बातें कही थीं जिनकी चर्चा ऊपर की जा चुकी है। मैं पूरा दिन वहीं पर गुज़ारकर शाम को घर गया। भावना का खोया हुआ बचपन वापस लौटते देखने और महसूस करने से ज़्यादा आनन्द की बात क्या हो सकती थी! उसके अंग-अंग से ख़ुशी टपक रही थी। जब हम लौटने लगे तो वह कार के पास आकर बोली, "एक करतब देखेंगे?" मैंने कहा, "ज़रूर।" मैं उतरकर नीचे खड़ा हो गया। वह पलक झपकते ही बन्दर की तरह उछलकर सामने के खजूर (पॉम) के पेड़ पर चढ़ गई। फिर छलाँग लगाकर एक हाथ से बग़ल वाले पेड़ पर लटक गई। वहीं से खिलखिलाकर हँसते हुए अपना दूसरा हाथ हिलाकर चिल्लाई, "टा-टा, बाय-बाय।" मैंने उसके उतरने का इन्तज़ार किया, ताकि उसे शाबाशी दे सकूँ। वह पेड़ से उतरकर फिर से मेरे सीने से चिपट गई और मुझे अपने साथ गोल कुटिया में ले गई जहाँ बैठी हुई विशुमाला वह सब देखकर मुस्कुरा रही थी।

हम उन बच्चों को नेपाल भिजवाने की तैयारी के साथ-साथ यह कोशिश भी कर रहे थे कि वहाँ पहुँचकर उनकी पढ़ाई का इन्तज़ाम हो सके, और माता-पिता को

भी कुछ मदद मिल जाए। हिथौड़ा की एक संस्था उनको अपने आवासीय विद्यालय में पढ़ाई और प्रशिक्षण देने के लिए तैयार हो गई थी। उन बेटियों को नेपाल वापस भेजने से पहले हमारे कार्यालय की छत पर एक भावुक विदाई समारोह किया गया था। मुक्त हुए बच्चों, अभिभावकों, मुक्ति अभियान दल के सदस्यों और ऑफ़िस में काम करने वाले साथियों ने एक-दूसरे को तरह-तरह के रंगों से सराबोर कर दिया था। एक प्रकार से होली मन गई थी। ढोलक की थाप पर सभी जमकर नाचे-गाए थे। ख़ूब मिठाइयाँ खाई गई थीं।

करनैलगंज की घटना के कारण भारत और नेपाल में बड़ी जागरूकता फैल गई थी। दर्शकों ने भारत के कई शहरों में चल रहे सर्कसों के बहिष्कार के साथ-साथ कुछ बच्चों को वहाँ से छुड़वाना शुरू कर दिया था। नेपाल के टेलीविज़न और अख़बारों में उस घटना का ज़ोर-शोर से प्रचार हो चुका था। उसके कारण चेतनाशील नागरिकों और नौजवानों ने भारत से पहुँचने वाले दलालों को खदेड़ना शुरू कर दिया था। हमने कुछ दिनों के बाद पूरे सर्कस उद्योग से बाल दासता रोकने के लिए उच्चतम न्यायालय में एक जनहित याचिका दायर कर दी, जिसे मंज़ूर कर लिया गया था।

अदालत ने केन्द्र सरकार को निर्देशित किया कि दो माह के भीतर अधिसूचना जारी करके सर्कसों में बाल मज़दूरी को पूरी तरह रोक लगाई जाए। माननीय न्यायाधीशों ने राज्य सरकारों को आदेश दिया कि सभी सर्कसों में एक साथ छापामार कार्यवाही करके बच्चों को मुक्त कराया जाए। मुक्त हुए बच्चों को अठारह साल की आयु तक बालगृहों में सुरक्षित रखकर उनकी देखभाल की जाए। केन्द्र व राज्य सरकारों के अफ़सर मुक्त हुए बच्चों के अभिभावकों से सम्पर्क करें। यदि वे चाहें तो अपने बच्चों को घर वापस ले जा सकते हैं। आदेश में सरकार से कहा गया कि सर्कसों से मुक्त कराए गए बच्चों के उचित पुनर्वास की योजना बनाकर लागू की जाए। सरकार को क़रीब-क़रीब सभी क़दम उठाने पड़े थे।

लगभग पाँच वर्षों के बाद, 18 अप्रैल, 2011 को अदालत ने पूरा फ़ैसला सुना दिया। वह फ़ैसला कई तरह से बड़ा ऐतिहासिक था, क्योंकि उसमें दो बहुत महत्त्वपूर्ण आदेश दिए गए थे। पहला, ट्रैफ़िकिंग से सम्बन्धित था, और दूसरा बाल मज़दूरी से। उससे पहले देश में ट्रैफ़िकिंग के बारे में कोई क़ानून नहीं था। बाल मज़दूरी पर भी पूरी तरह से क़ानूनी प्रतिबंध नहीं था। उस फ़ैसले में ही ट्रैफ़िकिंग

के हर पहलू को परिभाषित करके रोकने के प्रावधान दिए गए थे। बाल मज़दूरी पर रोक लगाने की क़ानूनी व्यवस्था करने का आदेश भी शामिल था। उसके दूरगामी नतीज़े निकले। उस फ़ैसले की रौशनी में बाल मज़दूरी रोकने का नया क़ानून पारित हो चुका है। मानव दुर्व्यापार रोकने के बारे में दिए गए निर्देशों को काफ़ी हद तक दंड संहिता में जोड़ लिया गया था। संसद में ट्रैफ़िकिंग के ख़िलाफ़ एक क़ानून जल्द ही पारित होने की सम्भावना है।

भावना रोज़-रोज़ मरने की पीड़ा से ख़ुद तो बची ही, लेकिन साथ ही उसकी मुक्ति की कहानी अब भारत के लाखों बच्चों की मुक्ति गाथा बन चुकी है। मेरी जानकारी में नेपाल लौटकर अपने गाँव में थोड़ी-बहुत पढ़ाई कर चुकने के बाद उसकी शादी हो गई थी। अब वह अपने पति और माँ विशुमाला के साथ चैन से गुज़र-बसर कर रही है। यह भी सुना है कि वह किसी संस्था में नौकरी करती है। हालाँकि अध्यापिका बनने का उसका सपना पूरा नहीं हो सका। एक बात ज़रूर है कि माँ की अनपढ़ता के कारण उसके साथ जो कुछ गुज़रा था, वह उसके बच्चों के जीवन में क़तई नहीं होगा।

तबेले में तेरह गाय-भैंसों के साथ चौदहवाँ मैं

यह हरे-भरे खेत में उगे एक ऐसे पौधे की कहानी है, जिसकी जड़ों को कीड़े-मकोड़े चाट रहे थे और तने को ज़हर पिलाया जा रहा था। यह कहानी सर्दियों की बर्फ़ीली कीचड़ में सने पाँवों की, ख़ुद के वज़न से ज़्यादा भारी फावड़े लिये हाथों की, और आसमान से गिरते अंगारों में दहकते हुए सिर की है। यह गाय-भैंसों के खुरों की आवाज़ों में सुर मिलाती, एक बच्चे के दिल की धड़कनों की कहानी है।

जानवरों से भी कम क़ीमत पर बेच दिए गए राकेश सदा की और उसकी बेबस माँ की यह कहानी मैथिली और पंजाबी जुबानें होते हुए भी गूँगी है। इसलिए मौन की भाषा में लिखी गई इस कहानी को पढ़ने के लिए आँखों और सुनने के लिए कानों से कहीं ज़्यादा, महसूस करने वाले दिलों की ज़रूरत है। इस कहानी में गुलामी के अँधेरे और सन्नाटे को चीरकर निकलते हुए चटख रंगों, ढोलक की थापों और फूलों की सुगन्ध का हौसला और संघर्ष भी है।

"महारानी जी, मेरा नाम राकेश सदा है। मैं भारत से आया हूँ। मैं दुनिया भर के ऐसे करोड़ों बच्चों का नुमाइंदा हूँ, जो होते हुए भी नहीं होते हैं। जो बोलते तो हैं, परन्तु उनकी आवाज नहीं होती। जिनकी शक्लें हैं, मगर पहचान नहीं है।"

स्वीडन की महारानी शायद पहली बार किसी से ऐसी बातें सुन रही थीं। वे भौचक होकर ग्यारह साल के बच्चे राकेश सदा को देखती रही थीं। यह बात सन् 2007 के अप्रैल माह की है, जब राकेश स्वीडन की राजधानी स्टॉकहोम में विश्व बाल अधिकार पुरस्कार वितरण समारोह में बुलाया गया था। उस कार्यक्रम की सदारत महारानी साहिबा कर रही थीं। राकेश सदा जी अपना पसन्दीदा सफ़ेद झकाझक कुर्ता, पायजामा और जाकिट पहने मुस्कुराते हुए महारानी के साथ रौब से बैठे थे। वे पुरस्कार के लिए योग्य व्यक्ति का चुनाव करने वालों की ज्यूरी में एक सदस्य थे। ज्यूरी के दूसरे सदस्य प्रसिद्ध शिक्षाविद्, मानवाधिकार कार्यकर्ता और समाजशास्त्री आदि थे।

वह पुरस्कार का चुनाव करने में अपनी समझदारी और अक़्ल पर बहुत गर्व करता है। वह जब भी ज्यूरी के फ़ैसले की कहानी सुनाता है तो उसके चेहरे का आत्मविश्वास और आँखों की चमक देखते ही बनती है। वह बताता है, "देखिए जी, जिसे मैंने चुना था, पुरस्कार आखिर उसी को मिला। यानी कि मेरा चुनाव एकदम सही था। मैंने सभी प्रतिभागियों में से सबसे ठीक उम्मीदवार को चुना था। वह जिम्बाब्वे की एक लड़की बेट्टी मकोनी थी। ज्यूरी के ज्यादातर मेम्बरों ने भी उसी को चुन लिया।"

"भाई राकेश महोदय, यह तो बताइए कि आपने उसी को क्यों चुना?" मैंने एक बार मज़ाक़ के लहजे में उससे कहा, "हो सकता है वह आपको ज्यादा

ख़ूबसूरत लगी हो, या फिर उसने आइसक्रीम, चॉकलेट वग़ैरह खिलाकर आपकी ख़ुशामद की हो?"

"नहीं, मैंने उसका चुनाव इसलिए किया था, क्योंकि वह एक संस्था बनाकर ढेर सारे बच्चों की भलाई में जुटी है। बचपन में वह खुद मछली पकड़ने की मजदूरी करती थी। दूसरी बात यह कि वह भलाई के कामों के अलावा बच्चों को अधिकार दिलाने में भी लगी रहती है। बॅटी ने तीन गाँवों की लड़कियों को अत्याचारों, बाल मजदूरी, जबरिया विवाहों, बाल व्यापार तथा यौन उत्पीड़न से निजात दिलाई है। अपने देश में पाँच सौ बालिका समूह स्थापित किए हैं। उनमें तीस हजार से ज्यादा सदस्याएँ हैं। दूसरे लोग भी उससे सीखकर बाल अधिकारों की आवाज उठाने लगे हैं। भला मैं उसे न चुनता तो किसे चुनता?"

शायद उसी वजह से राकेश को अगले साल, यानी सन् 2008 में फिर से ज्यूरी में बुलाया गया था। संयोग से उस बार भी वही हुआ। राकेश ने जिसे चुना, अन्त में बहुमत से उसी महिला को चुन लिया गया था। वे कम्बोडिया की बाल अधिकार कार्यकर्ता सुश्री सोमाली माम थीं, जो लड़कियों की ग़ुलामी के ख़िलाफ़ अपनी संस्था 'एफ़ेसिप' के माध्यम से काम कर रही थीं। वह संस्था मुक्त कराई गई बच्चियों की शिक्षा व संरक्षण के लिए तीन बालिका गृह चलाती है।

सन् 2000 में स्वीडन के बाल अधिकार कार्यकर्ताओं ने बच्चों के अधिकारों, लोकतंत्र तथा मैत्री को बढ़ावा देने के उद्देश्य से उस पुरस्कार की शुरुआत की थी। उनका मानना था कि पुरस्कार की ज्यूरी में कम-से-कम दो प्रतिभावान बच्चों को शामिल किया जाए। उनमें से एक स्वीडन की छात्रा अथवा छात्र, और दूसरा किसी विकासशील देश में बाल अधिकारों के लिए काम करनेवाला बच्चा होता है। सन् 2006 में संस्था के अधिकारी ऐसे बच्चे की तलाश कर रहे थे। उन्होंने इस बारे में हमसे सम्पर्क किया। हमने सभी मापदंडों के आधार पर राकेश सदा को चुनकर उसका नाम स्वीडन भेजा, जहाँ उसका चयन कर लिया गया था।

तब तक उसे बाल आश्रम में रहते हुए क़रीब दो साल गुज़र चुके थे। वह तीसरी कक्षा में अच्छे नम्बरों से पास होकर गाँव के स्कूल में चौथी कक्षा की पढ़ाई कर रहा था। स्वभाव से हँसमुख, फ़ुटबॉल खेलने का शौक़ीन, बातचीत में चुस्त और आकर्षक बालक राकेश हमेशा अपने साथियों की मदद के लिए तैयार रहता था। उसके सपने अजीब थे। कुछ दिनों तक उसका सपना था कि बड़ा होकर एक

सामाजिक कार्यकर्ता बनकर बाल मज़दूरी के ख़िलाफ़ आन्दोलन करेगा। फिर किसी दिन फ़ुटबॉल खेलते हुए दो-चार गोल मार लेने के बाद उसके सिर पर फ़ुटबॉल खिलाड़ी बनने का भूत सवार रहता था। उसे कन्हैया गुरु जी बड़े अच्छे लगते थे। वे जब-जब उसे ख़ूब लाड़-प्यार से पाठ सिखाते थे, वह अध्यापक बनकर दूसरे बच्चों को पढ़ाने की ठान लेता था। लेकिन जब वे किसी बात पर उसे डाँट देते थे, तो वह कई दिनों तक पुलिसवाला बनने की रट लगाए फिरता था।

उसका जन्म सन् 1995 में सहरसा ज़िले के घीना गाँव में हुआ था। वह क़रीब छह सौ घरों का एक पिछड़ा गाँव है। वह भी बिहार के ज़्यादातर गाँवों की बसाहट से अलग नहीं है। गाँव में ईंटों के मकानों की बस्ती यादवों की है। वहीं किनारे से एक पगडंडी मुसहर टोले तक पहुँचती है। उस बिरादरी के लोगों के लगभग अस्सी घर हैं। वहाँ उन दिनों दो कमरों की पुरानी पाठशाला थी, जिसमें पाँच कक्षाओं के विद्यार्थी पढ़ाई करते थे। वह बताता था, "स्कूल में पीने के पानी के दो मटके थे। एक छोटा, दूसरा बड़ा। छोटा मटका नया था। पुराना मटका बड़ा था। गुरु जी बच्चों को कुएँ से पानी लेने के लिए भेजते थे। छोटे मटके में से दोनों गुरु जी पानी पीते थे। बड़का मटका बड़का लोगन (बड़ी जात) के बच्चों के लिए था। हम मुसहर जात के बच्चों को पानी लेने की इजाजत नहीं थी।"

पिता नुनूलाल ने उसका दाख़िला स्कूल में करा दिया था। मगर साल भर के भीतर उसकी पढ़ाई छूट गई थी। उसके दो कारण थे। राकेश के अनुसार, "बड़का घरों के बच्चा लोग बैठने के लिए अपने-अपने घर से दरी या फट्टी लेकर आते थे। वे आगे बैठ जाते थे। हम पीछे जमीन पर बैठते थे। गुरु जी उन्हें सजा देने के लिए उनका कान पकड़ते थे, मगर हमें हाथ आगे कराकर छड़ी से मारते थे। बहुत भेदभाव चलता था जी।"

दूसरा कारण घरेलू था। नुनूलाल के पास डेढ़ बीघा ज़मीन थी। उसका परिवार खेत में ख़ूब हाड़तोड़ मेहनत करता था, परन्तु गुज़ारे लायक़ पैदावार नहीं होती थी। इसलिए उसे दूसरों की ज़मीन पर मज़दूरी करनी पड़ती थी। नुनू और उसकी पत्नी तीतरी की पाँच सन्तानें थीं। तीन बेटियाँ, और दो बेटे। उनमें राकेश सबसे छोटा था। पिता ने बड़े बेटे मुकेश की शादी के लिए एक साहूकार से नौ हज़ार रुपये क़र्ज़ लिया था। उसके लिए वह क़र्ज़ चुका पाना मुश्किल था। इसलिए उसने कुछ रुपयों का जुगाड़ करके एक बकरी ख़रीदी, जिसे चराने का काम राकेश और

उसकी बहन पूनम को सौंपा गया। राकेश बताता था, "मेरे बापू ने सोचा, चलो एक बकरी ख़रीद लेते हैं। दूध बेचकर थोड़ा-बहुत पैसा आएगा। बाद में बकरी के बच्चे होंगे। बकरे हुए तो बेचकर पैसा कमा लेंगे। अगर बकरियाँ हुईं तो उन्हें पालकर दूध का धन्धा बढ़ाते रहेंगे।" उसी सपने के कारण उसे स्कूल छोड़ना पड़ा। उस वक़्त उसकी उम्र क़रीब पाँच-छह साल की रही होगी।

नुनू का वह सपना कभी पूरा नहीं हो सका। एक दिन शाम को जब बेटा और बकरी, दोनों ही घर नहीं लौटे तो रोना-धोना मच गया। ढूँढ़ने पर बकरी तो मिल गई थी, लेकिन बेटा नहीं मिल सका। जान-पहचान, रिश्तेदारी और आसपास के गाँवों और क़स्बों में खोजबीन करने के बावजूद राकेश का कोई पता नहीं चल सका। उन्हें एक जानकारी ज़रूर मिली कि पिछले दो-तीन सालों के भीतर राकेश के अलावा आसपास के गाँवों से और भी पाँच बच्चे गायब हुए थे।

बेटे के खो जाने के क़रीब चार साल बाद एक दिन नुनू अपने साले और बचपन बचाओ आन्दोलन के एक कार्यकर्ता के साथ हमारे दिल्ली कार्यालय में आया। उसने बताया, "बाबूजी, मैं और मेरी पत्नी अपने बेटे को ढूँढ़ने के लिए बहुत धक्के खा रहे हैं। हमें घर का सामान, यहाँ तक कि अपनी बकरी भी बेचनी पड़ गई थी। लेकिन थोड़े दिन पहले एक नई बात पता चली थी। हमारे पड़ोस के गाँव में रामचन्दर सदा नाम का एक आदमी रहता है। वह खेती-किसानी या कोई रोजगार-धन्धा नहीं करता, फिर भी बड़ी मौज से रहता है। वह फसल काटने के सीजन में मजदूरों को घेरकर पंजाब ले जाता है।"

नुनू उससे जाकर मिला, पर उसने राकेश के बारे में कोई जानकारी नहीं दी। कई बार चक्कर लगाने के बाद एक दिन उसे रामचन्दर का लड़का मिल गया। लड़के ने नासमझी में बोल दिया कि पिताजी कुछ बच्चों को भी पंजाब लेकर गए थे। उसी के आधार पर नुनू ने पुलिस थाने में रामचन्दर के ख़िलाफ़ लड़का चुराने की रिपोर्ट दर्ज करा दी।

मैंने पूछा, "क्या इतनी आसानी से पुलिसवालों ने तुम्हारी रिपोर्ट लिख ली थी?"

उसने कहा, "नहीं, मैंने उनके बहुत हाथ-पैर जोड़े और मुर्गा-दारू का इन्तजाम किया था, तब जाकर रपट लिखी गई थी। फिर भी पुलिस ने कोई कार्यवाही नहीं की। हम कई महीनों तक थाने के चक्कर काट-काटकर हिम्मत हारकर बैठ गए थे। बार-बार रामचन्दर के पास जाकर रोते-गिड़गिड़ाते रहते थे। इससे शायद उसकी

घरवाली का दिल पसीज गया था। उसने अपने पति से झिड़ककर कह दिया कि ऐसे पैसे की कमाई से तो भूखा रहना अच्छा है। आखिरकार रामचन्दर ने पुलिस को नहीं बताने की शर्त पर हमें बता दिया कि राकेश पंजाब में है।"

नुनू ने उसकी बात मानकर किसी से कुछ नहीं कहा। बाद में रामचन्दर ने यह खुलासा भी कर दिया कि लड़का अमृतसर ज़िले के जनसा गाँव में है। वह तुरन्त अपने साले के साथ जनसा पहुँच गया। गाँव अमृतसर से चार-छह किलोमीटर दूरी पर था। वे दोनों दो दिनों तक घर-घर घूमकर बेटे की तलाश करते रहे, परन्तु कुछ हाथ नहीं लग सका। हालाँकि इतना पता ज़रूर चल गया था कि कुछ बिहारी बच्चे गाँव में काम करते हैं। किसी ने भी यह नहीं बताया कि वे बच्चे किसके खेत या घर पर काम करते हैं। आख़िर उन साले-बहनोई को ख़ाली हाथ घर लौटना पड़ा।

मैंने उससे पूछा कि वह पंजाब में पुलिस के पास क्यों नहीं गया? वह बोला, "एक तो हमें वहाँ की बोली समझ में नहीं आती थी, दूसरा हमारे पास मुर्गा-शराब लाकर देने के लिए पैसे नहीं थे। फिर परदेस में हमारी कौन सुनता? मेरे घर लौटने पर राकेश की माँ नाराज होकर बोली कि मैंने बेटे को ढूँढ़ने में ठीक से मेहनत नहीं की। मैं पंजाब से उसे साथ लाए बिना क्यों लौट आया? तीतरी ने जिद की कि राकेश को ढूँढ़ने वह खुद पंजाब जाएगी।" मैंने उससे पूछा, "फिर क्या वह सचमुच पंजाब गई थी?" उसने कहा, "हाँ, जरूर गई थी। लेकिन वहाँ जाने की तैयारी करने में करीब एक साल लग गया था। मैं पहले से ही कर्जे में डूबा पड़ा था। बड़ी मुश्किल से किराये-भाड़े के लिए पैसे-रुपयों का इन्तजाम हो पाया था। उसके बाद हम पंजाब जा पाए थे।"

नुनू ने आगे बताया, "पंजाब जाकर हमने यह पता लगा लिया कि राकेश, सरदार सुखविंदर सिंह के मकान में रहता था। वह दो मंज़िल का बहुत बड़ा पक्का मकान था। उस गाँव में ज़्यादातर कोठियाँ बड़ी-बड़ी थीं। वैसे मकान हमारे आसपास के किसी गाँव में नहीं थे। घर के आँगन में दो ट्रैक्टर, एक जीप और दो मोटरसाइकिलें देखकर हम समझ गए थे कि मालिक साहब बड़े अमीर आदमी हैं। इसलिए डर के मारे हमने लोहे का दरवाजा नहीं खटखटाया। दो-तीन घंटे इन्तज़ार करने के बाद घर में से एक आदमी बाहर निकला। हमारे बार-बार पूछने पर उसने बताया कि हाँ, राकेश नाम का लड़का जरूर यहाँ पर काम करता था, लेकिन अब नहीं करता। क्योंकि वह तो साल भर पहले मर चुका है। यह सुनकर मेरे और

तीतरी के होश उड़ गए थे। हम वहीं बैठकर बड़ी देर तक रोते रहे थे। फिर बस पकड़कर अमृतसर और रेल का टिकिट लेकर घर लौट गए थे।"

बिहार पहुँचकर वे लोग सीधे रामचन्दर के पास गए। उसने कहा कि थोड़े दिन पहले ही किसी ने राकेश को देखा था। इसलिए उसके साल भर पहले मर जाने की बात एकदम झूठी है। नुनू फिर से पुलिस थाने के चक्कर काटने लगा। संयोग से उसकी भेंट एक ऐसे आदमी से हो गई, जिसके बेटे को हमने उत्तर प्रदेश के किसी गलीचा कारख़ाने से मुक्त कराकर घर पहुँचाया था। राकेश के माता-पिता को जैसे रौशनी की नई किरण मिल गई थी। उसी आदमी ने नुनू को हमारे कार्यकर्ता से मिलाया था।

मैंने पूरी बात जानकर अपने वरिष्ठ सहयोगी राकेश सेंगर को उन्हीं के नामराशि राकेश की खोज करके मुक्त कराने का जिम्मा सौंपा। उन्होंने पहले एक कार्यकर्ता सनी सिंह को नुनू के साथ पंजाब भेजा। सनी एक सिख नौजवान था, जिसकी मातृभाषा पंजाबी थी। सुखविंदर और उसके आदमियों ने उसे धमकाकर भगा दिया। उन्होंने सनी और नुनू के पीछे अपने पालतू खूँखार कुत्तों को छोड़ दिया था। वे किसी तरह जान बचाकर पुलिस थाने पहुँच सके थे। सुखविंदर बहुत रुतबे वाला आदमी था। थोड़ी देर बाद वह ख़ुद थाने जा धमका। दरोगा और उसने हमारे कार्यकर्ताओं को बुरी तरह हड़काया और कहा कि वे जल्दी से गाँव छोड़कर दफ़ा हो जाएँ, नहीं तो चोरी-डकैती की धाराओं में अन्दर कर दिया जाएगा। उस बहसबाजी में दो ख़ास बातों का पता चल गया था। पहली यह कि राकेश सदा जीवित है, और दूसरी, कि उसे रामचन्दर से सुखविंदर के ससुर दिलबाग सिंह ने छह हज़ार रुपये में ख़रीदा था।

राकेश को आज़ाद कराने की तैयारी में डेढ़-दो महीने लग गए थे। उसी बीच नुनू और तीतरी के अलावा वहाँ से चुराए गए तीन अन्य बच्चों के अभिभावक भी हमारे पास पहुँच गए थे। सेंगर के नेतृत्व में वह टीम सभी को साथ लेकर अमृतसर गई। वे लोग सबसे पहले ज़िले के पुलिस अधीक्षक से जाकर मिले, जिन्होंने मामले की गम्भीरता को समझते हुए थाने के दरोगा को आदेश दिया कि तत्काल कार्यवाही करके बच्चों को बरामद करें। आख़िरकार राकेश सदा और बाक़ी तीनों बच्चों को मुक्त करा लिया गया। सुखविंदर गिरफ़्तार हो गया। संयोग से उसी दौरान रामचन्दर पंजाब पहुँचा हुआ था। वह पुलिस के हत्थे चढ़ गया और उसे भी गिरफ़्तार कर लिया गया।

हमारे साथी दूसरे दिन सुबह बच्चों और उनके माता-पिताओं को लेकर वापस दिल्ली पहुँच गए थे। मैं भी ख़बर मिलते ही दफ़्तर पहुँच गया। रिसेप्शन के कमरे में रखे सोफ़े पर तीतरी अपने बेटे को छाती से चिपटाए बैठी थी। वह एक हाथ में प्याला लिये हुए चाय पी रही थी, और दूसरे से अपने ख़ुशी के आँसू पोंछते हुए बेटे का सिर सहला रही थी। छुड़ाकर लाए गए बच्चों में राकेश सदा सबसे छोटा था। मैं धीरे से वहीं पर एक दूसरे सोफ़े पर जाकर बैठ गया।

थोड़ी देर के बाद मेरा ध्यान एक ऐसी बात पर गया जिसे देखकर बहुत पीड़ा हुई। तीतरी अपने बेटे से बार-बार कुछ पूछ रही थी, या कुछ कह रही थी। उसी तरह राकेश अपनी माँ से कुछ-कुछ बोले जा रहा था। मुझे महसूस हुआ कि वे एक-दूसरे से बात नहीं कर पा रहे थे क्योंकि माँ ठेठ देहाती मैथिली में बोल रही थी, जबकि बेटा खाँटी पंजाबी में। माँ पंजाबी का एक शब्द तक नहीं जानती थी। राकेश अपनी मातृभाषा पूरी तरह भूल चुका था। दुर्भाग्य से दोनों में कोई ठीक से हिन्दी नहीं बोल सकता था। ठेठ पंजाबी या मैथिली नहीं समझ पाने की बेबसी में जब मैं इतनी बुरी तरह अकुला रहा था, तो पाँच सालों के बाद मिले उन माँ-बेटों पर क्या गुज़र रही होगी, यह सोच पाना तक मुश्किल था।

हमने क़ानूनी औपचारिकताएँ पूरी करने के लिए उन लोगों को कुछ दिनों तक दफ़्तर में ठहरा दिया था। एक दिन राकेश ने बताया था, "उस दिन रामचन्दर ने मुझे थोड़ी-सी मिठाई खिलाई थी, और ढेर सारी मिठाई खिलाने का लालच दिया था। वह मुझे और पाँच दूसरे बच्चों को बस से बैठाकर सहरसा ले गया था। वहाँ उसने फिर से मिठाई खिलाई थी। हमें पहली बार रेल में बैठकर बड़ा मजा आया था। हम दो दिनों तक रात-दिन रेल में चलते रहे थे। तीसरे दिन रामचन्दर ने हमें एक स्टेशन पर उतारा। वहाँ से बस में बैठाकर किसी नई जगह ले गया था। वह बोला था कि हमें एक चक्कर लगवाकर सुबह घर छोड़ देगा। मगर वहाँ ले जाकर उसने मुझे छह हजार रुपये में दिलबाग सिंह नाम के आदमी को बेच दिया था। बाद में उसने हरेक बच्चे को बारह-बारह हजार रुपयों में दूसरे लोगों को बेच दिया था। मुझे सरदार सुखविंदर सिंह के हवाले कर दिया था। जो दिलबाग का एक रिश्तेदार था।"

उसने अपनी मिली-जुली बोली में कहा था, "मुझे शुरू-शुरू में उसकी कोठी में झाड़ू-पोंछा लगाना पड़ता था। उसके बदले में बची-खुची रोटियाँ मिलती थीं। फिर धीरे-धीरे गाय-भैंसों के गोबर की सफाई, उन्हें नहलाना-धुलाना, और उनका

चारा-पानी करने जैसे काम दिए गए थे। मुझे गाय-भैंसों के तबेले में ही रहना पड़ा था। मैं चार साल तक वहीं एक कोने में जूट की फट्टी बिछाकर सोता था। रात में सबसे ज्यादा मुश्किल मवेशियों के गोबर और पेशाब से खुद को बचाने में होती थी। दालान-नुमा तबेले में चौदह जने रहते थे। तेरह गाय-भैंसों के बीच चौदहवाँ मैं था। सरदार जी रोज रात को तबेले का दरवाजा बन्द करके बाहर से ताला लगा देते थे।"

राकेश ने अपनी दिनचर्या के बारे में बताया, "मुझे और दूसरे सभी नौकरों को सुबह पाँच बजे उठकर सबसे पहले तबेले की सफाई करनी पड़ती थी। उसमें न केवल जानवरों का गोबर तथा पेशाब वगैरह होता था, बल्कि हमारा भी। मैं रात में कभी-कभी वहीं पर पेशाब करने के लिए मजबूर था। बाद में घर की सफाई करनी पड़ती थी। फिर जानवरों के लिए चारा और पानी डालना होता था। मैं घर के पिछवाड़े में लगे ट्यूबवेल पर नहाता था। खाने को चाय या मट्ठा (छाछ) के साथ रोटी मिलती थी। वहाँ का एक नौकर बड़ा अच्छा इनसान था। उसका नाम बग्गा था। वह कभी-कभी बगल की दालान से उठकर अपना कम्बल मुझे ओढ़ा देता था। वह सिक्ख था। उसे त्योहारों पर गुरुद्वारा जाने की इजाजत थी। बग्गा गुरुद्वारे से मिलने वाला हलवा और पूरी बचाकर ले आता था। जान लीजिए, वहाँ वही एक आदमी अपना-सा लगता था।"

मासूम चेहरे, किन्तु पत्थर की तरह कठोर हाथ-पैरों वाले दस साल की उम्र के उस बालक ने आगे बताया, "जब मैं बड़ा हो गया तो खेतों पर काम करने के लिए लगा दिया गया था।" बड़ा हो जाने का मतलब आठ-नौ साल की उम्र का हो जाना था। राकेश ने कहा, "कई बार मुझे तीन-चार बजे रात को उठाकर किसी नौकर के साथ खेतों में पानी पटाने भेज देते थे। सुबह छह बजे से बिजली कट जाती थी, इसलिए उसके पहले पानी पटाना जरूरी होता था। कभी-कभी पानी की धार तेज हो जाने से खेतों में मिट्टी की मेड़ें टूट जाती थीं। तब मैं और दूसरे मजदूर पानी रोकने के लिए वहीं पर लेट जाते थे।"

मैंने पूछा, "क्या सर्दियों में भी यही करना होता था?"

"हाँ जी, गर्मी, सर्दी, बरसात सभी मौसमों में वही काम करना पड़ता था। हमारे बिहार में तो साल में एक ही फसल उगाई जाती थी, मगर पंजाब में तो पूरे साल में तीन-चार फसलें होती थीं। सर्दियों में एक बात अलग थी। खेत पर भेजने से पहले सरदार जी चाय में एक गोली डालकर देते थे। उस चाय को पी लेने के

बाद ठंडे पानी और सर्दी का पता नहीं चलता था। वह रात में मुझे पानी में दो-चार चम्मच दारू डालकर दे देते थे।"

दरअसल विपरीत मौसम में खेतिहर मज़दूरों से काम कराने के लिए उनकी चाय में अफ़ीम मिलाकर दे दी जाती है। कई बार सर्दियों में खेतों की सिंचाई करते-करते उनके पंजे गल जाते हैं। लेकिन अफ़ीम के नशे के कारण उन्हें उस समय दर्द का अहसास नहीं होता। ग़ैर सरकारी आँकड़ों के हिसाब से हमारे देश में लगभग पाँच-छह करोड़ तथा सरकारी आँकड़ों के हिसाब से पचास लाख बच्चे बाल मज़दूरी करते हैं। उनमें से क़रीब दो-तिहाई बच्चे खेतिहर मज़दूरी के कामों में लगे हैं। खेतों में बच्चों से काम लेने पर कोई क़ानूनी रोक नहीं है। यहाँ तक कि अमेरिका सहित दुनिया के ज़्यादातर देशों में इस अपराध पर पाबन्दी नहीं है। तीस-चालीस साल पहले तक खेती करना शायद उतना ख़तरनाक नहीं था, जितना कि आज है। खेती में आम तौर पर ज़हरीले कीटनाशकों, रासायनिक खादों, पानी की सिंचाई, बिजली और ट्रैक्टरों आदि का प्रयोग किया जाता है। बुआई, कटाई, निराई, गुड़ाई और भूसे की छँटाई सरीखे सभी कामों में मशीनों का इस्तेमाल सामान्य बात हो चुकी है।

हमारे दफ़्तर में रहते हुए राकेश सदा सभी से ख़ूब हिल-मिल गया था। वे उसकी मैथिली, पंजाबी और हिन्दी के घालमेल भरी भाषा पर ख़ूब चटखारे लेते थे। हमने उसे और उसके माता-पिता को नए कपड़े दिलवा दिए थे। एक दिन वह नई पैंट, क़मीज़ और जूते पहने हुए मेरे कमरे में घुस आया। उसने किसी कार्यकर्ता से काला चश्मा माँगकर चेहरे पर लगा रखा था। उसने मुस्कुराते हुए पूछा, "मैं कैसा लग रहा हूँ, जी?" मैंने पंजाबी में जवाब दिया, "बड़्डा सोहणा लाग रिया सी, पुत्तर।" फिर क्या था। वह ख़ूब ज़ोर-ज़ोर से हँसा और मेरी कुर्सी के पीछे जाकर मेरे कन्धों को झकझोरने लगा। वह शरारती लहजे में कुछ बुदबुदाते हुए बोला कि जब मुझे पंजाबी बोलनी आती है, तो फिर इतने दिनों तक उससे पंजाबी में बातचीत क्यों नहीं की? ख़ैर, मैंने उसे समझाया कि मैं पंजाबी के दो-चार वाक्यों से अधिक नहीं बोल सकता।

राकेश उस दिन बेहद ख़ुश था। उसे याद तक नहीं था कि उसने पहले कभी नए कपड़े पहने थे। जब उसे चुराया गया था, तब तक तो उसने ठीक ढंग से होश भी नहीं सँभाला था। सिर्फ़ नए कपड़े-लत्तों ने अचानक उसमें इतना आत्मविश्वास भर दिया था कि उसके मन में स्कूल जाने की ख़्वाहिश जाग उठी थी। असल में

वह नए कपड़ों के बहाने मुझे यही कहने आया था कि फिर से स्कूल जाना चाहता है। मुझे यह जानकर बड़ी ख़ुशी हुई थी। मैंने भरोसा दिलाया कि उसके माँ-बाप से बात करके कुछ महीनों बाद उसे बाल आश्रम में बुला लेंगे। फिर वह वहाँ पर रहकर जितना चाहे पढ़-लिख सकता है। मैंने उससे यह पूछा कि वह बड़ा होने पर क्या बनना चाहता है? वह थोड़ी देर तक तो इधर-उधर देखता रहा, फिर कुछ सोचकर बोला, "मैं भी कुछ भैंसें खरीदूँगा, ताकि खुद उनका दूध पी सकूँ। भैंसों के तबेले के ऊपर अलग से एक कमरा बनवाऊँगा, जिसमें उनकी देखरेख करने वाले रहेंगे।" उसके मुँह से वह जवाब सुनकर मेरा हृदय भर उठा था। मैंने उसे गले से लगाकर कई बार चूमा। थोड़े दिनों के बाद वे सब लोग ख़ुशी-ख़ुशी अपने गाँव लौट गए।

सन् 2006 के शुरुआती दिनों में राकेश को बाल आश्रम में ले आया गया था। चार-छह माह की तैयारी के बाद उसे गाँव के सरकारी स्कूल में तीसरी कक्षा में दाख़िला दिला दिया गया। एक-दो साल तक उसका मन पढ़ाई-लिखाई में नहीं लगता था। वह शायद किसी भी चीज़ में ठीक से ध्यान नहीं लगा पाता था। बचपन में लगी अफ़ीम और शराब की लत के कारण उसमें कई तरह के मनोविकार पैदा हो चुके थे। उसकी ख़ुराक भी कम थी। उसके व्यक्तित्व में कई प्रकार के पेच और उलझनें थीं। एक ओर जहाँ वह बड़ा निराशावादी, आलसी और नकारात्मक सोच वाला बच्चा था, तो दूसरी तरफ़ इससे ठीक उलट, उसके भीतर जल्दी-जल्दी हर चीज़ सीख लेने की ललक जागने लगी थी। उसे ख़ुद पर या किसी दूसरे पर भरोसा नहीं था, जो उसकी नज़रों में साफ़ झलकता था। वह बहुत झूठ बोलता था। छोटी-छोटी ग़लतियों को छुपाने के लिए झूठ का सहारा लेता था। लेकिन आश्चर्य की बात यह थी कि दूसरे लोगों को पहचानने में उसकी नज़र बड़ी पैनी थी।

कन्हैया गुरु जी, राकेश के सबसे प्रिय शिक्षक रहे थे। वे बच्चों को नाच-गाने तथा पेंटिंग सिखाने के साथ-साथ ध्यान, योगासन, व्यायाम व नाटकों का भी प्रशिक्षण देते थे। धीरे-धीरे वह नाटकों और चित्रकला में दिलचस्पी लेने लगा था। वह 'बच्चे कहाँ गए' नाम के एक नाटक में पहले बकरी बनकर 'में-में' करता था, किन्तु बाद में बाल चरवाहे और आख़िर में टीचर की भूमिका निभाने लगा था। वह दशहरे के त्योहार पर रामलीला में मसखरे राक्षस का रोल करके दर्शकों को ख़ूब हँसाता था।

कई सालों से रावण की भूमिका विजय नाम का एक बच्चा निभाता था। वह राकेश का बड़ा अच्छा दोस्त और एक बेहतरीन अभिनेता है। वह अब तीस साल का शादीशुदा नौजवान हो चुका है। दर्शकों का मानना था कि उस दिन अगर सचमुच का रावण भी आकर विजय को देख ले, तो यह सोचने पर मजबूर हो जाएगा कि उनमें से असली कौन है। रामलीला में राक्षस बनने के अलावा उनकी दोस्ती के तीन-चार दूसरे कारण भी थे। उन दोनों के गाँव आसपास हैं। दोनों ने खेतों में काम किया था, इसलिए आश्रम में बागबानी में उनकी बड़ी रुचि थी। वे ख़ूब बातूनी थे। घंटों बातें करते रहते थे। शुरू-शुरू में दोनों ही बड़े आलसी और कामचोर थे। परन्तु धीरे-धीरे उनमें बदलाव आ गया था।

बाल आश्रम में चारों तरफ़ खिलते फूलों, लहलहाते पौधों और हरी-भरी घास के पीछे सुमेधा जी के अलावा विजय का बहुत हाथ है। उसका गाँव बिहार में सुपौल ज़िले में नेपाल की सीमा पर है। उसे दस साल की आयु में किसी मालिक के गन्ने के खेतों में काम करना पड़ा था। वह बातचीत में बहुत चतुर और बुद्धिमान था, इसीलिए उसके मालिक उसका इस्तेमाल कुछ ग़ैर-क़ानूनी कामों में करने लगे थे। वे उससे चोरी-छुपे नेपाल के सुनसरी और सप्तरी ज़िलों में कीटनाशक, रासायनिक खाद और खाँसी की दवाइयाँ भिजवाते थे, और वहाँ से कुछ सामान मँगवाते थे। वह सोचता है कि उनमें कुछ नशीली दवाइयाँ होती थीं, जिनको वह साइकिल पर लादकर लाता था।

सन् 2002 में बचपन बचाओ आन्दोलन के कार्यकर्ता विजय को मालिकों के चंगुल से छुड़ाकर बाल आश्रम लेकर आए थे। वह बड़े मिलनसार स्वभाव का था। इसलिए बहुत जल्दी सभी से उसकी दोस्ती हो गई थी। वह पढ़ाई के साथ-साथ दूसरों की मदद करने में हमेशा आगे रहता था। जब भी गर्मियों की छुट्टी में अपने गाँव जाता था, थोड़ी-बहुत संख्या में बच्चों को मज़दूरी से हटाकर उनका स्कूल में दाख़िला ज़रूर करवाता था। इस प्रकार से उसने कई सौ बच्चों को बालश्रम से मुक्ति दिलाई थी। सन् 2005 में उसे 'भारत स्काउट गाइड्स' की ओर से राजस्थान का राज्य स्तरीय सम्मान दिया गया था। वह हायर सेकंडरी की पढ़ाई पूरी करने के बाद मुक्ति कारवाँ में पूर्णकालिक कार्यकर्ता के रूप में शामिल हो गया था। उसने अपनी कमाई का सारा पैसा हृदय रोगी पिता के इलाज में ख़र्च कर दिया था, किन्तु उन्हें नहीं बचाया जा सका। उनकी मृत्यु के बाद उसने अपने दोनों छोटे भाइयों को

पढ़ा-लिखाकर पैरों पर खड़ा किया। आजकल वह बाल आश्रम में रहता है, जहाँ उसकी मुख्य ज़िम्मेवारी बच्चों से सम्बन्धित सरकारी विभागों से जुड़े कामकाज देखना है। उसने सोशल वर्क में एम.ए. पास कर लिया है। उसकी पत्नी पहले ही एम.ए. कर चुकी थी। उनकी दो सन्तानें हैं, बेटा और बेटी।

विजय और राकेश के प्रिय अध्यापक कन्हैया गुरु जी बताते हैं, "राकेश सोने का बड़ा शौक़ीन था। अलग-अलग मौसमों में बच्चों की दिनचर्या पाँच या छह बजे सुबह उठने से शुरू हो जाती है। लेकिन वह नज़रें बचाकर किसी कोने में जाकर सो जाया करता था। मैं भी कम नहीं था। गर्मियों के दिनों में उसे जगाने के लिए उसके मुँह पर मग भरकर पानी डाल देता था। इससे वह कुछ घंटों के लिए रूठकर बैठ जाता था। फिर मौक़ा देखकर अपना प्रिय डायलॉग 'सॉरी गुरु जी, सॉरी' बोलकर मुस्कुराने लगता था।"

कन्हैया और रामकृपाल गुरु जी वग़ैरह की मेहनत से राकेश में बहुत सुधार दिखने लगा था। उसका मन पढ़ाई के साथ-साथ खेलने-कूदने में भी लगने लगा था। वह अपनी पहली स्वीडन यात्रा से लौटकर आने पर बहुत ज़्यादा उमंग एवं ख़ुशी से भरा हुआ था जिसे व्यक्त कर पाना तक उसके लिए मुश्किल था। वह स्वीडन में दूसरों से हाथ मिलाने और गले लगने में माहिर होकर लौटा था। सो, भारत पहुँचते ही उसने सबसे पहले एक-एक करके गुरु जी लोगों और बच्चों से हाथ मिलाया। फिर उछल-उछलकर सभी से गले मिलकर उन्हें चूमना शुरू कर दिया था। इस पर उसकी ख़ूब हँसी उड़ाई जाती थी।

हम कभी-कभी आश्रम में बच्चों का मनोरंजन करने के लिए फल, मिठाई, लड्डू और शरबत आदि खाने-पीने की प्रतियोगिताएँ कराते रहते हैं। एक बार केले खाने की प्रतियोगिता रखी गई थी। हमारा अन्दाज़ था कि अस्सी बच्चे मिलकर ज़्यादा-से-ज़्यादा छह-सात सौ केले खा पाएँगे। केले बहुत बड़े-बड़े थे। परन्तु उस दिन तो ग़ज़ब हो गया था। प्रतियोगिता के दौरान तीन बार कार भेज-भेजकर बाज़ार से केले मँगाने पड़े थे, क्योंकि हमारे बच्चे क़रीब सोलह सौ केले सफा कर गए थे। राकेश सदा ने चौबीस केले खाकर वह प्रतियोगिता जीती थी। दूसरी बार बत्तीस पूड़ियाँ, और तीसरी बार अड़तीस लड्डू खाकर उसने आश्रम में 'सबसे बड़े खाऊ' का खिताब हासिल किया था।

उसकी ज़िन्दगी मौज़-मस्ती, खेल और पढ़ाई में गुज़र रही थी। परन्तु उसे

सन् 2009 के दिसम्बर महीने में आश्रम छोड़कर घर वापस लौटना पड़ गया। उसके पिता ने बेटी की शादी में सोलह हज़ार रुपये का क़र्ज़ा ले लिया था। उसके अलावा नुनू सरकारी योजना के तहत बेटे के पुनर्वास के लिए मिली धनराशि भी ठिकाने लगा चुका था। तीतरी कई महीनों से बीमार चल रही थी। वे रो-रोकर फ़ोन पर राकेश को अपना दुखड़ा सुनाते रहते थे। आख़िर उसे अपने गाँव लौटना पड़ा। हमारे साथियों की मदद से उसे वहीं पर पाँचवीं कक्षा में भरती करा दिया गया था।

राकेश की कहानी बच्चों की गुमशुदगी, बाल व्यापार, बँधुआ मज़दूरी और खेतिहर बालश्रम का बड़ा घिनौना मिश्रित रूप है। लेकिन उसमें कई उम्मीदों, इरादों, आज़ादी, कामयाबियाँ और इंसाफ़ भी शामिल हैं। वह इस बात को अच्छी तरह समझता था। वह गाँव में रहते हुए आठवीं कक्षा में पढ़ रहा था। एक दिन उसने मुझे फ़ोन किया। वह कुछ ज़्यादा ही उत्साहित लग रहा था। इधर-उधर की बातचीत के बाद वह बोला, "मेरे स्कूल, राजकीय माध्यमिक विद्यालय दकिया में क़रीब तीन सौ बच्चे पढ़ने आते हैं। इनमें ज़्यादातर लड़कियाँ हैं। बताइए, ये सब कैसे हुआ भाई साहब जी? बताइए तो?"

मैंने मज़ाक़ में कहा, "तुम्हारे गाँव में बहुत ज़्यादा लड़कियाँ पैदा होती होंगी। शायद लड़कों से दुगुनी। इसीलिए स्कूल में उनकी तादाद ज़्यादा है।" राकेश अपने नखरालू अन्दाज़ में बोला, "नहीं जी नहीं। अरे, आपको मुझ पर भरोसा नहीं है क्या? यहाँ के अखबारों में स्वीडन की रानी के साथ मेरी फोटो और कहानियाँ खूब जोर-शोर से छपने से सब कोई मुझे पहचानता है। मैं साल भर से घर-घर जाकर माँ-बाप को समझा रहा हूँ कि लड़कियों को पढ़ाना क्यों जरूरी है। शायद इसीलिए मुझे इतनी सारी लड़कियों को स्कूल में दाखिला दिलाने में ज्यादा मुश्किल नहीं हुई। एक बात और बताऊँ। बच्चों को चुराने वाला कोई दलाल मेरे आसपास के गाँव पदमपुर, घीना और दकिया में घुस तक नहीं सकता।"

मैं कभी-कभी उससे मज़े लेने के लिए यूँ ही कहता रहता था कि वह पढ़ाई-लिखाई करे, ताकि बाद में बैंक से क़र्ज़ा लेकर भैंसों का तबेला खोल सके। इस पर वह पलटकर कहता था कि उसका विचार पूरी तरह बदल चुका है। वह अब बचपन बचाओ आन्दोलन का कार्यकर्ता बनना चाहता है।

ज़िन्दगी कोई सीधी और सरल लकीर की तरह नहीं होती, जिसे बिन्दु-बिन्दु

जोड़कर खींचा जा सके। शायद वह वक्र रेखा भी नहीं होती जिसके घुमावों को समझा जा सके। लगता है कि वह कभी गीली मिट्टी, तो कभी बहती हुई नदी की तरह होती है। इसीलिए राकेश कभी विपरीत परिस्थितियों से लड़कर जीतना चाहता था, तो कभी हार मानकर बैठ जाने के लिए मजबूर हो जाता था। घर की मजबूरियों और दबावों ने उसका पीछा कभी नहीं छोड़ा। सन् 2011 में वह फिर से गाँव के कुछ किशोरों की एक टोली के साथ पैसा कमाने के लिए हरियाणा चला गया था। वे सब्ज़ी मंडी में कुली का काम करते थे। पाँच-छह महीनों के बाद गाँव वापस लौटकर उसने मुझे फ़ोन करके बताया कि अपनी मज़दूरी से बारह हज़ार रुपये बचाकर पिताजी को सौंप दिए थे। नुनू ने उन रुपयों से बेटी के ब्याह में लिया पूरा क़र्ज़ा चुका दिया था।

उसने कहा था, "मैं फिर कभी वहाँ नहीं जाऊँगा। वहाँ मंडी में रात-रातभर जागकर ट्रकों से सब्जियाँ उतारनी पड़ती थीं। सड़ी हुई सब्जियों और फलों को धो-पोंछकर रखना पड़ता था। सेठ लोग जहरीले मसाले लपेट-लपेटकर उन्हें चमकाकर बेचते हैं। मुझे बेईमानी के धंधे में शामिल होकर पैसे नहीं कमाने। बिलकुल नहीं जी। फिर वहाँ तो खून-खराबे की नौबत आ सकती है। चलो, मैं तो सोलह-सत्रह साल का हो चुका हूँ। लेकिन मेरी आँखों के सामने मंडी में बहुत-से छोटे-छोटे बच्चे बड़ी बुरी हालत में मजदूरी करते रहते थे। मैं यह कैसे सहन कर सकता था? फिर भी दिल पर पत्थर रखकर कुछ नहीं बोला। क्योंकि मुझे पिता का कर्जा उतारने के लिए रुपये कमाने थे। अब तो कार्यकर्ता बनकर वहाँ के बच्चों को छुड़ाने जाऊँगा।"

कुछ समय के बाद राकेश सदा कुछ ग़ुलाम बच्चों को छुड़वाने के लिए दिल्ली आया। वह हमारे एक पुराने कार्यकर्ता को लेकर पानीपत गया। उतनी बड़ी मंडी में छापामार कार्यवाही कर पाना सम्भव नहीं होगा। परन्तु राकेश को मालूम था कि बच्चों के मालिक उन्हें रात को कहाँ रखते हैं। इसलिए आधी रात को छापामार कार्रवाई करके लगभग बीस बिहारी बच्चों को आज़ाद कराकर उनके गाँव पहुँचा दिया। किन्तु वह ख़ुद गाँव लौटने के बजाय हरियाणा के एक दूसरे क़स्बे में मज़दूरी करने चला गया था। उसने वहाँ तीन-चार महीनों में लगभग पन्द्रह हज़ार रुपये बचा लिये, जिनसे गाँव लौटकर खाने-पीने की एक छोटी दुकान खोल ली थी।

वह डबल रोटी में अंडों के आमलेट और आलू की टिक्कियाँ भरकर देसी बर्गर बनाकर बेचता था। इससे उसे तीन-चार सौ रुपया रोज़ की आमदनी हो जाती

थी। गाँव में किसी परिवार के गुज़ारे के लिए ठीक-ठाक रकम थी। राकेश धीरे-धीरे अपने धंधे को बढ़ाना चाहता था। उसकी दुकान बड़े मौक़े की जगह पर थी। वह आसपास के गाँवों से गुज़रने वाले लोगों पर भी नज़र रख लेता था, ताकि कोई दलाल बच्चों को बहला-फुसलाकर न ले जा सके। वह इस बारे में समय-समय पर बचपन बचाओ आन्दोलन के बिहार और दिल्ली के ऑफ़िसों को सूचना भेजता रहता था। उसी दौरान उसकी शादी हो गई थी, और कुछ सालों के बाद दो बेटों का पिता भी बन गया था। सभी कुछ ठीक-ठाक चल रहा था। लेकिन एक बार फिर से उसकी ज़िन्दगी में बड़ा उलटफेर हो गया। किराये की जिस ज़मीन पर उसकी दुकान थी, वहाँ से सड़क निकाली जा रही थी। इसलिए उसे अपनी दुकान बन्द कर देनी पड़ी।

सन् 2020 में राकेश सदा लगभग पचीस साल का हो चुका है। वह आजकल हरियाणा की एक चावल मिल में काम करता है। उसकी योजना है कि कुछ पैसे जमा करके जल्दी गाँव वापस लौटकर कोई नया काम-धन्धा शुरू करेगा। मैं इतना जानता हूँ कि वह जहाँ भी रहेगा या जो भी करेगा, बाल मज़दूरी और अशिक्षा के ख़िलाफ़ किसी-न-किसी तरह से संघर्ष करता रहेगा।

मुझे बचा ले भैया जी!

यह कहानी एक चिनगारी की, मशाल की, गर्मी और रौशनी की है। आपकी और मेरी तरफ़ टकटकी लगाए हुए पिंजरे में बैठी चिड़ियों की, खुलकर उड़ने के लिए बेताब पंखों की, ठंडी बयार और खुले आसमान की भी है। साथ ही यह धरती की, साँचे में ढाली गई मिट्टी की, बच्चों के ख़ून-पसीने से बनी लाल-लाल ईंटों की, विशाल भवनों की, और उनमें रहने वाले सभ्य जनों की कहानी है।

विश्व के सबसे बड़े लोकतंत्र में ग़ुलामी में जन्मी दो बच्चियों साबो और गुलाबो की यह कहानी समकालीन दासता के ख़िलाफ़ शुरू हुए आन्दोलन के पहले क़दमों की है। नई आज़ादी की वर्णमाला के पहले अक्षर, 'अ' और 'आ' बनने की यह कहानी सिर्फ़ हज़ारों-लाखों बच्चों की ही नहीं, बल्कि मेरी अपनी आज़ादी के आरम्भ की कहानी भी है। इसमें ईश्वर की सबसे ख़ूबसूरत कृति की मेरी गोद में हुई मौत की दास्तान है। साथ ही उन्हीं चिनगारियों से फूटी आज़ादी और इनसानियत की कई चिनगारियों की चमक भी है।

मैं इस कहानी की शुरुआत अपनी ऐसी दो लड़कियों से कर रहा हूँ जिनके साथ मुझे बहुत कम वक़्त गुज़ारने का मौक़ा मिला था। वे सिर्फ़ तीन-तीन दिन ही मेरे साथ रह पाई थीं। फिर भी उन दोनों ने न केवल मेरे जीवन पर बड़ा गहरा असर डाला, बल्कि उनकी पीड़ा आधुनिक ग़ुलामी के ख़िलाफ़ हमारे आन्दोलन की पहली चिनगारियाँ साबित हुईं। हमने 15 साल की साबो को सन् 1981 के मार्च के महीने में, और 14 साल की गुलाबो को सन् 1983 के अगस्त के महीने में आज़ाद कराया था। कुछ सालों तक साबो मुझसे मिलने आती रहती थी, लेकिन निकाह के बाद अपने ससुराल जाकर ऐसी बसी कि फिर कभी मिलना नहीं हो पाया। और गुलाबो से मिलना होता भी तो कैसे? उसने तो मेरी ही गोद में अपना सिर रखे हुए आख़िरी साँस ली थी। वे दोनों ईंटों के भट्ठे पर मज़दूरी करती थीं।

चलिए, पहले साबो से आख़िरी मुलाक़ात को याद करते हैं। सन् 1985 में मई महीने के किसी दिन की बात है। मैं रोज़मर्रा की तरह दिल्ली के जंतर मंतर इलाक़े में अपने दफ़्तर में बैठा हुआ काम कर रहा था। दोपहर का वक़्त था। अचानक नई चमकीली सलवार-क़मीज़ पहने, गहनों से लदी-फँदी और ख़ूब सजी-धजी साबो अपने दूल्हे मियाँ के साथ धड़धड़ाती हुई मेरे कमरे में आ धमकी। आते ही मेरे गले से लिपटकर बोली, “भैया जी, पहचाना, ये कौन हैं?” मैंने उसके गाल पर थपकी मारते हुए शरारती अन्दाज़ में जवाब दिया, “नहीं। तू किसके साथ भागकर यहाँ आई है?” वह एक क्षण के लिए ठिठक गई। फिर अपनी नाक और मुँह सिकोड़ते हुए बोली, “आप ये क्या कह रहे हैं? मैंने पहले ही इन्हें आपसे मिलवा दिया था। और आपने पसन्द भी कर लिया था। आप मजाक कर रहे हैं न?”

मैंने ज़ोर से हँसते हुए अपनी कुर्सी से उठकर साबो और उसके दूल्हे को गले से लगाकर ख़ूब प्यार किया। सुमेधा जी और मैं किसी वजह से उसकी शादी में

शरीक नहीं हो सके थे, लेकिन हम यह जानते थे कि वह जल्दी ही मिलने आएगी। उसने कहा, "हमें जल्दी से अजमेर शरीफ जाना है। आपकी दुआएँ तो हमेशा मेरे साथ रहती हैं, इस बार इन्हें दुआ दिलवाने आई हूँ। मैंने सोचा हम उसके बाद ही ख्वाजा साहब की दरगाह पर दुआ माँगने जाएँगे।" उसके प्यार और सम्मान से बहुत भावुक होकर मैंने कहा, "तू क्या सोचती है कि अपने दूल्हे भाई को यूँ ही जाने दूँगा। चुपचाप बैठ जा।" हमारे दफ़्तर के सामने इडली-डोसा की एक दुकान थी। मैंने जल्दी से एक कार्यकर्ता को भेजकर उनके लिए खाना मँगाकर खिलाया। उस दुकान पर हमारा उधार खाता चलता था, इसलिए कोई चिन्ता की बात नहीं थी। लेकिन मेरी चिन्ता तो इस बात की थी कि शादी के बाद पहली बार छोटी बहन और बहनोई मिलने आए हैं, उन्हें किसी उपहार के बिना कैसे विदा किया जा सकता है। किसी तरह अपने कार्यकर्ताओं से थोड़ा-थोड़ा पैसा लेकर कुछ इन्तज़ाम हो पाया।

मज़ेदार बात यह थी कि साबो के मामले में दूसरी बार वैसा हादसा हो रहा था। उसे और उसके परिवार को आज़ाद किए जाने के कुछ महीनों के बाद की बात है। रक्षाबंधन का पर्व था। सुमेधा जी हमारे बेटे को लेकर करोलबाग में अपने मायके गई थीं। मैं बस में बैठकर ऑफ़िस जा रहा था। रास्ते में अपनी बड़ी बहन की बहुत याद आ रही थी। मेरी वह इकलौती बहन मेरे गृह नगर विदिशा में रहती हैं। परन्तु जब मैं दफ़्तर पहुँचा तो यह देखकर हैरान रह गया कि वहाँ पर एक छोटी बहन पहले से बैठी इन्तज़ार कर रही थी। मैंने कल्पना तक नहीं की थी कि साबो, वासल ख़ान को साथ लेकर मुझे राखी बाँधने आएगी। वैसे भी इक्के-दुक्के लोगों के अलावा मुसलमान परिवारों में राखी का त्योहार नहीं मनाया जाता। साबो ने बड़े प्यार से राखी बाँधी। उस दिन भी मेरी जेब में उसे उपहार में देने के लिए पैसे नहीं थे। सुमेधा जी शाम तक ऑफ़िस पहुँच गई थीं। उन्होंने साबो को उपहार दिया। वह सिलसिला कई बरस तक जारी रहा था। शुरू-शुरू में तो वह ख़ुद राखी बाँधने आ जाती थी, फिर डाक से लिफ़ाफ़े में राखियाँ भेजने लगी थी।

साबो और उसके परिवार को भट्ठे से आज़ाद कराए हुए क़रीब साल भर हुआ था। मुझे उसकी चिट्ठी मिली। उसने चिट्ठी लिखवाकर अपने पिता वासल ख़ान की शिकायत की थी। वे उसका निकाह एक बड़ी उम्र के ऐसे आदमी से करना चाहते थे, जिसकी पहले से एक बीवी थी। हमने एक सहयोगी को भेजकर

वासल को दिल्ली बुलवाया। मैंने उसे ख़ूब समझाया और डाँटा। उसने अपनी ग़लती मानकर वह शादी रोक दी। साल-डेढ़ साल के बाद वासल अपने कुछ रिश्तेदारों के साथ हमारे पास आया। उनमें से एक बाईस-तेईस साल का नौजवान भी था। वासल ने बताया कि उसी के साथ साबो की शादी की बात तय करनी है। साबो की भी रज़ामन्दी है। वह मेरी भी राय जानना चाहता था। लड़का अच्छा था। मैंने हाँ कर दी। कुछ दिनों के बाद उसी लड़के से उसका निकाह हो गया था।

मैंने साबो और उसके पति को विदा करते हुए मज़ाक़ में कहा, "दरगाह शरीफ़ पर चादर चढ़ाकर एकाध दुआ मेरे लिए भी माँग लेना।" वह मुस्कराते हुए बोली, "हाँ, वो तो मैं जरूर माँगूँगी।"

"बता तो क्या माँगेगी?" मैंने पूछा। उसने जवाब दिया, "मैं माँगूँगी कि आप वकील बन जाएँ।" मैंने हँसकर कहा कि मैं तो वकील नहीं बनना चाहता। इस पर वह तपाक से बोली, "तो मैं दुआ माँगूँगी कि सोना भैया (मेरा बेटा भुवन) जल्दी से बड़े होकर वकील बन जाएँ।" दरअसल साबो की आज़ादी में वकीलों का सबसे बड़ा योगदान था। उसने अपने पिता से वकील साहब शब्द कई बार सुना था। इसलिए वह समझती थी कि वकील ही सबसे ताक़तवर और मददगार इनसान होता है। मैंने कहा, "चल वो तो ठीक है, पर मुझे एक प्यारी-सी भान्जी का मामा बनाने की दुआ नहीं माँगेगी?" साबो शरमा गई। फिर धीरे से बोली, "अच्छा ठीक है, मैं आपके लिए भी एक प्यारी-सी बेटी की दुआ करूँगी।"

मैं साबो के जाने के बाद बड़ी देर तक उसके बारे में सोचता रहा था। सन् 1981 की बात थी। मैं अपने कुछ मित्रों के साथ 'संघर्ष जारी रहेगा' नाम से एक पत्रिका प्रकाशित करता था। वह पाक्षिक पत्रिका समाज के सबसे शोषित और पीड़ित व्यक्तियों और वर्गों के लिए समर्पित थी। एक दिन मैं अपने दफ़्तर में बैठा हुआ काम कर रहा था। तभी एक बेहद दुखी और लाचार आदमी ने मेरा दरवाज़ा खटखटाया। वह साबो का पिता वासल ख़ान था। उसे किसी आदमी से यह जानकारी मिली थी कि हम उसकी दुखद कहानी अपनी पत्रिका में छाप सकते हैं, जिससे उसकी कुछ मदद हो सकती है। वासल ने मुझे जो कुछ बताया, उसे सुनकर न केवल हैरानी हुई, बल्कि बड़ा ग़ुस्सा भी आया था। अलीगढ़ में उसके गाँव से 17 साल पहले कोई दलाल उसे और उसकी नवविवाहिता पत्नी को बहला-फुसलाकर ईंट के भट्ठों पर काम कराने के लिए ले गया था। वह उसी तरह लालच देकर

कई लोगों को वहाँ ले गया था। वह भट्ठा पंजाब में सरहिंद शहर के पास था। तभी से उन सबको ग़ुलाम बनाकर रखा हुआ था। उन्हें भट्ठे की चारदीवारी से बाहर निकलने की आज़ादी नहीं थी। गुज़ारे के सामान के अलावा किसी को कोई मज़दूरी भी नहीं दी जाती थी।

वहीं पर 14 साल पहले साबो का जन्म हुआ था। एक दिन उसके माँ-बाप को पता लगा कि दिल्ली के किसी वेश्यालय से कुछ दलाल उसे ख़रीदने के लिए वहाँ पहुँचे थे। वे एक कमरे में साबो के शरीर के अंगों को टटोल-टटोलकर उसका सौदा कर रहे थे। भट्ठा मालिक जितने पैसों की माँग कर रहा था, वे लोग उसके लिए राज़ी नहीं थे। इसीलिए उस दिन लड़की का सौदा नहीं हो सका था। वासल ख़ान बाहर निकलकर किसी की मदद माँगने के इरादे से आधी रात में एक ट्रक में छुपते-छुपाते चंडीगढ़ पहुँच गया। संयोग से उसे एक ऐसा आदमी मिल गया, जो हमारी पत्रिका का ग्राहक था। वह उसी की मदद से मेरे पास पहुँच पाया था। वह अपनी कहानी सुनाते समय बार-बार मेरे पैर पकड़कर रोने लगता था।

तब मेरी उम्र 27 साल की थी। मेरे मन में विचार आया कि अगर साबो मेरी बेटी या बहन होती, तो क्या मैं लिखा-पढ़ी करने में एक दिन का वक़्त भी बर्बाद करता! मैंने वासल से कह दिया कि उसकी कहानी छापने के बजाय मैं साबो और उसके परिवार को आज़ाद कराने के लिए ख़ुद सरहिंद चलूँगा। यह सुनते ही वह बुरी तरह घबराकर बोला, "मालिक लोग बहुत ख़तरनाक और ताक़तवर हैं, इसलिए वहाँ जाना जान जोखिम में डालना है।"

मैं उसे समझाकर किसी तरह अपने घर ले गया। वह किसी के मकान में किराये पर लिया गया एक छोटा-सा स्टोर रूम था, इसमें सुमेधा जी और मैं अपने डेढ़ साल के बेटे भुवन के साथ रहते थे। हमने वासल को वहीं ठहराकर भरोसा दिलाया कि दो-तीन दिन में तैयारी करने के बाद साबो को छुड़वाने चलेंगे।

कुछ दिनों की तैयारी के बाद मैं पंजाब के एक साथी जयसिंह और कुछ दूसरे मित्रों के साथ सरहिंद के उस भट्ठे पर जा पहुँचा। हम उन सभी मज़दूर परिवारों को अपने साथ लाने के लिए किराये का एक ट्रक लेकर गए थे। संयोग से उस वक़्त वहाँ पर सिर्फ़ एक ही चौकीदार था। हम उसे भगाकर चारदीवारी के अन्दर घुस पाने में क़ामयाब रहे। सबसे पहले साबो अपने पिता को देखते ही भागकर उससे चिपट गई थी। मैंने तभी पहली बार उसे देखा था। वासल ख़ान के कहने पर

चन्द मिनटों में ही वे सब लोग ट्रक पर सवार हो गए थे। सभी बच्चों, स्त्रियों और पुरुषों को मिलाकर उनकी संख्या 36 थी।

हमारा ट्रक वहाँ से निकलने ही वाला था कि मालिक एक जीप में अपने कई बन्दूकधारी आदमियों और पुलिसवालों को लेकर पहुँच गया। आख़िर वही हुआ जिसके बारे में वासल ने आगाह किया था। मज़दूरों को ट्रक में से नीचे फेंककर भट्ठे की तरफ़ धकेलकर ले जाया गया। वासल ख़ान को पकड़कर पीटा गया। हमें मार-पीटकर खदेड़ दिया गया था। हम किसी तरह अपनी जानें बचाते हुए खेतों के रास्ते भागकर सड़क पर पहुँच सके, जहाँ से चंडीगढ़ और फिर दिल्ली लौटे। वहाँ मेरे एक साथी ने अपने कैमरे से कई फ़ोटो खींच लिये थे। वे हमारे लिए बड़े अच्छे सबूत थे। हमने दिल्ली में अपने एक वकील दोस्त की मदद से अदालत के दरवाज़े खटखटाए। हमारी गुहार सुन ली गई। कुछ दिनों के भीतर अदालत ने साबो सहित सभी 36 लोगों को मुक्त करा दिया। मेरी जानकारी में वह आधुनिक समय में नागरिक प्रयास से ग़ुलामों को मुक्त कराने की पहली घटना थी।

साबो सहित उन सभी बच्चों को अदालत से अपने ऑफ़िस तक लाना मेरे लिए आज़ादी की पहली अनुभूति और अपने जीवन के लक्ष्य को साफ़-साफ़ देख पाने के क्षण थे। जिन बच्चों ने चौड़ी-चौड़ी सड़कों और उन पर तेज़ी से भागती हुई चमचमाती कारों, ऊँचे मकानों और भीड़-भाड़ की कल्पना तक नहीं की थी, उन्हें दिल्ली की सड़कों के बीचोबीच आज़ादी से उछलते-कूदते हुए देखना एक ऐसा अनुभव था, जो मुझे स्वयं को भीतर से मुक्त कर रहा था। कारों का जाम लग गया था, और वे बच्चे थे कि माँ-बाप के हाथ छुड़ाकर बेपरवाह फुदक रहे थे।

हम जैसे-तैसे अपने कार्यालय पहुँच सके थे। उस भवन में नीचे की मंज़िल पर एक कैन्टीन थी। हम उन सभी लोगों को पहले वहीं ले गए। वहाँ कोई कैन्टीन की कुर्सियों पर बैठने को तैयार नहीं था। उन्हें जैसे-तैसे बिठाया गया। हमने कुछ मित्र पत्रकारों को पहले से वहाँ बुला रखा था। अख़बारवालों के लिए भी वह एक नया अनुभव था। वे कैमरे, कलमें और नोटबुकें थामे हुए ज़्यादा-से-ज़्यादा सामग्री जुटाने में लग गए। तभी एक पत्रकार ने साबो के सामने चाय का प्याला रख दिया। साबो ने उसे छूने से मना कर दिया। उसने पहले कभी चाय नहीं चखी थी। पत्रकार महोदय ने सोचा कि बच्ची है, शायद दूध पीती होगी। इसलिए दूध का गिलास मँगा लिया गया। वह उसे देखकर झेंप गई। साबो ने अपनी माँ के स्तनों के अलावा कभी

दूध नहीं देखा था। भट्ठे पर कोई दुधारू जानवर नहीं था। कौतूहलवश एक दूसरे पत्रकार ने उसे कुछ सिक्के दिखाए। वह उन्हें हाथ में लेकर बोली, "ठेकेदार जी तो हमें ईंट और कोयले के टुकड़ों तक से नहीं खेलने देते थे, ये कितने चमकदार खिलौने हैं?" जिस लड़की का वेश्यालय में बिकने के लिए हज़ारों रुपयों में सौदा किया जा रहा था, उसे सिक्कों तक की पहचान नहीं थी। जिसका जिस्म भट्ठे की आग में जलकर काला पड़ चुका हो, उसे चाय या दूध का स्वाद तक मालूम नहीं था।

पाँच हज़ार साल पुरानी सिन्धु घाटी की सभ्यता से लेकर अब तक ईंटें आधुनिक सभ्यता और समृद्धि का पैमाना रही हैं। दुनिया भर में अलग-अलग आकार-प्रकार की ईंटें बनती हैं। ईंट विभिन्न शैलियों के भवन निर्माण में लगने वाली एक ज़रूरी सामग्री होती है। भारत में ईंट भट्ठों और उनमें काम करने वाले श्रमिकों की संख्या का कोई ठीक-ठीक लेखा-जोखा नहीं है। कुछ अध्ययनों के मुताबिक़ लगभग डेढ़ लाख ईंट भट्ठों पर एक करोड़ मज़दूर काम करते हैं। ईंटें पकाने में ढाई-तीन करोड़ टन कोयला जलता है। भट्ठों पर काम करने वाले मज़दूरों की तीन प्रमुख श्रेणियाँ होती हैं। पथेरे, जो पहले मिट्टी को सानकर लुगदी बनाते हैं, फिर टीन या लकड़ी के बने साँचों में ढालते हैं। गीली ईंटों को थोड़ी देर तक साँचों में सूख जाने के बाद पथेरा एक-एक ईंट को निकालकर बड़ी कुशलता से पंक्तियों में जमाता है, ताकि न तो वह टेढ़ी-मेढ़ी हो और न ही टूटे। फिर वे कुछ दिनों तक धूप में सुखाई जाती हैं।

मज़दूरों की दूसरी श्रेणी, 'जलाईवाला' होती है। एक बार एक जलाईवाले ने मुझसे अपना दर्द और ग़ुस्सा बयान करते हुए कहा था, "साहब, आप लोग मिट्टी से बनी, जो लाल-लाल ईंटें खरीदते हैं, वे मालिक के कोयले से नहीं, बल्कि हमारे ख़ून से लाल सुर्ख होती हैं।" तीसरी श्रेणी 'निकासीवाला' है। निकासी, यानी पकी हुई लाल गर्म ईंटों को भट्ठे से निकालना। ईंटें बनाने का काम बरसात के मौसम में नहीं होता। इसलिए वहाँ के मज़दूर मानसून आने के बाद में अपने गाँव लौट जाते हैं, लेकिन कई जगह उन्हें सीजन ख़त्म होने के बाद भी नहीं लौटने दिया जाता। मालिकों को अच्छे कारीगर आसानी से नहीं मिलते, इसलिए वे दलालों के ज़रिये उन्हें कुछ क़र्ज़ दे देते हैं। बाद में उसी के फेर में उन्हें उलझाए रखता है।

एक बार भट्ठा मज़दूरों की मुक्ति के प्रयास में मैं अपनी एक आदिवासी साथी, लारो जोंको के साथ सिंहभूम ज़िले के गाँवों में घूम रहा था। हम उस दौरान ऐसी दर्जनों बच्चियों, किशोरियों व महिलाओं से मिले, जिनके सिर पूरी तरह गंजे हो

चुके थे। पूछने पर पता चला कि वे ढुलाईवाली मज़दूरिनें हैं। दिनभर गर्म-गर्म ईंटों के बोझ को सिर पर लादकर ढोने से उनके बाल उड़ गए थे। उनके परिवारों की सबसे बड़ी चिन्ता यह थी कि गंजी बेटियों से कौन विवाह करेगा? हमें भट्ठेवालों की घिनौनी हरकतों की शिकार हो चुकी कई कुँवारी गर्भवती लड़कियाँ मिली थीं। कुछ किशोरियों का गर्भपात भी कराया जा चुका था। बहुत-सी महिलाओं ने एक और बड़ा शर्मनाक तथ्य बताया था। उन्हें पश्चिम बंगाल के ग़रीब इलाक़ों से मात्र एक नई साड़ी या ब्लाउज का लालच देकर बहला-फुसलाकर भट्ठों पर लाया गया था। उसके बदले लगातार उनका यौन शोषण होता था। भट्ठे पर जाने से पहले वहाँ काम करनेवाली किसी आदिवासी किशोरी ने कभी अन्दर के कपड़े नहीं पहने थे। भट्ठा मालिक और उनके गुर्गे सिर्फ़ रंग-बिरंगी चोली और चड्डी देकर उन्हें बँधुआ मज़दूरिन बनाकर उनके साथ मुँह काला करते रहते थे। पिछले 40 सालों में हमारे संगठन ने यौन शोषण की शिकार ऐसी सैकड़ों युवतियों को आज़ाद कराया है।

हमने उस दिन सरहिंद से छुड़ाए गए सभी लोगों को ऑफ़िस के सामने के एक खुले मैदान में ठहरा दिया था। कुछ दोस्तों और जान-पहचानवालों की मदद से उनके खाने-पीने का इन्तज़ाम तो कर दिया गया था, लेकिन उन्हें गाँवों तक लौटाने के लिए पैसे जुटाने में दो दिन और लग गए थे। वासल और उसके साथ के वयस्क लोग अपने गाँव लौटने के लिए बड़े बेताब हो रहे थे। परन्तु बच्चे आज़ादी की पूरी मस्ती लूटने में लगे थे। वे भट्ठे पर पैदा हुए थे, इसलिए गाँव या रिश्तेदारों के बारे में कुछ नहीं जानते थे।

साबो बहुत बातूनी लड़की थी। उतनी ही भोली। वह उन एक-दो दिनों में हमसे ख़ूब घुल-मिल गई थी। हमारा बेटा तो उन सभी के लिए किसी खिलौने जैसा था। वह बहुत सुन्दर, गोल-मटोल और सबके साथ जल्दी ही हिल-मिल जाने वाला बच्चा था। साबो उसे अपनी गोद से उतारने को राज़ी नहीं होती थी। वह मुझे चिढ़ा-चिढ़ाकर बोलती थी, "भैया जी, ये तो आपका बेटा नहीं लगता! बिलकुल भाभी पर गया है। देखो, वैसा ही गोरा और खूबसूरत है।" फिर थोड़ी देर में मुँह बिदकाकर मेरे कान में बुदबुदाती, "नहीं, मैं तो मजाक कर रही थी, इसकी शकल तो आप पर गई है। मुस्कुराता भी आपकी तरह है। हाँ, गोरा रंग जरूर अपनी अम्मी से चुरा लिया है।"

मैं अपने एक सहयोगी के साथ किराये के एक ट्रक में उन्हें बस अड्डे तक छोड़ने गया। तब दिल्ली का आई.एस.बी.टी, यानी अन्तरराज्यीय बस अड्डा

नया-नया बना था। मैं वहाँ पहले कभी नहीं गया था। वहाँ पर दर्जनों स्टैंड बने थे। भूल-भुलैया की तरह। मैं उन लोगों को एक कोने में बिठाकर अलीगढ़ की बस का स्टैंड पता करने के लिए पीछे की तरफ़ चला गया। लौटा तो साबो और दो अन्य बच्चे ग़ायब थे। मेरी हवाइयाँ उड़ गईं। बच्चों के माँ-बाप ने बताया कि वे तो मेरे पीछे-पीछे ही चल दिए थे। वे दस-पन्द्रह मिनटों की मशक़्क़त के बाद मिल पाए थे। वे तीनों भालू का नाच देखते हुए तमाशबीनों की भीड़ में जा मिले थे। वहीं पर ख़ूब खिलखिलाकर हँसते और तालियाँ बजाकर उछलते हुए मिले।

चन्द मिनटों में बस आ गई थी। वे सभी जल्दी-जल्दी एक-दूसरे से पहले चढ़ने के लिए धक्का-मुक्की करके बस में सवार हो गए। कुछ की आँखों में ख़ुशी के आँसू थे। वासल ख़ान और उसकी पत्नी तो मुझसे चिपटकर रोने लगे थे। साबो मेरे पास नहीं आई। मुझे हैरानी नहीं थी। वह सबसे पीछे की सीट पर अपने फटे हुए दुपट्टे से मुँह ढककर बैठी थी। मैं उसके पास गया। देखा तो उसकी सिसकियाँ बँधी हुई थीं। उसने मेरा हाथ पकड़कर उस पर अपना चेहरा रख दिया। मेरी हथेली उसके आँसुओं से भीग गई। मेरी आँखों से भी आँसू निकल पड़े। फिर अचानक वह सीट से उठकर खड़ी होकर बोली, "भैया जी, मुझे अपने साथ वापस ले चलिए न! मैं भाभी और आपके पास रहूँगी।"

बहुत समझाने-बुझाने के बाद वह सीट पर जाकर बैठी। मैंने उससे वायदा किया कि दोबारा ज़रूर मिलूँगा। थोड़ी देर बाद बस उन्हें लेकर चली गई। गाँव लौट जाने के बाद वासल ख़ान कभी-कभार हमारे पास चक्कर लगाता रहता था। वह अक्सर आसपास के गाँवों के लोगों के कहीं पर बँधुआ बने होने की सूचनाएँ लाता था। कभी-कभी साबो भी उसके साथ हमसे मिलने आ जाती थी।

अजमेर शरीफ़ जाने के बाद साबो कभी नहीं आई, लेकिन मुझे यक़ीन था कि उसने हमारे लिए दुआएँ ज़रूर की होंगी। शायद उसकी सभी दुआएँ क़बूल भी हो गई थीं। कुछ सालों के बाद रक्षाबंधन के दिन हमारी बिटिया अस्मिता जन्मी। वह अपने बचपन से ही बाल अधिकारों की रक्षा के लिए सक्रिय रही है। हमारा बेटा सोना, यानी भुवन, आज बाल दासता, बँधुआ मज़दूरी, मानव तस्करी, बच्चों की गुमशुदगी आदि विषयों पर देश के सबसे बड़े वकीलों में से एक है।

साबो से हमारा सम्पर्क टूट जाने की सबसे बड़ी वजह यह थी कि हमलों के कारण हमें बार-बार दफ़्तर बदलना पड़ा था। उनमें कई दस्तावेज़ और रिकॉर्ड

लूट लिये गए थे। उनमें हमारे पास जमा किए गए पते नष्ट हो गए थे। इसलिए न तो हमारे लिए, और न ही वासल ख़ान या साबो के लिए एक-दूसरे को ढूँढ़ पाना सम्भव था। साबो की मुक्ति का द्वार खुलने से लाखों-करोड़ों बच्चों की मुक्ति के द्वार खुल गए हैं। उसी से मुझे बचपन बचाओ आन्दोलन और कई राष्ट्रीय तथा अन्तरराष्ट्रीय अभियान शुरू करने की प्रेरणा मिली। लेकिन साबो से शुरू हुई पहली चिनगारी को मशाल बनाने का काम गुलाबो के बलिदान से हुआ।

सन् 1983 के अगस्त महीने की बात है। हमें हरियाणा के महेन्द्रगढ़ ज़िले में एक ईंट भट्ठे पर कुछ परिवारों के बँधुआ होने की सूचना मिली थी। हमने उनकी मुक्ति के लिए सर्वोच्च न्यायालय में जनहित याचिका दायर की थी। न्यायालय ने उसे स्वीकार करते हुए एक स्वतंत्र पत्रकार घनश्याम परदेशी को आयुक्त बनाकर कार्यवाही करने के आदेश दे दिए। मैं रात में ही परदेशी जी को लेकर बँधुआ मज़दूरों की तलाश में निकल पड़ा। उस अँधेरी रात में अचानक भयंकर आँधी और बारिश शुरू हो गई थी। हमारे संगठन के पास एक पुरानी जीप थी, जिसे मैं ही चला रहा था। आँधी व पानी के थपेड़ों की मार से स्टीयरिंग थामकर रखना कठिन हो रहा था। गाड़ी चलाने में मेरी जान सूख रही थी। गाँव और भट्ठे को ढूँढ़ना आसान नहीं था। लेकिन परदेशी जी मज़ेदार आदमी थे। वे असमी थे और हिन्दी भी असमी उच्चारण में बोलते थे। वे मुझे चिढ़ाकर जोर-ज़ोर से एक फ़िल्मी गाना गा रहे थे, "बोरका रानी, जोरा जोर से बोरसो (बरखा रानी, ज़रा ज़ोर से बरसो)।" शायद वे माहौल को हल्का करने की कोशिश कर रहे थे।

भट्ठे के मालिक ने हमारे पहुँचने से पहले ही बँधुआ मज़दूरों को हटाकर कहीं दूसरी जगह पहुँचा दिया था। भट्ठे से पुलिस थाना क़रीब तीस किलोमीटर दूर था। हम वहाँ से दो सिपाहियों को अपने साथ लेकर चले थे। हमारा शक था कि या तो पुलिस या सरकार के वकील ने पहले से भट्ठा मालिक को ख़बर भेजकर आगाह करा दिया होगा। हम बारिश में भीगते-ठिठुरते जीप की हैडलाइट के सहारे आसपास के कई भट्ठों पर घूम-घूमकर उन परिवारों को ढूँढ़ने की कोशिश करते रहे। परन्तु कुछ भी हाथ न लगा।

हम सुबह तक इन्तज़ार करके अपना वक़्त गँवाने के बजाय उन्हें ढूँढ़ने में जुटे रहे। रात के ग्यारह बज चुके थे। तभी हमें किसी से पता चला कि शाम को एक ट्रक में कुछ लोगों को लादकर राजस्थान की तरफ़ ले जाया गया था। हम तुरन्त

उसी दिशा में भागे। बीस-पच्चीस किलोमीटर चलने पर हमें एक कच्ची सड़क के किनारे झुरमुटों के पीछे अँधेरे में कुछ हलचल नज़र आई। हमने गाड़ी रोकी तो देखा कि कीचड़ में सने, भीगकर काँप रहे बच्चे, स्त्रियाँ और पुरुष बदहवास हाल में पड़े थे। कुछ लोग एक-दूसरे को चिपटाए हुए बैठे थे। पास में एक लड़की फटे-पुराने गदेड़े पर लेटी पड़ी थी, जिसे कुछ लोग बारिश से बचाने की कोशिश कर रहे थे। वह बेहद दुबली-पतली और बीमार लड़की गुलाबो थी।

वे लोग पहले से ही बुरी तरह डरे हुए थे, हमें देखकर और ज़्यादा डर गए। हमने किसी तरह उन्हें समझा-बुझाकर शान्त किया। उन्हें सबसे पहले जल्दी-से-जल्दी किसी सुरक्षित जगह पहुँचाना ज़रूरी था। आधी रात में कोई सवारी मिल पाना एक बड़ी चुनौती थी। परदेशी जी ने सिपाहियों को सख़्ती से आदेश दिया कि हर हालत में एक ट्रक या ट्रैक्टर-ट्रॉली का इन्तज़ाम करें। उनके साथ मैं भी नज़दीकी क़स्बे की तरफ़ निकल पड़ा। हमारी नज़र एक चौराहे के पास के ढाबों पर पड़ी। वहाँ आँधी-तूफ़ान और बरसात के कारण कुछ ट्रक रुके हुए थे। हमने दिल्ली तक के लिए एक ख़ाली ट्रक किराये पर ले लिया। वह खुला ट्रक था। सौभाग्य से बरसात भी धीमी होकर थोड़ी देर बाद थमने लगी थी।

हम कुल 42 व्यक्तियों को लेकर सुबह के क़रीब 5-6 बजे तक दिल्ली पहुँच गए। उन दिनों हमारा दफ़्तर दिल्ली के साउथ एवेन्यू इलाक़े में था। यह संसद सदस्यों के रहने का सरकारी इलाक़ा है। हमारे सांसद मित्र ने अपना वह फ़्लैट हमें दे रखा था। उन लोगों को उसी में ठहरा दिया गया। सबसे ज़्यादा चिन्ता गुलाबो की थी। खुले ट्रक में चलने से उसके और बाक़ी सभी के पहने हुए कपड़े लगभग सूख चुके थे। लेकिन वह फिर भी काँप रही थी। ऑफ़िस के बड़े कमरे की फ़र्श पर एक मोटी दरी बिछी रहती थी। उन्हें वहीं ले जाकर बैठा दिया गया। समस्या ओढ़ने के कपड़ों की थी। मैंने तुरन्त अपने एक सहयोगी की मदद से खिड़कियों पर लगे कुछ पर्दे उतारकर सबसे पहले गुलाबो को ओढ़ाकर लिटा दिया। हमारे किचन में थोड़ा-सा दूध पड़ा था। मैंने जल्दी से दो कप कड़क चाय बनाकर उस बच्ची को पिलवाई। उसी बीच उसकी माँ को विक्स की मलहम देकर गुलाबो के शरीर पर मलवाई। चाय पीते ही उसके चेहरे पर आई पहली बार मुस्कुराहट देखकर मुझे बहुत अच्छा लगा। उससे भी अच्छा तब लगा जब वह बोली, “भैया जी, चाय बहुत अच्छी बनी है। मैंने ऐसी चाय पहले कभी नहीं पी थी।”

गुलाबो चौदह साल की थी, लेकिन वह अपने आठ बरस के भाई से भी ज़्यादा दुबली-पतली और छोटी दिखती थी। वह कई दिनों से बीमार चल रही थी। भट्ठे पर दवाई की कोई व्यवस्था नहीं थी। पिछली रात से उसे तेज़ बुख़ार था और खाँसी चल रही थी। इसलिए मैंने बुख़ार की साधारण दवाई, पैरासिटामोल खिला दी। सोचा कि कुछ देर में डॉक्टर को बुलाकर दिखा देंगे। थोड़ी देर के बाद वह उठकर दीवार के सहारे बैठ गई। उसने बड़ी हैरानी से कमरे के चारों तरफ़ नज़र घुमाई। फिर अपने पिता सूबे सिंह से पूछा, "बापू, हम कहाँ हैं?" सूबे ने मेरी तरफ़ इशारा करते हुए कहा, "पता नहीं कहाँ हैं। यही बाबूजी हमें भट्ठे से छुड़ाकर लाए हैं।"

गुलाबो मेरी तरफ़ देखती रही। मैंने बैठकर उसके सिर पर हाथ फेरते हुए कहा, "गुलाबो, अभी तुम दिल्ली में हो! अब तुम सब आज़ाद हो चुके हो।" वह तब भी मेरी तरफ़ घूरे जा रही थी। शायद मेरी बात समझ नहीं सकी थी या उसे मुझ पर भरोसा नहीं हुआ था। तब तक उनमें से कुछ और लोग हमारे पास आकर खड़े हो गए थे। मैंने उन सभी को समझाते हुए कहा कि हम जल्दी ही उन्हें उनके गाँव पहुँचाने का इन्तज़ाम कर रहे हैं। उन्हें किसी मालिक से डरने की ज़रूरत नहीं है। उसका क़र्ज़ा नहीं चुकाना पड़ेगा। वे घर लौटने के बाद अपनी मर्ज़ी से कोई भी काम-धन्धा कर सकते हैं।

वह सुनते ही सभी के चेहरे पर इत्मीनान भरी मुस्कुराहट बिखर गई थी। मेरा हाथ तब भी गुलाबो के सिर पर था। वह पर्दे के कपड़े से एक हाथ बाहर निकालते हुए अपनी माँ से बोली, "क्या हम सचमुच घर जाएँगे? चलो जल्दी से चलते हैं।"

थोड़ी देर के बाद ज़्यादातर महिलाएँ और पुरुष अपनी-अपनी गठरियाँ बाँधने लगे थे। मैंने समझाया कि वे अभी आराम से बैठे रहें, क्योंकि वापस भेजने की तैयारी में दोपहर तो हो ही जाएगी। इसीलिए उन्होंने गठरियाँ खोलकर ऑफ़िस के बाहर खुले मैदान में कपड़े सुखाने शुरू कर दिए। मैं भी बाहर निकलकर उनके चेहरों पर तेज़ी से खिल रहे आज़ादी के एहसास का मज़ा लेने लगा।

उस दिन उन्हें गाँव नहीं भेजा जा सका, क्योंकि घनश्याम परदेशी और कोर्ट के अधिकारी सभी के बयान दर्ज नहीं हो पाए थे।

गुलाबो की तबीयत भी ठीक-ठाक थी। उसने चाय के साथ पाव रोटी खा ली थी। मैंने एक डॉक्टर मित्र की सलाह से उसे बुख़ार और खाँसी की कुछ दवाइयाँ

दे दी थीं। हमने सोचा कि अगले दिन उसे डॉक्टर के पास ले जाकर दिखा देंगे। उनसे मुलाक़ात का वक़्त भी ले लिया था। उसे दूसरे दिन सुबह से बुख़ार नहीं चढ़ा था। फिर दोपहर में अचानक कँपकँपी के साथ तेज़ बुख़ार चढ़ गया। मैं जब सूबे सिंह के बुलाने पर वहाँ पहुँचा, तो देखा कि वह ज़ोर-ज़ोर से अपने हाथ-पाँव पटक रही थी। और 'अम्मा-अम्मा, बापू-बापू' कहकर बुदबुदा रही थी। उसकी माँ मुझे देखते ही बिलख पड़ी, "बाबूजी, मेरी बेटी को बचा लो!" सूबे सिंह पीछे निरीह-सा खड़ा था। वह आँखों में आँसू भरे हुए कातर भाव से मेरी तरफ़ देख रहा था। मैंने वहीं बैठकर गुलाबो के सिर पर हाथ रखकर देखा। उसका शरीर बुरी तरह तप रहा था। हमने तत्काल उसके सिर पर ठंडे पानी की पट्टियाँ रखना शुरू कर दिया। थोड़ी देर के बाद उसका बुख़ार थोड़ा कम होने लगा था। मैंने अपने एक कार्यकर्ता से कहा कि वे अस्पताल चलने की तैयारी करें।

कई घंटे से गुलाबो माँ की गोद में लेटी हुई थी। मैंने धीरे-से उसका सिर अपनी गोद में ले लिया। वह बीच-बीच में खाँसते-खाँसते आँखें खोलकर बोल पड़ती थी, "मुझे मरना नहीं है, मुझे बचा लो।" उसकी आँखों में एक असहनीय वेदना थी। वह किसी चमत्कार की आशा से मेरी तरफ़ देख लेती थी। वह एक हाथ से मुझे और दूसरे से अपनी माँ को भींचकर पकड़े हुए थी। धीरे-धीरे उसके हाथों की पकड़ ढीली होने लगी। उसने दो-तीन बार तेज़-तेज़ साँसें लीं। फिर अचानक उसकी आँखें फटी-की-फटी रह गईं। उसके आख़िरी शब्द थे, "मुझे बचा लो। मुझे बचा ले भैया जी, मुझे बचा ले अम्मा!" उसने मेरी गोद में ही दम तोड़ दिया। गुलाबो दुनिया छोड़कर जा चुकी थी। फिर भी मैं वह नहीं समझ पाया था। मैं उसके मरने के बारे में सोच ही नहीं सकता था। हम उसके हाथ-पैर मलते हुए उसे पुकारते रहे थे, किन्तु उसके शरीर में कोई हलचल नहीं हुई।

मैं गुलाबो को उठाकर बाहर अपनी जीप की तरफ़ भागा। सूबे सिंह मेरे साथ था। हम सीधे राम मनोहर लोहिया अस्पताल पहुँचे। यह दिल्ली के बड़े और अच्छे सरकारी अस्पतालों में से एक है। मैं रास्ते भर सोचता रहा कि शायद ईश्वर को हम पर दया आ जाए। शायद वह फिर से आँखें खोल दे। लेकिन आपातकालीन वार्ड में ले जाते ही डॉक्टरों ने बता दिया कि लड़की मरी हुई ही लाई गई है। उसे पोस्टमॉर्टम की कार्यवाही के लिए वहीं पर जमा कराना पड़ा। बड़ी दौड़-धूप के बाद दूसरे दिन दोपहर तक गुलाबो का शव सूबे सिंह को मिल पाया। पोस्टमॉर्टम रिपोर्ट

के मुताबिक़ उसकी मौत भयानक टी.बी. के कारण हुई थी। उसके दोनों फेफड़े पूरी तरह ख़त्म हो चुके थे। वह गम्भीर कुपोषण की शिकार भी थी।

अस्पताल वालों ने सूबे सिंह से कुछ काग़ज़ों पर दस्तख़त करने के लिए कहा। उसने अपनी सदियों की वेदना और बेबसी को एक ही वाक्य में बोल दिया, "डॉक्टर साहब, मुझे दस्तखत करना नहीं आता, अगर मैं पढ़-लिख सकता तो मेरी बेटी जानवरों-जैसी मौत नहीं मरती।" आख़िर उसके अँगूठे और मेरे हस्ताक्षरों की गवाही से काम चल गया। मैं और सूबे, गुलाबो की लाश को अपनी जीप में रखकर निगमबोध घाट के पास बने विद्युत शवदाह गृह ले गए। वहाँ की कार्रवाई पूरी करके मैंने शव को उठाकर ट्रे में रख दिया। पास में खड़ा सूबे फूट-फूटकर रोए जा रहा था। शायद मैंने अपने जीवन में उससे ज़्यादा बेबस, लाचार और दुखी आदमी पहले कभी नहीं देखा था। वह ऐसा अभागा बाप था जो अपनी बेटी को घर से अस्पताल तक और अस्पताल से श्मशान तक एक बार भी अपने हाथों में नहीं उठा पाया था। दरअसल उसका दाहिना हाथ था ही नहीं। कई साल पहले भट्ठे पर काम करने के दौरान उसका हाथ बुरी तरह जल गया था। ठीक से इलाज न हो सकने से उसे कन्धे से काटना पड़ा था। दो दिनों पहले की उठापटक में उसके बाएँ हाथ की हथेली भी ज़ख़्मी हो गई थी।

मैंने सूबे के घायल हाथ को सहारा देकर ट्रे को बिजली की भट्ठी के भीतर धकेल दिया। वह तेज़ आँच के सामने खड़ा हुआ एक ठंडी आह भरते हुए बुदबुदाता रहा, "बाबूजी, मेरी बेटी तो पहले ही जल-जलकर मर चुकी थी! अब तो हम उसकी राख को फिर से जला रहे हैं।" वह सच बोल रहा था। एकदम पूरा और कड़वा सच। गुलाबो के आख़िरी शब्द, 'भैया जी मुझे बचा ले' आज भी मेरे कानों में गूँजते रहते हैं। वह पुकार मेरे भीतर के आक्रोश और करुणा का सबसे बड़ा ईंधन है।

मैं गुलाबो की मृत्यु से पहले तक बच्चों के साथ-साथ सभी बँधुआ मज़दूरों की आज़ादी और न्याय के लिए लड़ रहा था। लेकिन उस घटना के बाद क़रीब-क़रीब पूरा ज़ोर बाल दासता को मिटाने में लगाने लगा था।

एक थी सुल्ताना

पंछी, हवा, रौशनी और ख़ुशबू सीमाएँ नहीं जानते। चाहे वे सीमाएँ मज़हबों की हों, या फिर मुल्कों की। यह कहानी ऐसे ही दो उन्मुक्त पंछियों की है। यह नेपाल और बांग्लादेश की अनजान अँधेरी गलियों की कहानी है।

गलियाँ भले ही कितनी सँकरी, गन्दी, टेढ़ी-मेढ़ी और ऊबड़-खाबड़ क्यों न हों, ज़िन्दा होती हैं। क्योंकि वे ख़ुद अँधेरी रहकर ढेरों कीड़े-मकोड़ों, जानवरों और इनसानों को खुलकर रो सकने और सिमटकर सोने के लिए पनाह देती हैं। यह कहानी उन्हीं के भीतर धधकती हुई आग में कभी मोम की तरह पिघलते, तो कभी सोने की तरह निखरते हुए दिलों की है। यह उन आँखों, कानों और छुअन की कहानी है जो स्नेह की एक-एक नज़र और एक-एक शब्द के लिए तरसते रहते हैं, जबकि उनके भीतर प्यार का समन्दर भरा होता है।

घायल पंख लिये आसमान छूने की कोशिश में लगे सपनों की और कभी हार न मानने वाले हौसलों की यह कहानी बासु और सुल्ताना की है।

14 जनवरी, 1998 की बात है। हम मनीला में ग्लोबल मार्च की शुरुआत की तैयारी कर रहे थे। वह यात्रा बाल मज़दूरी के ख़िलाफ़ विश्वव्यापी आन्दोलन खड़ा करने और उस अपराध को रोकने के लिए अन्तरराष्ट्रीय क़ानून बनवाने के उद्देश्य से की गई थी। यात्रा मनीला के अलावा केपटाउन और साओ पोलो से भी शुरू हुई थी।

मैं यात्रा में शामिल होने के लिए पहुँचे लगभग 50 बच्चों के साथ बैठकर बातचीत कर रहा था। वे लगभग 20 देशों से आए थे। मेरी नज़र वहाँ मौजूद सबसे छोटे बच्चे पर पड़ी। उसके चेहरे पर बड़ा आत्मविश्वास और आँखों में जिज्ञासा के साथ-साथ स्नेह की गहरी भूख थी। मैंने उसे तुरन्त अपने पास बुलाकर गोद में बैठा लिया। उसका चेहरा खिल उठा। उस लड़के का नाम बासुदेव भट्टराई था।

उन्हीं बच्चों में से एक थी बांग्लादेश की ग्यारह वर्षीया सुल्ताना। वह एक कोने में सिमटी-सी बैठी थी। उसकी बड़ी-बड़ी और गहरी आँखों में भरे प्यार के समन्दर में जैसे पूरी दुनिया समा सकती थी। मैं तो सिर्फ़ एक साधारण इनसान ही था। थोड़ी देर में मैंने उसे अपने पास बुला लिया। अचानक ही मैं उसके लम्बे घने बालों की चोटी गूँथने लगा जैसा मैं अक्सर अपनी बेटी के साथ करता था। साँवले रंग, लम्बे चेहरे, थोड़े से बड़े दाँतों और काले घने बालों वाली सुल्ताना के मुस्कुराने से इनसानियत और प्यार की रोशनी बिखर जाती थी। उसकी आवाज़ कोयल की तरह मीठी थी।

पूरे विश्व यात्रा में साथ चलने वाले लगभग सभी बच्चे मेरे अपने बच्चों की तरह, शायद उनसे भी ज़्यादा, मुझे प्यार करने लगे थे। लेकिन दो बच्चे ऐसे भी थे जो यात्रा ख़त्म होने के बाद अपना परिवार और देश छोड़कर मेरे साथ रहने के लिए दिल्ली आ पहुँचे।

मेरी उस बांग्लादेशी बेटी की कहानी ज़्यादा लम्बी नहीं बन सकी, क्योंकि वह छोटी-सी उम्र में ही दुनिया छोड़कर चली गई। जब मैं विश्व यात्रा की शुरुआत में मनीला में उससे मिला था, तब उसे हिन्दी का एक वाक्य बोलना भी नहीं आता था। बांग्ला और हिन्दी के कई शब्द मिलते-जुलते हैं, क्योंकि दोनों भाषाएँ संस्कृत से उपजी हैं। मुझसे ठीक ढंग से बतिया सकने के लिए उस बच्ची ने कड़ी मेहनत करके कुछ ही दिनों में कामचलाऊ हिन्दी सीख ली थी।

एक बार उसने अचानक पीछे से आकर अपनी नन्ही हथेलियों से मेरी आँखें ढककर पूछा, "अंकल, बताओ मैं कौन हूँ?" मैंने मज़ाक़ में बोल दिया, "लगता है कि उँगलियाँ सुल्ताना की नहीं, किसी और की हैं।" उसने चिढ़कर मेरे बाल और दाढ़ी खींचते हुए कहा, "आप तो अपनी बेटी के हाथ तक नहीं पहचानते।" फिर अपनी बड़ी-बड़ी आँखों से उतने ही मोटे-मोटे आँसू टपकाती हुई दूर भाग खड़ी हुई। मैंने उसे गले से चिपटाकर मनाया, तब जाकर मानी। फिर वह रात के खाने के वक़्त पास आकर धीरे-से मेरे कान में बोली, "आप नहीं जानते कि मैं आपको अपने अब्बू से भी ज़्यादा प्यार करती हूँ। मैं जानती हूँ कि आप मुझे उतना ही प्यार करते हो, लेकिन किसी को दिखाते नहीं हो। नहीं तो सब मुझसे चिढ़ जाएँगे। बोलो ठीक कह रही हूँ न?"

मुझसे लाड़ जताने का उसका एक और तरीक़ा था। हम लोग दिनभर नारे लगाते हुए ख़ूब पैदल चलते थे, जगह-जगह मीटिंगों में भाषण देते थे और कई कार्यक्रमों में हिस्सा लेते थे। फिर मैं रात को सोने से पहले सभी बाल यात्रियों के साथ बैठकर गपशप और हँसी-मज़ाक़ करता था। सुल्ताना उसी बीच में से उठकर मेरा सिर सहलाने लगती थी। मेरे रोकने पर मुँह बनाते हुए कहती थी, "अंकल, मैं जानती हूँ, पूरे दिन इतनी मेहनत करने से आप थक गए हैं।" मैं उसके गाल पर थपकी देकर उसे रोक देता था। लेकिन मौक़ा मिलते ही वह फिर से चन्द सेकेंडों के लिए ही सही, मेरे सिर पर हाथ फेर लेती थी। एक बार उसने बताया था कि बचपन में किसी ने कहा था कि ऐसा करने से आसमानी फ़रिश्तों की दुआएँ मिलती हैं।

सुल्ताना की माँ उसके अब्बू की दूसरी या शायद तीसरी बीवी थीं। उनकी उम्र अपने पति से आधी रही होगी। पहले उसके अब्बू रिक्शा चलाते थे, लेकिन बुढ़ापे और बीमारी की वजह से बिस्तर पकड़ चुके थे। उसका एक बड़ा भाई था, जो आवारा घूमता रहता था। घर चलाने के लिए माँ-बेटी दूसरों के घरों में

मज़दूरी करके कुछ पैसे कमा लेती थीं। कई बार उन्हें भूखे रहकर दिन गुज़ारने पड़ते थे। बांग्लादेश की राजधानी ढाका में ग़रीबों के बीच काम करने वाली एक संस्था सुल्ताना को पार्ट टाइम पढ़ाती थी। उसके अलावा रुपये-पैसे से थोड़ी-बहुत मदद भी करती थी। उसी संस्था ने उसे विश्व यात्रा के लिए चुनकर भेजा था। संस्था के एक कर्मचारी ने कहा था कि अगर वक़्त रहते उस बच्ची की सहायता न होती तो उसे वेश्यावृत्ति में धकेला जा सकता था। उनका कहना था कि उसका पिता अपनी पत्नी के चाल-चलन पर शक करता था, क्योंकि वह नए-नए कपड़े पहनकर सज-धजकर घूमती थी।

भारत से गुज़रते हुए हमारी विश्व यात्रा तीन दिनों तक दिल्ली में रुकी थी। यात्रा में साथ चल रहीं कई विदेशी लड़कियों को हमने अपने घर में ठहराया था। सुल्ताना भी उनमें से एक थी। तब वह ऐसा व्यवहार कर रही थी, जैसे उसी का घर हो। हमें उसकी वह बात बहुत अच्छी लगी थी। जाते वक़्त उसने कहा था कि वह जल्दी ही लौटकर आ जाएगी। तब हमने उस बात को केवल मज़ाक़ समझा था।

सन् 2001 की बात है। एक दिन अकस्मात् सुल्ताना अपनी अम्मी के साथ दिल्ली पहुँच गई। माँ-बेटी सीधे मुक्ति आश्रम पहुँचकर ठाठ से एक कमरे में ठहर गईं। वे अपनी पूरी गृहस्थी का सामान साथ लेकर आई थीं। कुछ समय पहले, इसी तरह एक दिन नेपाल से बासु के भागकर मेरे पास चले आने पर मुझे उतनी हैरानी और ख़ुशी नहीं हुई थी, जितनी कि इस बच्ची के आने पर। लेकिन चिन्ता भी बहुत थी। नेपाल और भारत के बीच सीमाएँ खुली होने से दोनों देशों के नागरिक आसानी से आ-जा सकते हैं, और बस भी सकते हैं। जबकि बांग्लादेश से वीज़ा लेकर आना पड़ता है, और निश्चित समय के भीतर वापस लौटना होता है। लेकिन सुल्ताना लौटने के लिए नहीं आई थी।

विश्व यात्रा के कुछ महीनों के बाद ही उसके पिता की मृत्यु हो चुकी थी। वह तभी से हमारे पास आने के लिए और ज़्यादा बेचैन थी। माँ-बेटी ने संस्थावालों की मदद से बस के ज़रिये कोलकाता तक पहुँचने का इन्तज़ाम कर लिया था। आगे की यात्रा के लिए उनके पास पैसे नहीं थे। उलटे वे चार बड़े बैगों और कई थैलों में घर का पूरा सामान साथ लेकर चल रही थीं। सुल्ताना की माँ एक चतुर महिला थीं। उनके लिए कोलकाता में भाषा की समस्या नहीं थी। उन्होंने दिहाड़ी मज़दूरी का काम ढूँढ़ लिया और क़रीब महीने भर तक वहीं पर रहकर

दिल्ली पहुँचने के लिए पैसे बचा लिये। इसके बाद ही वे दोनों दिल्ली पहुँची थीं।

वे कई हफ़्तों तक मुक्ति आश्रम में रहीं। कुछ दिनों तक हमारे घर में भी ठहरीं। सुल्ताना की माँ ज़िद कर रही थी कि बहुत सारे बांग्लादेशियों की तरह ही वह और उनकी बेटी भारत में बस सकती हैं। हम उन्हें बार-बार समझा रहे थे कि वह ग़ैर-क़ानूनी काम है। हम इस तरह उन्हें अपने साथ नहीं रख सकते, और न ही उन्हें यह सलाह दे सकते थे कि वीज़ा का समय ख़त्म होने के बाद वे एक दिन भी भारत में रुकें। आख़िर वे बड़ी मुश्किल से बांग्लादेश लौटने के लिए राज़ी हुईं।

हम जानते थे कि ढाका वापस भेजना उन्हें भुखमरी और मुफ़लिसी की ज़िन्दगी में धकेलने जैसा था। इसलिए हमने उन्हें वापस भिजवाने से पहले सुल्ताना के बड़े भाई की मदद करने के लिए उसी संस्था के अधिकारियों से फ़ोन पर बातचीत की।

पिता की मौत के बाद भाई को यह एहसास हो गया था कि उसे कोई काम-धन्धा करना पड़ेगा। मैंने उससे बात की। उसने बताया कि वह ऑटो रिक्शा चलाना जानता है। अगर किसी तरह एक ऑटो रिक्शा का प्रबन्ध हो जाए तो पूरा परिवार पल जाएगा। मैंने उसे क़ुरान-ए-पाक की अहद दिलाई कि वह सुल्ताना को पढ़ाएगा-लिखाएगा और उसकी हिफ़ाज़त करेगा। हमने उसी शर्त पर उसके रिक्शे के लिए किसी तरह 40 हज़ार रुपये का प्रबन्ध कर दिया था। संस्थावालों ने भी सुल्ताना की मदद करने का वायदा किया था।

वह लड़की मुझ पर पूरा भरोसा करती थी। लेकिन उस विश्वास और मेरे सामर्थ्य के बीच भारत-बांग्लादेश की सीमा थी। ऐसा नहीं कि मैंने उसे अपने पास रखने के लिए वकीलों और जानकारों से सलाह न ली हो। लेकिन फिर भी मैं उसे नहीं रोक पाया था। ईश्वर या प्रकृति ने हमें एक ही धरती दी है, परन्तु हमने उसे अलग-अलग देशों में बाँटकर इनसानियत को बड़ी निर्लज्जता और नृशंसता से रौंदा है! मनुष्य जाति के लिए पूरी धरती के एक बने रहने को ही असली सभ्यता कहा जा सकता है। टूटते रहना तो असभ्यता और अज्ञान की निशानी है। कुछ सालों के बाद सुल्ताना की माँ की मृत्यु हो गई थी। बड़े भाई ने कहीं पर उसका विवाह कर दिया था। लेकिन वह ससुराल से जीवित अपने घर नहीं लौट सकी। मुझे बताया गया कि उसके पति ने सुल्ताना की हत्या करके उसे चुपचाप दफ़न कर दिया था। मैंने वहाँ के कुछ मित्रों से उस मामले में कार्रवाई कराने की कोशिश करने का आग्रह किया। लेकिन तब तक बहुत देर हो चुकी थी। मैं उससे ज़्यादा कुछ नहीं

कर पाया, क्योंकि फिर से वही भारत और बांग्लादेश की सीमा आड़े आ गई थी।

संयोग से बासु के मामले में ऐसा नहीं हुआ क्योंकि भारत और नेपाल के बीच में दोनों देशों की सीमा होने के बावजूद आवाजाही पर रोक-टोक नहीं है। यात्रा में कुछ ही दिन साथ रहने पर बासु मेरा दोस्त बन गया था। वह मुझे बन्दर के एक चंचल बच्चे की तरह उछल-उछलकर उत्साह से अपनी कहानी सुनाता रहता था। कभी-कभी मेरे कन्धे या सिर पर चढ़कर बैठ जाता था। वह अपने स्वास्थ्य और खाने-पीने के मामले में बड़ा सतर्क रहता था। वह भोजन की वस्तुएँ बड़े चुन-चुनकर व सोच-समझकर खाता था। मेरा बासु से यह पूछने का एक अलग तरीक़ा था। मैं गाहे-बगाहे उससे पूछता था, "बासुदेव भट्टराई, खाना खाई कि न खाई?"

वह मुस्कुराकर जवाब देता था, "हाँ जी अंकल, खाना खाई, खूब खाई, खूब खाई!"

लगभग नौ वर्षीय बासु ठिंगना और दुबला-पतला होने के कारण पाँच-छह साल का नज़र आता था। वह पूरी यात्रा के दौरान मंच पर सबसे आगे की क़तार में खड़े होने वाले बच्चों में से एक था। वह वयस्कों के वक्तव्य बहुत मन लगाकर सुनता और जल्दी से सीख लेता था। उसने बताया था कि वह बड़ा होकर एक्टर बनना चाहता है। वह ऐसा सोचता था कि उसके पिता एक बंगाली भारतीय थे और माँ शायद नेपाली थीं। वह ठीक से नहीं जानता था कि उसका जन्म कहाँ हुआ था। उसे अपने पिता से हुई बातचीत की कुछ धुँधली यादें थीं। बाक़ी शायद फ़ैंटेसी होगी क्योंकि उनकी मौत के वक़्त वह बहुत छोटा था और बाद में कभी किसी रिश्तेदार से भी नहीं मिला था। मेरे ख़याल से उसका जन्म नेपाल की राजधानी काठमांडू में हुआ था। उसने वहीं पर होश सँभाला था।

काठमांडू एक बड़ा ख़ूबसूरत शहर है। किन्तु उतनी ही गन्दगी से भरा हुआ। हिमालय की घाटी में बसा यह शहर विदेशी सैलानियों के लिए हमेशा पलक-पाँवड़े बिछाए रहता है। लगता है कि वहाँ की ज़िन्दगी की रफ़्तार उन्हीं के पैसों से चलने वाले होटलों, रेस्त्राओं, शराबख़ानों और मौज़-मस्ती, वेश्यावृत्ति, मनोरंजन व जुए के अड्डों आदि पर टिकी है। दूसरी ओर वह ऐतिहासिक मन्दिरों का शहर है। वहीं पर हिन्दुओं के आराध्य देव शिव जी का अत्यन्त सुन्दर और प्राचीन पशुपतिनाथ मन्दिर है। काठमांडू के मन्दिर और गलियाँ हज़ारों बच्चों के जीने का आसरा ही नहीं, बल्कि उनकी ज़िन्दगी का हिस्सा बन चुकी हैं। ये गलियाँ बड़ी टेढ़ी-मेढ़ी,

घुमावदार, ऊँची-नीची, कहीं पर बेहद सँकरी तो कहीं ख़ूब चौड़ी और कहीं-कहीं अँधेरी व बन्द, तो कहीं एकदम खुली व उजली हैं। बासु की ज़िन्दगी उन गलियों से शुरू होकर अब तक उन्हीं की तरह से चल रही है। मन्दिरों में बलि के नाम पर कटने वाले भैंसों और बकरों की चीख़ें, शाम को जगमगाते दीपक, मधुर आरती, घंटियाँ, नगाड़ों और शंखों की ध्वनियाँ; सड़कों पर कभी तेज़ गति से दौड़ती कारें तो कभी गलियों में रेंगते रिक्शे आदि सभी चीज़ों से मिलकर उसका व्यक्तित्व बना है।

विश्व यात्रा ख़त्म हो जाने के बाद हम सभी अपने-अपने देश वापस लौट गए थे। बासु भी नेपाल चला गया था। सन् 1999 के जनवरी महीने में एक दिन अचानक उसका फ़ोन आया। मैंने ख़ुश होकर उसका हालचाल पूछा। वह बोला, "अंकल थोड़ी देर ठहर जाइए। मैं ख़ुद ही आकर अपने हालचाल बता दूँगा।" यह कहकर उसने फ़ोन काट दिया। मैं कुछ समझ नहीं पाया था। थोड़ी देर के बाद वह सचमुच हमारे ऑफ़िस पहुँच गया। उसे अपने साथ पाकर मुझे बहुत आश्चर्य और प्रसन्नता हुई। मुझे शुरू से ही यह शक था कि वह ज़्यादा दिनों तक काठमांडू में नहीं टिक सकेगा।

बासु ने बताया कि उसने ग्लोबल मार्च के दौरान बच्चों को दिए जाने वाले जेब ख़र्च में से पैसे बचाकर नेपाल जाकर एक पुरानी साइकिल ख़रीद ली थी। उसने कहा, "मुझे आपकी बहुत याद आती थी। मैं आपके बिना नहीं रह सकता था। इसलिए एक दिन मैंने अपनी साइकिल बेच दी। उससे मिले पैसों से मैंने कुछ कपड़े खरीदे। फिर बस की टिकट लेकर गोरखपुर (भारत) पहुँच गया। मेरे पास दिल्ली तक पहुँचने के लिए पूरे पैसे नहीं बचे थे। मैंने वहीं पर चाय के एक ढाबे पर काम करना शुरू कर दिया। मुझे लगा कि मज़दूरी मिलने के लिए तो कई दिनों तक इन्तज़ार करना पड़ेगा, इसलिए कुछ किया जाए। मैं मौक़ा मिलते ही काउंटर से कुछ रुपये चुराकर भाग निकला। अंकल, विश्वास कीजिए! मैंने अन्दाज़ से उतने ही रुपये निकाले थे, जितने दिल्ली तक पहुँचने के लिए ज़रूरी थे। अब मैं हमेशा के लिए दिल्ली आ गया हूँ।"

मैंने उस दिन बासु से अच्छे-बुरे के बारे में कोई बात नहीं की, न ही चोरी करने के लिए उस पर कोई ग़ुस्सा किया। बाद में बड़े धीरे-से उसे यह अहसास कराया कि चोरी करना क्यों बुरा है, भले कितनी ही सख़्त ज़रूरत क्यों न हो।

वह कुछ दिनों तक हमारे परिवार के साथ रहा था। फिर मैंने उसे बाक़ी बच्चों

के साथ मुक्ति आश्रम में रहने के लिए मानसिक तौर पर तैयार किया। वहाँ से उसकी ज़िन्दगी का नया अध्याय शुरू हुआ। उसे नत्थूपुरा गाँव के एक स्कूल में दाख़िल करा दिया गया था। वह बड़े फ़ख़्र से बताता है, "वह मेरे लिए सबसे खुशी का दिन था, जब मैंने स्कूल जाना शुरू किया। पहली बार लगा था कि मैं एक अनाथ फुटपाथी बच्चा या बाल मजदूर नहीं हूँ, बल्कि स्कूल के दूसरे बच्चों की तरह एक इज्जतदार विद्यार्थी हूँ।"

एक्टिंग, मार्शल आर्ट, बॉडी बिल्डिंग और अंग्रेज़ी भाषा सीखना उसके ख़ास शौक़ थे। इनके अलावा उसे बेहतरीन जूते, बढ़िया काला चश्मा और सलीकेदार कपड़े पहनना ख़ूब भाता था। वह मुक्ति आश्रम में रहने के दौरान पढ़ाई-लिखाई में ध्यान देने के बजाय अपने शौक़ पूरे करने में ज़्यादा वक़्त गुज़ारता था। उसके सपने बहुत बड़े-बड़े थे। आश्रम के अधिकारियों और बच्चों की हमेशा यही शिकायत रहती थी कि अंग्रेज़ी सीख जाने के कारण वह उनसे सीधे मुँह बात नहीं करता। सभी को शक़ की निगाहों से देखता है। हरेक की कमियों और ग़लतियों पर ही उसकी नज़र रहती है। उसे अपने स्वार्थ या भविष्य की उधेड़बुन के अलावा किसी से कोई लेना-देना नहीं है। वह कई बार अपने अध्यापकों के साथ बुरी तरह झगड़ा कर लेता था। साथियों के साथ भी मारपीट करता रहता था। मैं उन्हें बासु और दूसरे बच्चों की मनोवृत्ति के बुनियादी फ़र्क़ के बारे में समझाता रहता था। उसका बचपन जिन बुरे हालात में बीता था, वह उनके असर से भला कैसे बच सकता था? ख़ुद को ज़िन्दा रखने और हालात से लड़कर आगे बढ़ने वाले फ़ुटपाथी बच्चों की मानसिकता किसी मालिक के यहाँ गुलामी करने वाले बच्चों से अलग होती है।

अपने बचपन की पीड़ा बयान करते हुए उसने बताया था, "मैंने जब अपने पापा को आख़िरी बार पुकारा तो वे नहीं बोले। उन्होंने अपनी आँखें नहीं खोलीं। वे हिले-डुले तक नहीं। पड़ोस के कई लोग उनके आसपास गमगीन खड़े थे। किसी ने बताया कि अब तुम्हारे पिता इस दुनिया में नहीं हैं। पर मैं कैसे मानता? वे तो मेरे सामने थे। मैं रोने लगा। लोगों ने मुझे वहाँ से हटा दिया और उन्हें उठाकर न जाने कहाँ ले गए। वे फिर कभी मुझे नहीं मिले। जान-पहचानवालों ने थोड़े-बहुत दिनों तक मेरी मदद की थी। लेकिन बाद में मुझे एक यतीम की तरह छोड़ दिया था। एक दिन मकान मालिक ने मुझे घर से निकल जाने को बोल दिया। मैं घर की हर चीज़ में पापा को ढूँढ़ता रहता था। वह बिस्तर, जिस पर लिटाकर वे अपनी ज़िन्दगी

की कहानियाँ सुनाते थे और नसीहतें देते थे, कमरे का वह फर्श और बरामदा, जहाँ वे मेरे साथ खेलते थे, वह दरवाजा, जिसमें से वे मुझे गोद में उठाकर निकलते थे, उन सभी चीजों में मुझे अपने पापा का चेहरा दिखाई देता था। कभी-कभी उनकी आवाज सुनाई पड़ती थी। उस घर के छूटने का मतलब, फिर से मेरे पिताजी का छूट जाना था। मुझे नहीं मालूम था कि मैं कहाँ जा रहा हूँ।"

वह भूख-प्यास के मारे शाम होते-होते भीख माँगने निकल पड़ा था। उसे पहली बार दूसरों के आगे हाथ फैलाते वक़्त ऐसा लग रहा था, मानो वह अपना गला घोंटकर ख़ुद को मार रहा हो। कोई रहम करके थोड़े पैसे या खाने का सामान दे देता था, तो किसी से गन्दी गाली और डाँट खानी पड़ती थी। उस दिन बासु की सबसे बड़ी चिन्ता रात गुज़ारने की थी। वह बुरी तरह थककर फ़ुटपाथ पर एक जगह ढूँढ़कर सोने की कोशिश करने लगा। उसे नहीं मालूम था कि फ़ुटपाथी बच्चों के गिरोह बने होते हैं। उनके मुखिया होते हैं, जो नए आने वाले किसी बच्चे को आसानी से अपने साथ शामिल नहीं करते। ऐसे गिरोह भीख माँगने के इलाक़े और रात में सोने के लिए फ़ुटपाथ बाँटे रखते हैं। किसी नए बच्चे के लिए मुखिया की दादागीरी मान लेने के अलावा कोई रास्ता नहीं होता।

बासु बिना इजाज़त के फ़ुटपाथ पर लेट गया था। वहाँ कुछ मुस्टंडे लड़कों ने उसकी पिटाई कर दी थी। थोड़े दिनों में वह भीख माँगकर पेट भरने के क़ाबिल बन चुका था। बल्कि कुछ पैसे बचा लेता था। वह दूसरे कमाऊ भिखमंगों के साथ उम्दा मछली और चिकन खाकर अपनी कमाई उड़ाने लगा था। बाद में उसके 'सीनियरों' ने उसे ज़बरदस्ती नशीले कश लेना सिखा दिया था। नशा करने के लिए काफ़ी ज़्यादा पैसों की ज़रूरत होती थी। भीख माँगने से उतनी कमाई नहीं हो पाती थी। वह जिस पुल के नीचे फ़ुटपाथ पर सोता था, वहाँ के कुछ बच्चे सवेरे मुँहअँधेरे ही कन्धे पर ख़ाली बोरियाँ लटकाकर कहीं निकल जाया करते थे। एक दिन उसे पता चला कि वे कचरे के ढेरों में से प्लास्टिक, लोहा, एल्यूमिनियम और काँच बीनने जाते थे। दुकानदार उन चीज़ों को अलग-अलग दामों पर ख़रीद लेते थे। इसलिए उसने भी कचरा बीननेवालों की राह पकड़ ली थी।

मैंने उससे पूछा कि उसने वह काम कब तक किया था और बाद में क्यों छोड़ा? इस पर उसने बताया, "मेरे एक साथी ने मुझे अपने दोस्त से मिलवाया। वह जेब काटने का धन्धा करता था। मैंने मना कर दिया कि ये गलत काम मैं नहीं

करूँगा। एक दिन मेरी जेब बिलकुल खाली थी और पेट उससे भी ज्यादा खाली था। नशे की बेचैनी अलग से हो रही थी। आखिर मैंने मौका देखकर एक आदमी की जेब पर हाथ मार दिया। पहली बार में ही रुपयों से भरा बटुआ हाथ लग गया। हमने खूब चिकन खाया, अच्छी सिगरेट फूँकी, और बस मस्ती-ही-मस्ती। उस दिन समझ गया था कि मैं इसी धन्धे के लिए बना हूँ।"

वह जल्दी ही एक शातिर जेबकतरा बन गया था। भोले चेहरे व उम्र और क़दकाठी में छोटा होने से कोई उस पर आसानी से शक नहीं करता था। एक बार की बात है। रोज़ की तरह, उसकी टोली काठमांडू के हवाई अड्डे पर रात में देर से उतरने वाली उड़ानों का इन्तज़ार कर रही थी। यात्री ट्रॉलियों में अपना सामान लेकर निकलना शुरू हुए थे, तभी घात लगाए बैठे बासु ने एक ट्रॉली से छोटा-सा ब्रीफ़केस झपट मारा। वह उसे लेकर दूर भागने में सफल हो गया। वह और उसके साथी दौड़ते-दौड़ते एक खेत में जा पहुँचे। वहाँ ब्रीफ़केस खोलकर देखा तो उसमें नोटों की ख़ूब सारी गड्डियाँ थीं। वे ख़ुशी के मारे पगला गए। किन्तु कुछ पलों में ही उस ख़ुशी पर पानी फिर गया। उनमें से किसी ने नोटों की पहचान करके बताया कि वे गड्डियाँ 'असली' नोटों की नहीं हैं।

उन्होंने नकली नोटों का धन्धा करनेवालों को जी भरकर गालियाँ दीं। रात में उनका ठंड के मारे बुरा हाल हो रहा था। वे एक-एक करके उन गड्डियों को जलाकर उनकी आग में अपने हाथ-पैर सेंकते रहे। अचानक उनका एक साथी वहाँ पहुँच गया। वह नोटों की गड्डियाँ जलाते देखकर ज़ोर से चीख़ पड़ा, "अरे ओ बेवकूफो, तुमने यह क्या कर डाला?" उसने झपटकर आग में से दो गड्डियाँ बाहर निकाल लीं। एक तो आधी जल चुकी थी, मगर दूसरी पूरी तरह साबुत बची हुई थी। फिर वह बोला, "बेवकूफो, तुम आईसी जला रहे हो। (नेपाल में भारतीय नोटों को आईसी और नेपाली रुपयों को एनसी बोला जाता है।) ये तो एनसी से भी ज्यादा कीमती होते हैं।" वे काफ़ी देर तक अपनी बेवकूफ़ी पर पछतावा करते रहे। फिर अगली सुबह दुकानें खुलते ही सबसे पहले एक बढ़िया रेस्त्राँ में जाकर महँगे-से-महँगा खाना खाया। अच्छे-से-अच्छे जूते, कपड़े, बेल्ट और चश्मे ख़रीदे। दो दिनों तक ख़ूब गुलछर्रे उड़ाए। तीसरे दिन से फिर वही ठन-ठन गोपाल।

बासु पेट पालने के लिए कुछ महीनों तक इधर-उधर की मज़दूरी करता रहा था। लेकिन उसकी ज़िन्दगी ने एक बार फिर से करवट बदली। काठमांडू में 'सीविन'

नामक एक संस्था फ़ुटपाथी बच्चों का जीवन सुधारने का काम करती थी। कार्यकर्ता बासु को अपने बालगृह, यानी फ़ुटपाथी बच्चों के रिहाइशी केन्द्र में ले गए। वह ख़ुशी-ख़ुशी वहाँ रहने लगा था। वहाँ पर एक अध्यापिका बच्चों को पढ़ाती थी। एक दिन उन्होंने सभी बच्चों से ब्लैकबोर्ड पर लिखी वर्णमाला का उच्चारण करने को कहा। जब कई बार कहने पर भी बासु वह नहीं कर सका तो अध्यापिका को क्रोध आ गया। उन्होंने हाथ में लिया हुआ लकड़ी का डस्टर उठाकर उसके ऊपर दे मारा। बासु ने आव देखा न ताव, वह सीधा रसोईघर में घुस गया। वहाँ से एक बड़ा-सा छुरा लाकर टीचर के पेट में घोंपने के लिए लपका। वह तेज़ी से दरवाज़े के बाहर भागने में सफल हो गई। बासु का वार बेकार हो गया। बड़े लड़कों ने उसे पकड़कर ख़ूब पिटाई की। चूँकि वह संस्था इसी प्रकार के बच्चों के लिए बनी थी, इसलिए उसे वहाँ से निकाल देने के बजाय उसके सुधार पर ज़्यादा ध्यान दिया जाने लगा था।

बासु और मैं अक्सर दोस्तों की तरह बातें करते रहते थे। एक बार उसने अपने पहले प्यार की चर्चा छेड़ दी थी।

"अंकल बताऊँ, मुझे कब पता चला कि मैडम से प्यार हो गया था?"

"हाँ, ज़रूर बताओ।"

बासु ने कहा, "हमारी संस्था में एक सुन्दर युवती समाज सेवा के लिए बच्चों को अंग्रेजी पढ़ाने जाती थी। वह कभी-कभी टेलीविजन पर मॉडलिंग भी करती थी। उसने पहले दिन मुझे देखकर पूछा, भई ये हीरो कौन है? मैं खुद को 'हीरो' सुनकर बहुत शरमा गया था।"

मैंने पूछा, "तब तुम कितने साल के थे?"

"आठ साल का।"

उसने आगे बताया, "एक दिन हम बच्चे टेलीविजन देख रहे थे। कुछ बच्चे उसमें मैडम को देखकर उनकी एक्टिंग का मजाक उड़ाने लगे। मुझे बड़ा गुस्सा आया और मैंने उन्हें पीट डाला।"

"अरे, क्या तुम्हारी मैडम को इस बात का पता चल पाया था?"

"नहीं, लेकिन मेरे दोस्तों ने मुझे बताया था कि इसी का नाम प्यार है। सचमुच मुझे उनसे प्यार हो गया था। मैं उनके साथ अपनी शादी के सपने भी देखने लगा था।"

"फिर आगे क्या हुआ?" मैंने हँसते हुए और भी जिज्ञासा से पूछा।

"होना क्या था? एक दिन शाम को अचानक देखा कि सभा घर में मैडम का विदाई समारोह होने जा रहा है। सभी बच्चे और स्टाफ वहाँ पहुँच चुके थे। मैं बाथरूम के पीछे छुपकर जोर-जोर से रोने लगा। मेरे दोस्त जानते थे कि मैं मैडम की जुदाई बर्दाश्त नहीं कर सकता। दो-तीन बड़े लड़के मेरे पास पहुँच गए। उन्होंने मुझे समझाया कि अपनी मोहब्बत का इजहार करने का यही सबसे अच्छा मौका है। इसे हाथ से न जाने दूँ, वरना जिन्दगी भर पछताना पड़ेगा।"

"फिर तुमने क्या किया?" मेरा कौतूहल बढ़ रहा था।

"मैंने उनकी बात मान ली। गमले में से गुलाब का एक फूल तोड़कर स्टेज के पीछे जाकर खड़ा हो गया। परन्तु मेरी हिम्मत नहीं हो रही थी कि जाकर मैडम से कुछ बोल सकूँ। मैं रोए जा रहा था। वे लड़के बोले कि मैं हिम्मत दिखाऊँ। आखिर मैं स्टेज पर जा पहुँचा। मैं रोते-रोते मैडम के सामने घुटनों के बल बैठ गया। मैडम की आँखें भी भर आईं। मुझे लगा कि वे भी मुझे प्यार करने लगी थीं। मैंने उनसे अपने प्यार का इजहार करने के लिए फूल देकर, 'आई लव यू' बोलकर उनसे शादी करने का प्रस्ताव कर डाला।"

उसकी बात सुनकर हँसी के मारे मेरा बुरा हाल हो रहा था। मैंने पूछा," फिर तो तुम्हारी शादी हो गई होगी?"

उसने कहा, "आपकी तरह पूरा हॉल ठहाके लगाकर हँस दिया था। मैडम भी हँसने लगी थीं। फिर पुचकारकर मुझसे बोलीं, 'बासु, तुम अभी बहुत छोटे हो! मेरे कन्धे से भी छोटे। जब मेरे बराबर लम्बे हो जाओगे तब हम शादी कर लेंगे।' उन्होंने यह कहकर मुझे गले लगाकर चूमा था।"

बासु ने मुक्ति आश्रम में रहते हुए दसवीं तक पढ़ाई पूरी कर ली थी। बासु को एक कॉल सेंटर में नौकरी मिल गई थी। उसे छोड़ने के बाद बासु ने आश्रम के नज़दीक बुराड़ी गाँव में एक कमरा किराये पर लेकर 'अमेरिकन एंड ब्रिटिश इंस्टीट्यूट ऑफ़ लिंग्वा-फ्रेंका' नाम से अंग्रेज़ी पढ़ाने का एक छोटा-सा केन्द्र खोल लिया था। उसमें नौकरियों की परीक्षा देने वाले कुछ युवक-युवतियाँ पढ़ने आते थे जिससे उसका गुज़ारा अच्छी तरह चल जाता था। लेकिन कुछ स्थानीय लोगों के साथ झंझट हो जाने से उसे वह काम बन्द कर देना पड़ा था। फिर उसने कुछ दूसरे पुराने बच्चों की तरह बचपन बचाओ आन्दोलन में काम करने की इच्छा ज़ाहिर की। हमारे यहाँ हमेशा से बहुत-से देशी और विदेशी वॉलंटियर आकर स्वयंसेवा करते

रहते हैं। संगठन के अधिकारियों ने उसे युवा वॉलंटियरों के संयोजन की ज़िम्मेवारी सौंप दी थी। लेकिन वह अपनी आदतों की वजह से ज़्यादा देर नहीं टिक पाया था।

मुझे उसी दौरान राजस्थान में एक अन्तरराष्ट्रीय कार्यक्रम में बुलाया गया था जिसमें कई देशों के महत्त्वपूर्ण लोग भारत आए थे। मैं अपने साथ युवा कार्यकर्ता बासु को भी ले गया था। उसने एक सत्र में अपनी कहानी सुनाई, जिससे सभी बड़े प्रभावित हुए थे। उन्हीं में से एक लुईस मिरांडा थे। वे उससे बहुत स्नेह रखने लगे थे। लुईस आर्थिक और सामाजिक विषयों के गहरे जानकार, उद्यमी और देश के जाने-माने सामाजिक तथा मानवतावादी कार्यकर्ता हैं। वे कई संस्थाओं के निर्माता और मार्गदर्शक भी हैं। वे अब भी जीवन के हर क्षेत्र में उसकी मदद करते रहते हैं।

बासु के साथ लड़कियों की दोस्ती की ढेरों कहानियाँ हैं। कभी कॉल सेंटर में काम करने के दौरान, तो कभी अंग्रेज़ी पढ़ाने के वक़्त की। विदेशी वॉलंटियरों के साथ रहने, सोशल मीडिया पर सक्रिय होने और दोस्तों के साथ देर रात की पार्टियों में जाने से कई लड़कियाँ उसकी दोस्त बनी थीं। वह उनके बारे में मुझे बताता रहता था और सलाह लेता था। मैं और बासु ख़ूब हँसी-मज़ाक़ किया करते हैं। वह कई बार सुमेधा जी को कुरेदता रहता है, "आंटी, अंकल तो इतने हैंडसम रहे हैं, उन पर तो कई लड़कियाँ मरती होंगी!" फिर इससे पहले कि वे अपना मुँह बनाकर उसे झिड़की लगाएँ, वह शैतानी भरे अन्दाज़ से कहता है, "हाँ, मगर आप भी तो इतनी सुन्दर हैं कि आप पर भी कई लड़के मरते होंगे।" वह यहीं नहीं रुकता। चिढ़ाते हुए बोलता है, "अब तो आप लोग बूढ़े होने लगे हैं...बस मान लीजिए। अब आपके साथ कोई क्रश नहीं करेगा।"

वह जो भी पैसा कमाता था, अक्सर अपने दोस्तों में बर्बाद कर देता था। प्यार, प्रसिद्धि और सम्मान पाने की भूख उसे पागल बनाए रखती थी। दोस्त उसकी भलमनसाहत का फ़ायदा उठाकर उसके पैसे हड़पते रहते थे। मैं यह जानता था, इसीलिए उसके जीवन में ठहराव लाने के लिए शादी करके अपना घर बसाने के लिए प्रेरित करता रहता था। उसने और मैंने इस बारे में कई लड़कियों और उनके माता-पिता से बातचीत की थी। लेकिन हर बार मामला इस बात पर अटक जाता था कि उसके परिवार और जात-बिरादरी का कोई अता-पता नहीं है, उसका कोई घर-बार नहीं है, या फिर वह अच्छी नौकरी नहीं करता है। उन बातों से उसे गहरी पीड़ा होती थी। कभी-कभी वह सामने रो पड़ता था। आख़िर दिल्ली में एक जगह

बात बन गई। लेकिन वह आसान नहीं था। एक बार उसने मुझे बताया कि वह सचमुच एक लड़की से बहुत प्यार करता है और उससे शादी के लिए तैयार है। उसे यह यक़ीन नहीं था कि वह भी उससे उतना ही प्यार करती है। सुमेधा जी और मैंने उस लड़की को मुक्ति आश्रम में बुलाकर बातचीत की। उससे यह पता लग गया था कि बासु और वह एक-दूसरे को पसन्द करते हैं, और शादी भी करना चाहते हैं।

उस लड़की का नाम चेतना था। चेतना में अपने घरवालों को बताने की हिम्मत नहीं हो रही थी। कुछ हफ़्तों के बाद हमने उसके माता-पिता और ख़ास रिश्तेदारों को अपने यहाँ भोजन पर बुलाया। लेकिन वे सारे पुराने सवाल जस-के-तस खड़े थे, जो पहले की लड़कियों के माता-पिता पूछते थे। तब बासु हमारे साथ काम कर रहा था। वह एम.ए. की डिग्री ले चुका था। उन लोगों ने उसके साथ हमारे व्यवहार और रिश्तों को अच्छी तरह जाँचा-परखा। उन्होंने उसकी तनख़्वाह और हैसियत के बारे में पता लगाया। संयोग से चेतना के कुछ रिश्तेदार मेरे बारे में जानते थे और सम्मान करते थे। उन्हें भरोसा हो गया था कि वह लड़का अनाथ नहीं है, भले ही बचपन से माँ-बाप से बिछुड़कर अकेले रहा है। उसके अलावा हमने यह वायदा किया कि उन्हें अपनी लड़की की शादी में एक पैसा भी ख़र्च नहीं करना पड़ेगा। हम अपने विवाह का सारा ख़र्चा उठाएँगे। आख़िर वे लोग राज़ी हो गए। मुक्ति आश्रम में, जहाँ बासु ने अपने बचपन और किशोरावस्था के कई साल गुज़ारे थे, वहीं पर चेतना के साथ उसका विवाह संस्कार हुआ। हमारे संगठन के 200 से ज़्यादा कार्यकर्ताओं और चेतना के परिवार तथा रिश्तेदारों की मौजूदगी में भारतीय तौर-तरीक़ों से बड़ा शानदार शादी समारोह हुआ था।

बासु तो पहले से ही बचपन बचाओ आन्दोलन में काम कर रहा था, शादी के बाद चेतना को भी एक अच्छे पद पर काम दे दिया गया था। वह अपनी बेटी के जन्म से कुछ महीने पहले तक काम करती रही थी। उसके पतिदेव को तो ज़्यादा दिन तक टिककर काम करने की आदत ही नहीं थी। पहले की तरह फिर से संगठन के अधिकारियों से उसकी खटपट हो गई थी। उनका कहना था कि बासु विदेशी वॉलंटियरों और संस्थाओं को बचपन बचाओ आन्दोलन के क्रियाकलापों में भागीदारी कराने के बजाय उनसे निजी सम्पर्क बनाने, आर्थिक सहयोग माँगने और अपनी संस्था से जोड़ने की उधेड़बुन में लगा रहता है। किसी अनुशासन और नियमों का पालन कर पाना उसके बस की बात नहीं थी। बासु ने कई वर्ष पहले

से अपना एक अलग संगठन बना रखा था। वह उसके माध्यम से झुग्गी बस्ती के बच्चों के लिए कुछ काम करता रहता था और उसमें फंड जुटाने की कोशिश करता रहा था। लेकिन अभी तक उसे ज़्यादा सफलता नहीं मिल सकी है।

समय बीतते-बीतते उसे ख़ुद महसूस होने लगा था कि सामाजिक संगठनों में काम करने के लिए जिस तरह की पढ़ाई-लिखाई, निष्ठा, समझदारी और अनुशासन चाहिए, उसे वह सीखने की बहुत ज़रूरत है। इसलिए वह साल भर के लिए एनजीओ प्रबन्धन का एक कोर्स करने के लिए चला गया था। वह उसे पूरा कर चुकने के बाद एक संस्था के प्रोजेक्ट में पूरी मुस्तैदी से काम कर रहा है। उसी बीच चेतना ने एक प्यारी बच्ची को जन्म दिया था। उन्होंने उसका नाम एलेक्स रखा है। अब पूरा परिवार ख़ुश है। ऐसा लगता है कि बेटी का प्यार बासु को एक ज़िम्मेवार और ज़्यादा भरोसेमन्द इनसान बनाने में मदद कर रहा है। शायद वह सपनों की उड़ानों और वास्तविकता की ज़मीन के बीच में तालमेल बिठाना भी सीख रहा है। आजकल जब फ़ोन पर एलेक्स मुझे दादू-दादू कहकर बुलाती है तो जो आनन्द और सन्तोष मिलता है, वह मेरे प्रति बासु के उस भरोसे की याद दिलाता है, जिसने उसे नेपाल से भागकर दिल्ली आ जाने का हौसला दिया था।

सुल्ताना, बासु और उनके जैसे हज़ारों बाल यात्रियों की बदौलत हमारी विश्व यात्रा सफल हो सकी थी। दुनिया भर की सरकारों, नियोजक संगठनों और मज़दूर यूनियनों ने हमारी माँग मानते हुए बाल मज़दूरी के सभी बदतर प्रकारों को रोकने के लिए अन्तरराष्ट्रीय क़ानून पारित कर दिया था। उसे अब तक सभी देशों के द्वारा स्वीकार किया जा चुका है। ग्लोबल मार्च में शामिल हुए बच्चे हमेशा बड़े गर्व के साथ उस दिन को याद करते हैं, जब उन्हें यात्रा के आख़िरी दिन जिनेवा में अन्तरराष्ट्रीय श्रम संगठन के सालाना अधिवेशन में हिस्सा लेने का अनूठा सम्मान मिला था। वहाँ मौजूद छह सौ विश्व यात्रियों ने "गो-गो, ग्लोबल मार्च, स्टॉप-स्टॉप चाइल्ड लेबर" (ग्लोबल आगे बढ़ो, बालश्रम का अन्त करो) 'नो मोर टूल्स इन टाइनी हैंड्स, वी वॉन्ट बुक्स, वी वॉन्ट टॉइज' (नन्हे हाथों में औजार नहीं, खिलौने दो किताबें दो) सरीखे नारों से सभागार गुंजा दिया था। यह ऐसे ही बच्चों की तपस्या, जोश और ऊर्जा का नतीजा था कि साल भर के अन्दर ख़तरनाक बाल मज़दूरी के ख़िलाफ़ अन्तरराष्ट्रीय क़ानून बन गया था। यह आई.एल.ओ. का पहला ऐसा क़ानून है जो विश्व के प्रत्येक देश द्वारा पारित किया जा चुका है।

एक ज़िन्दा दोस्त की क़ब्र पर

यह एक मेमने की, बिल्ली की, कुत्तों की, गायों की और उनके दोस्तों की कहानी है। इसका एक छोर झारखंड और बिहार के जंगलों में अभ्रक खदानों की सुरंगों और मौत के कुओं से जुड़ा है, तो दूसरा हमारे आसपास दौड़ने वाली चमचमाती कारों और न्यूयॉर्क, लंदन तथा पेरिस तक में होने वाले फ़ैशन प्रदर्शनों की जगमगाहट तक जाता है।

यह बेबसी और लाचारी भरे मौन में से पक्के सुरों में आलाप के जन्म लेने की कहानी है। तेज़-से-तेज़ बिजली को रोक सकने वाली महीन और पारदर्शी दीवारों की इस कहानी को कभी क़ुदरत ने तो कभी आदमी ने लिखा है। यह उन्हीं दीवारों को तोड़कर निकलनेवाले एक बच्चे मनन अंसारी और कभी घरेलू नौकरी के लिए गिरवी रखे गए सुमन की कहानी है, जिससे आज बड़का-बड़का लोग ऑनलाइन योग की कक्षाएँ लेते हैं।

"आप लोग खूबसूरत दिखने के लिए तरह-तरह की सुगन्धित क्रीमें, पाउडर और दूसरी सौन्दर्य प्रसाधन सामग्री का इस्तेमाल करते हैं। लेकिन क्या आप जानते हैं कि उनके पीछे की असलियत क्या है? जिस रंग-रोगन से आपकी चमचमाती कारों में चमक आती है, वह किस चीज से बनता है? आपका जीवन बिजली के यंत्रों और उपकरणों के बिना नहीं चलता। किन्तु इनके निर्माण में जिस चीज का इस्तेमाल होता है, उसके लिए जो कीमत चुकानी पड़ती है आप उसकी कल्पना भी नहीं कर सकते। इन सब वस्तुओं के उत्पादन में जिस 'अभ्रक' का इस्तेमाल होता है, उसे खोदकर निकालने में मुझ सरीखे हजारों बच्चों का खून और पसीना बहता है। अभ्रक की खदानें न जाने कितने बच्चों और उनके माँ-बाप की ऐसी कब्रगाहें हैं, जिनमें काम करते वक्त वे जिन्दा ही दफन हो गए थे।"

यह मार्मिक और चुनौती भरा वक्तव्य तेरह वर्षीय मनन अंसारी का था, जिसे सुनकर अन्तरराष्ट्रीय श्रम संगठन, यानी आई.एल.ओ. के नेता और अधिकारी अचम्भित रह गए थे। यह घटना सन् 2009 में जिनेवा में आई.एल.ओ. के सालाना अधिवेशन की है। वह विशेष कार्यक्रम बदतर हालात की बाल मज़दूरी पर रोक पर अन्तरराष्ट्रीय क़ानून पारित होने के दस वर्ष पूरे होने के उपलक्ष्य में था।

मनन झारखंड प्रान्त में अभ्रक की खदानों वाले इलाक़े में पैदा हुआ था। पाँच भाइयों और तीन बहनों में मनन सातवाँ बच्चा है। दो बहनों और बड़े भाई का निकाह हो चुका था। खदानों में मज़दूरी करने वाले माता-पिता के पास बच्चों को पढ़ाने-लिखाने के लिए पैसे नहीं थे। इसलिए वे उनको खदानों में ढिबरा (ज़मीन के अन्दर से निकलने वाले अभ्रक के छोटे-छोटे टुकड़े) बीनने की मज़दूरी करने के लिए भेजते थे। मनन ने दो साल तक वही काम किया था।

वह अब भी उन दिनों की कठिनाइयों को याद करते हुए दुखी हो उठता है।

वह बताता है, "हम लोग सुबह से गैंती, फावड़ा, खुर्पियाँ और प्लास्टिक की पुरानी थैलियाँ लेकर निकल पड़ते थे। वह काम बहुत खतरनाक होता था। हम ज्यादातर जगहों पर मिट्टी के टीले खोद-खोदकर बड़े-बड़े खड्डे और खंदकें बनाते थे। फिर उनमें घुसकर ढिबरा निकालते थे। अभ्रक काँच की तरह धारदार और चमकीला पदार्थ होता है। हर ढिबरा में प्याज के छिलके की तरह अभ्रक की कई पतली परतें होती हैं। हमारी उँगलियाँ उन्हें निकालने में छिल जाती थीं। उसकी धूल से पूरे शरीर में चुभन होती रहती थी। गर्मियों में अभ्रक के कण पसीने में चिपक जाने से बुरी तरह खुजली होने लगती थी। उससे जगह-जगह खरोंचे लग जाती थीं। हमारी जिन्दगी तो जानवरों से भी ज्यादा बुरी थी।"

एक बार उसने कहा था, "मुझे बाल आश्रम के छात्रावास में दुतल्ली चारपाइयों में नीचे का बिस्तर मिला था। बड़े बच्चे चारपाई के ऊपरी तल्ले पर सोते थे जबकि छोटा होने के कारण मुझे नीचे का बिस्तर दिया गया था। मुझे उन दिनों रात में बहुत डरावने सपने आते थे। मैं बार-बार उठकर बैठ जाता था। ऐसा लगता था जैसे मैं एक सुरंग में लेटकर ढिबरा खोद रहा हूँ, ऊपर से अचानक मिट्टी फिसलने लगी, और मैं दबकर मरने वाला हूँ। तभी डर के मारे मेरी नींद खुल जाती थी।"

मनन के पड़ोस में रहने वाले दो भाई, इलियास और इमार ढिबरा खोदने के लिए खदान में गए थे। वे उसके दोस्त थे। सुबह साथ में काम करते वक़्त उन्होंने मनन से कहा था कि वे जल्दी-जल्दी काम ख़त्म करके घर लौटना चाहते हैं क्योकि उन्हें एक रिश्तेदार की शादी में जाना था। थोड़ी देर के बाद उसे खंदक के दूसरे कोने से चीख़ने-चिल्लाने की आवाज़ सुनाई पड़ी। इससे पहले कि वह कुछ समझ पाता, खंदक की मिट्टी पूरी तरह धँस चुकी थी। उसने देखा कि इमार किसी तरह बाहर निकलकर चीख़ें मार-मारकर रो रहा था, जबकि इलियास ज़िन्दा दफ़न हो चुका था। वह भी घबराकर रोने लगा। वे दोनों उस सुरंग के आगे-पीछे भागकर इलियास को पुकारने लगे। उनकी आवाज़ सुनकर आसपास काम कर रहे कुछ मज़दूर इकट्ठे हो गए। सबने देखा कि इलियास जिस खंदक में जीने का सहारा ढूँढ़ रहा था, वही अब उसकी क़ब्रगाह बन चुकी थी। मनन बुरी तरह से सहम गया था। लेकिन डरकर घर बैठ जाने से तो पेट की आग नहीं बुझ सकती थी। दूसरे ही दिन से रोज़मर्रा की ज़िन्दगी शुरू हो गई थी। हाथ में वही करछे और कुदालें, ज़िन्दा मज़दूरों का क़ब्रिस्तान बनीं वही खदानें, वही ढिबरा और डरा-सहमा हुआ वही

मनन। सभी कुछ वैसा-का-वैसा था। बस उसका दोस्त इलियास नहीं था। साल भर पहले इलियास और इमार की माँ उसी तरह पास की एक खदान में दफ़न हो गई थी।

भारत विश्व में अभ्रक का सबसे बड़ा उत्पादक देश है। दुनिया का लगभग साठ प्रतिशत अभ्रक भारत से आता है। यह मुख्य रूप से उत्तरी-पूर्वी क्षेत्र, जैसे झारखंड के गिरिडीह और कोडरमा तथा बिहार के नवादा ज़िलों में पाया जाता है। सौन्दर्य प्रसाधनों के उत्पादन में अभ्रक के चमकीले पाउडर का इस्तेमाल होता है। शायद ही कोई सौन्दर्य प्रसाधन कम्पनी ऐसी हो जो अभ्रक का प्रयोग न करती हो। इसकी दूसरी बड़ी ख़ासियत विद्युत प्रतिरोधी गुण है। इस पदार्थ की प्लास्टिक की तरह दिखने वाली पतली व पारदर्शी परतों में बिजली के प्रवाह को रोक सकने की अद्भुत क्षमता होती है। अभ्रक में ताप रोधक गुण भी होता है। यह ऊँचे तापक्रम पर न तो पिघलता है और न ही आसानी से जलता है। इसलिए बिजली के छोटे-बड़े ट्रांसफ़ॉर्मरों, स्विचों, इस्त्री, टोस्टरों, हीटरों आदि उपकरणों में विद्युत व ताप प्रतिरोधी पदार्थ, इंसुलेटर के रूप में इसका व्यापक इस्तेमाल होता है। अभ्रक का उपयोग रॉकेटों और मिसाइलों में भी किया जाता है। इसके पाउडर से कारों का चमकदार रंग-रोगन बनता है।

झारखंड के कोडरमा और गिरिडीह और बिहार के नवादा ज़िले के लगभग ढाई सौ गाँवों में अभ्रक निकालने का काम होता है। ज़मीन पथरीली होने से वहाँ खेती करना सम्भव नहीं है। इसलिए लाखों लोगों की रोज़ी-रोटी अभ्रक पर टिकी है। यह पूरा क्षेत्र आदिवासी बहुल है तथा विकास की दौड़ में बहुत पीछे है। माओवाद वहाँ की एक और बड़ी गम्भीर समस्या रही है। आए दिन माओवादी लड़ाकों और पुलिस के बीच मुठभेड़ की घटनाएँ सुनने को मिलती हैं। आसपास के गाँवों में उनकी आवाजाही या सक्रियता के कारण सूरज ढलने के बाद वहाँ से गुज़रना मुश्किल होता है। पुलिस भी जगह-जगह पर बैरियर लगा देती है।

अभ्रक निकालने में लगभग पाँच हज़ार बच्चों में से कइयों की उम्र तो सिर्फ़ पाँच-छह वर्ष की थी। ज़्यादातर गाँवों में दूर-दूर तक स्कूल नहीं थे। जहाँ थे, वे ठीक ढंग से नहीं चलते थे। व्यापारियों के स्थानीय जमादार और ठेकेदार मज़दूरों से दो-तीन रुपया प्रति किलोग्राम के भाव से ढिबरा खरीदते थे। एक वयस्क व्यक्ति दिन भर में औसतन दस-बारह किलो ढिबरा निकाल पाता था। कभी-कभी तो उससे भी कम। इसलिए ढिबरा चुननेवालों की माली हालत बहुत ख़राब थी। साँसों के

साथ ढिबरा की धूल अन्दर जाने के कारण वहाँ पर कई लोग टी.बी. जैसी गम्भीर संक्रामक बीमारियों के शिकार हो जाते थे।

मनन के गाँव का नाम शमसीहरिया है। मैं दो बार वहाँ जा चुका हूँ। उन दिनों वहाँ न तो बिजली थी और न ही कोई अस्पताल। पाँचवीं कक्षा तक की पढ़ाई के लिए एक स्कूल ज़रूर था, जिसमें केवल दो अध्यापक थे। वे दो मास्टर पाँच कक्षाओं के विद्यार्थियों को एक साथ कैसे पढ़ाते होंगे, उसकी कल्पना आसानी से की जा सकती है। अगर किसी बच्चे को आगे पढ़ाई करनी हो, तो उसे अठारह किलोमीटर दूर डोमचांच गाँव के स्कूल में जाना पड़ता था। वहाँ के लिए कोई नियमित बस नहीं जाती थी। मज़दूरों को शमसीहरिया से खदानों तक लाने-ले जाने के लिए सुबह आठ-साढ़े आठ बजे 'माइका फ़ील्ड' नाम से एक बस निकलती थी। वह शाम को देर तक वापस पहुँचाती थी। वही एकमात्र बस आसपास के गाँववासियों में जीवन संचार का माध्यम होती थी। पेट भरने के लिए खदानों में जाना, बीमार होने पर दवा-दारू के लिए भागना, बच्चों को पढ़ाई के लिए जाना, ब्याह-शादी की तैयारियों के लिए भागम-भाग करना, और रिश्तेदारी, निकाह या मौत जैसी सामाजिक रस्में निभाने हेतु आने-जाने के लिए उसी का आसरा रहता था। जिस दिन वह बस न चले, तो जान लीजिए कि सब कुछ ठप हो गया।

एक बार मनन ने बताया था, "हमारे गाँव में एक रिवाज है। हर घर में से बारी-बारी करके किसी सदस्य को जमात के लिए चन्दा इकट्ठा करने के लिए गाँव से बाहर जाना जरूरी था। जब मैं छह-सात साल का था, तब जमात (मुस्लिम समुदाय में होने वाली धर्म यात्रा) में जाने के लिए मेरे अब्बू की बारी आई। मेरे दो बड़े भाई ढिबरा चुनने जाते थे। माँ और बड़ा भाई बीमार चल रहे थे। फिर भी अब्बू को कम-से-कम एक महीने के लिए घर से बाहर जाना था।"

मैंने जिज्ञासा से पूछा, "क्या फिर भी उन्हें जाना पड़ा था?"

वह बोला, "हाँ, जाना पड़ा था। हमने उन मजहबी नेताओं से बड़ी मिन्नतें की थीं, लेकिन पिताजी का जमात में जाना नहीं रुकवा सके।"

"उसके बाद तुम्हारे परिवार का क्या हुआ?"

"कौम वालों ने हमें भरोसा दिलाया था कि वे घर में कोई परेशानी नहीं आने देंगे और हमारा खयाल रखेंगे। लेकिन उन्होंने एकाध बार खाने-पीने का सामान

भिजवाने के अलावा हमारी कोई मदद नहीं की। आखिर हमारे भूखों मरने की नौबत आ गई थी। मुझे सम्प्रदाय के उन लोगों पर बहुत गुस्सा आया। एक तो पिता के घर पर न होने का गम था, ऊपर से भूख के चलते रातों में नींद नहीं आती थी। तभी से मुझे लगा कि यह तो धरम के नाम पर बड़ी दादागिरी है।"

मनन ने कठिनाइयों भरे उन दिनों में पड़ोस के एक लड़के को बकरी चराते हुए देखा था। उसने उस लड़के से पूछा कि क्या वह भी भूखा रहकर बकरी चराता है? लड़के ने कहा कि नहीं, किसी और की बकरी चराने से उसे कुछ पैसे मिल जाते हैं। वह उस लड़के की बातचीत से उत्साहित होकर अपने चाचा के पास गया। उनके पास कुछ बकरियाँ थीं। उसने चाचा से प्रार्थना करके एक दुधारू बकरी ले ली, जिसे वह चराने के लिए जाने लगा। बकरी के साथ उसका हाल में ही जन्मा मेमना भी था। मनन को उस मेमने से बड़ा प्यार हो गया था। वह उसे अपने पास बिस्तर पर सुलाता था और सर्दियों में अपना लिहाफ़ उसे ओढ़ा देता था।

मैंने उससे पूछा, "बाद में उस बकरी और मेमने का क्या हुआ?"

वह बोला, "वह मेमना मुझे छोटे भाई से भी ज्यादा प्यारा था। लेकिन वह जल्दी ही मुझसे बिछुड़ गया था।"

मैंने पूछा, "क्या वह खो गया था, या उसकी मौत हो गई थी?"

"नहीं, नहीं! ऐसा नहीं। दरअसल बात यह थी कि मेरी माँ ने मुझसे बहाना बनाकर एक रात मेमने से अलग सुला दिया था। मैं यह नहीं जानता था कि उससे फिर दुबारा कभी नहीं मिल पाऊँगा। अगर जानता होता, तो उसे अपने साथ ही चिपटाकर सुलाता।" यह बताते हुए उसका गला रुँध गया था।

फिर वह बोला, "मैं सुबह उठते ही मेमने से मिलने बरामदे में पहुँचा। लेकिन वह वहाँ नहीं था। मैं जोर-जोर से रोने लगा। मेरी माँ ने बताया कि मेमने को साँप ने काट लिया था जिससे वह मर गया। मैं पूरे दिन रोता रहा। खाना भी नहीं खाया, क्योंकि मैं पहले अपने मेमने को रोटी का एक टुकड़ा खिलाता था, बाद में खुद खाता था। मैं शाम को जब बकरी चराकर लौटता था, तो मेरा काला सुन्दर मेमना अपनी माँ से चिपटकर खूब फुदकने लगता था। कभी वह उसके थनों में से दूध पी लेता था, तो कभी उछलकर मेरे गाल, नाक, कान और उँगलियों को चबाने की कोशिश करता था।"

कई दिनों बाद मनन को पता चला कि उसकी माँ ने मुफ़लिसी और मजबूरी

की वजह से वह मेमना एक पड़ोसी को मांस खाने के लिए बेच दिया था। मनन ज़िन्दगी की पेचीदगियों को समझने की कोशिश करने लगा। उसके मस्तिष्क में कई दिनों तक बड़ी उलझन चलती रही थी। एक तरफ़ अपने दोस्त मेमने के लिए प्यार था, तो दूसरी तरफ़ माँ के लिए ग़ुस्सा था, जिसने ख़ुद के बच्चों की भूख मिटाने की ख़ातिर किसी निरीह माँ से उसका बच्चा छीनकर कटवा दिया था। साथ ही उसे अपनी माँ से हमदर्दी भी थी।

वह बचपन में अपने गाँव के तालाब की रेत पर दौड़ने का अभ्यास करता था। वह दूसरे बच्चों के मुक़ाबले में तेज़ी से दौड़ लेता था। वहीं पर बिलाल नाम का एक और बच्चा दौड़ता था। वह उम्र में मनन से थोड़ा बड़ा और मोटा-तगड़ा था। एक बार उसने मनन से ज़बरदस्ती पंगा मोल ले लिया और उसे बुरी तरह पीट डाला। मनन तब तो चुपचाप घर चला गया, किन्तु बिलाल से बदला लेने के लिए कई दिनों तक बेचैन बना रहा। वह पेड़ और दीवार के सहारे अभ्यास करके अपने हाथ-पाँवों को मज़बूत बनाने में जुटा रहा। फिर एक दिन मौक़ा मिलते ही बिलाल से जा भिड़ा और उसकी बुरी तरह पिटाई कर दी। घरवालों ने उसे इसकी सज़ा दी। उसे अगले दिन से बकरी चराने का काम छुड़ाकर बड़े भाई और बहन के साथ अभ्रक चुनने भेज दिया गया।

उसकी जिनेवा की यात्रा में हवा में उड़ने की कहानी के तो कहने ही क्या थे! हम वहाँ हवाई जहाज़ से उतरकर एमिग्रेशन आदि कराकर रेल के प्लेटफ़ॉर्म पर चले गए। ज़्यादातर अमीर देशों में हवाई अड्डों पर ही ट्रेन के स्टेशन होते हैं। मैं पहले कई बार जिनेवा जा चुका था। इसलिए मुझे मालूम था कि वहाँ से शहर के लिए सीधी ट्रेनें जाती थीं। ट्रेन आने में सिर्फ़ तीन मिनट थे, तभी मनन ने पेशाब जाने की इच्छा जताई। वह सामने ही मूत्रालय में चला गया। लौटा तो चन्द सेकेंडों की देर हो जाने से ट्रेन छूट गई थी। उसे यह देखकर बहुत आश्चर्य हुआ कि दुनिया में ऐसी जगहें हैं जहाँ की ट्रेनें घंटे या मिनट के नहीं, बल्कि सेकेंडों के हिसाब से चलती हैं। उसे ट्रेन छूटने का पछतावा ज़रूर हुआ था, लेकिन एक बड़ी सीख भी मिल गई थी।

उसने जिनेवा में आई.एल.ओ. के कार्यक्रम में दुनिया भर के बाल मज़दूरों की पीड़ा, शोषण, आशा, मुक्ति और परिवर्तन के प्रतीक के रूप में बड़े प्रभावशाली तरीक़े से अपनी बात रखी थी और ज़ोर देकर कहा था कि ग़रीबी के बहाने से

बच्चों के बचपन को नहीं छीना जा सकता। हर बच्चे को आज़ादी, इज़्ज़त और पढ़ाई सुनिश्चित कराना सरकारों की ज़िम्मेवारी है। इस दायित्व से मुँह मोड़ना या बहानेबाज़ी करना मानवता के प्रति अपराध है। उसने अपील की थी कि उस सौन्दर्य सामग्री का बहिष्कार करें, जिसकी चमक में उस जैसे बच्चों का ख़ून और पसीना लगा होता है।

हम लोग जिनेवा में ईसाई मिशनरियों के एक प्रशिक्षण केन्द्र के छात्रावास में ठहराए गए थे। वहाँ उसे पहली बार पता चला था कि ईसाइयों में भी कई सम्प्रदाय हैं, जिनके चर्च अलग-अलग होते हैं। उसने मुझसे बड़ी हैरानी से पूछा था, "मैं तो सोचता था कि सिर्फ़ हिन्दुओं और मुसलमानों में ही अलग-अलग फिरके होते हैं। ईसाइयों में भी इतना बँटवारा है? ऐसा क्यों होता है? क्या इनके अनुयायी कन्फ़्यूज नहीं होते?" मैंने उसे समझाया कि अलग-अलग रास्तों से चलकर मंज़िल तक पहुँचने में कोई बुराई नहीं है। जिसको जो अच्छा लगे, चुन सकता है। लेकिन समस्या तब पैदा होती है जब कोई अपने रास्ते को ही एकमात्र अथवा सबसे अच्छा रास्ता मानकर दूसरे के रास्ते को कमतर दिखाने की कोशिश करता है। दुर्भाग्य से सभी मत-पंथों का यही रवैया रहा है। इसलिए उनका इतिहास हिंसा से भरा पड़ा है। हमें तर्क, बुद्धि और विज्ञान के आधार पर सत्य या ईश्वर को खोजने की कोशिश करनी चाहिए। लेकिन दूसरे रास्तों पर चलनेवालों से घृणा नहीं करनी चाहिए।

जिनेवा में मनन को सबसे बड़ी परेशानी थी, मसालेदार भारतीय खाना न मिल पाना। कार्यक्रम की समाप्ति के बाद हम सबसे पहले दोपहर के भोजन के लिए एक हिन्दुस्तानी रेस्टोरेंट गए। वहाँ उसने डटकर खाना खाया। वहाँ पर मुफ़्त में पानी नहीं मिलता था, इसलिए बोतल ख़रीदकर पीना पड़ा था। उसे इस पर बड़ा ग़ुस्सा आया और बहुत देर तक बड़बड़ाता रहा था। उसके बाद हम जिनेवा की प्रसिद्ध झील के किनारे टहलने गए। वह वहाँ की दोनों तरफ़ झिलमिलाती बेहद ख़ूबसूरत रंग-बिरंगी रोशनियाँ देखकर दाँतों तले उँगली दबा रहा था। झील के बीचोबीच चलने वाले फव्वारे और रंग-बिरंगी लाइटें देखकर वह बोला, "देखिए भाई साहब जी, ऐसा लगता है कि जैसे एक साथ कई इन्द्रधनुष झील में गोते लगा रहे हों!" मैंने कहा, "चलो, अगर हम इन इन्द्रधनुषों को छूकर आ जाएँ तो कैसा रहेगा?" यह सुनकर वह ख़ुशी से उछल पड़ा था। हम नाव में बैठकर झील की सैर करने गए। हमारी नाव रंगीन फव्वारे के पास से गुज़रती हुई झील के दूसरे किनारे पर

पहुँची। हम वहीं पर बड़े आराम से उतरकर पुराने शहर की तरफ़ घूमने चले गए।

वह यह सब देखकर बोला, "मैं देख रहा हूँ कि यहाँ का पानी और किनारे कितने साफ-सुथरे हैं। सुरक्षा का भी बहुत इन्तज़ाम है। मैंने पढ़ा है कि दुनिया भर के अमीर स्विस बैंकों में अपना काला पैसा जमा करके रखते हैं। इसीलिए यहाँ गली-गली में इतने बड़े-बड़े और सुन्दर बैंक नज़र आते हैं। हमारे देश के अमीरों का बहुत सारा पैसा यहीं कहीं पर जमा होगा। अगर वह वापस चला जाए तो मेरे जैसे लाखों बच्चों की पढ़ाई और इलाज का इन्तज़ाम हो सकता है।" मैंने उसकी पीठ थपथपाकर वह सब सोचने के लिए उसे शाबाशी दी। मुझे उस इलाक़े में एक दूसरे सस्ते भारतीय रेस्त्राँ की जानकारी थी। कहने को तो वह भारतीय रेस्त्राँ था, लेकिन असलियत में बांग्लादेशी था। हमने वहीं जाकर खाना खाया। फिर पैदल-पैदल पुल पार करके अपने हॉस्टल में लौट गए। झील के तीनों तरफ़ महलों-जैसी सुन्दर इमारतों पर चमचमाती रंग-बिरंगी रौशनी का नज़ारा देखते ही बनता था।

शमसीहरिया को बाल मित्र गाँव बनाने के लिए चुने जाने के बाद बच्चों को मज़दूरी से हटाकर स्कूल में दाख़िला दिलाने का काम शुरू किया गया था। हमारे साथियों ने मनन के पिता को तो किसी तरह राज़ी कर लिया था, लेकिन सबसे बड़ी अड़चन बच्चों से ढिबरा निकलवाने वाला वह जमादार था, जिससे उन्होंने पेशगी ले रखी थी। कार्यकर्ताओं ने उसे क़ानूनी कार्यवाही की धमकी दी, तब जाकर पन्द्रह बच्चों को मुक्ति दिलाई जा सकी थी। मनन को स्कूल में दाख़िल करा दिया गया था, लेकिन घर की हैसियत उसकी पढ़ाई जारी रख सकने की नहीं थी। इसलिए सन् 2008 में उसे और बाक़ी चौदह बच्चों को बाल आश्रम ले आया गया था।

वह कई दिनों तक बड़ा सहमा-सहमा और शंकित रहता था। नए बच्चों के लिए यह सामान्य बात है, लेकिन उसके मामले में कुछ अलग था। एक दिन उसने वहाँ पहले से रहनेवाले उससे बड़ी उम्र के एक मुसलमान बच्चे से अपनी उलझन इस तरह साझा की थी, "यहाँ रहनेवाले सभी बच्चे गरीब हैं। कहने को तो वे हम जैसे ही हैं, लेकिन इनमें तो ज़्यादातर हिन्दू हैं। हम इनके साथ कैसे रह सकते हैं?" उस बच्चे ने समझाया, "शुरू-शुरू में मैं भी ऐसा ही सोचता था, लेकिन तब मुझ पर ऐसे माँ-बाप और मौलवी का असर था, जिन्होंने मुझे मोहब्बत देने की जगह वैल्डिंग की वर्कशॉप में गुलामी करने के लिए धकेल दिया था। वह वर्कशॉप मौलवी साहब के खालाजान भाई की थी। मुझे बाल आश्रम ने न केवल परवरिश और तालीम दी है,

बल्कि मोहब्बत के साथ-साथ इज़्ज़त से जीना भी सिखाया है।" मनन बोला, "मैं ऐसा नहीं मानता।" और उसने उस बच्चे के साथ बात करना बन्द कर दिया था।

मनन का गाँव पचास-साठ घरों की आबादी का था। सभी बाशिंदे मुसलमान थे। वे मुर्ग़ी-अंडा, बकरियों आदि के छोटे-मोटे रोज़गारों के अलावा अभ्रक की खदानों पर निर्भर थे। कट्टरपंथी विचारों के मुल्ला-मौलवी धर्म प्रचार के लिए अक्सर गाँव में आकर ठहरा करते थे। मनन के पिता और परिवार के दूसरे सदस्यों पर उनकी बातों का गहरा प्रभाव था। इसीलिए आश्रम आने के बाद उसने सबसे पहले सिर्फ़ मुसलमान बच्चों के साथ मेल-मिलाप रखने की कोशिश की थी। उसका अन्दाज़ा था कि वे भी हिन्दू बच्चों के बजाय अपनी बिरादरी के बच्चों से ही दोस्ती रखना चाहेंगे। वह सोचता था कि हिन्दू और ईसाई बच्चे उससे दोस्ती नहीं करेंगे। उसके लिए यह समझ पाना बहुत मुश्किल था कि वहाँ के बच्चों के मन में कोई आपसी भेदभाव क्यों नहीं है। उसके साथ छूटकर आए बच्चों में से कुछ बड़ी जल्दी दूसरों के साथ घुल-मिलकर रहने लगे थे। मनन को इससे बड़ी तकलीफ़ होती थी। वह उन्हें समझाने की कोशिश करता रहता था। जब वे उसकी बात नहीं मानते थे, तो झगड़ा कर लेता था।

एक बार रविवार का दिन था। सुमेधा जी, मैं एवं बाल आश्रम के सभी बच्चे और कार्यकर्ता आश्रम के कुछ बच्चों का जन्मदिन मना रहे थे। आम तौर पर ऐसे किसी बच्चे को अपना जन्मदिन मालूम नहीं होता। लेकिन उसको एक पहचान देने और आत्मसम्मान जगाने के लिए हम किसी छुट्टी वाले दिन से ऐसे हर बच्चे का जन्मदिन मनाना शुरू कर देते हैं। उस दिन पारम्परिक तरीक़े से जन्मदिन मना चुकने के बाद मैंने बच्चों से कहा कि वहाँ बैठे सभी हिन्दू बच्चे हाथ उठाएँ। आश्रम में नए-नए पहुँचे हुए दो-चार बच्चों ने हाथ उठा दिए। उसके बाद मुसलमान बच्चों की बारी आई तो सभी नए बच्चों ने हाथ खड़े कर दिए। सबसे पहले हाथ उठानेवाला मनन था। वे सभी इधर-उधर ताक रहे थे, क्योंकि वहाँ मौजूद क़रीब साठ-सत्तर पुराने बच्चों में से किसी ने अपने हाथ नहीं उठाए थे।

मैंने एक पुराने छात्र पूरन बंजारा से कहा कि वह उठकर हिन्दू और मुसलमान बच्चों से उनके बीच का फ़र्क़ पूछे। उसने हिन्दुओं या मुसलमानों के नाम पर हाथ उठाने वाले समूहों में से एक-एक बच्चे को खड़ा किया। फिर उनसे पूछना शुरू किया कि ख़ुदा या भगवान ने अपने-अपने मज़हब के हिसाब से उन्हें कितने पैर

दिए हैं? हरेक ने उत्तर दिया, "दो।" पूरन ने फिर पूछा, "हिन्दू बच्चे के कितने हाथ हैं? और मुसलमान के कितने हैं?" इस पर भी सबने 'दो' ही कहा। उसने सभी से कहा कि वे अपने हाथ, पाँव, नाक, कान आदि फिर से गिन-गिनकर देखें। बच्चों ने कौतूहल में अपने-अपने हाथ आगे-पीछे फिराकर देखा। सभी के शरीर के अंग बराबर थे।

पूरन ने फिर से पूछा कि किसी के तीन, चार या और ज़्यादा हाथ, पाँव, आँखें, कान, आदि क्यों नहीं हैं? सभी धर्मों के बच्चों के पास दो आँखें, दो कान, दो हाथ, दो पैर, एक नाक, एक सिर, एक मुँह ही क्यों हैं? अगर भगवान या ख़ुदा अलग-अलग हैं, और उनको भेदभाव ही करना था तो हिन्दू और मुसलमानों के पास कम या ज़्यादा हाथ, पैर, सिर, कान, आँखें वग़ैरह होते! इसके बाद उसने ज़ोर देकर कहा, "चलो, ख़ून का टैस्ट कर लेते हैं। हो सकता है ख़ुद को मुसलमान बताने वाले बच्चे का ख़ून हरा हो और हिन्दू बताने वाले का पीला, सफेद या किसी अन्य रंग का।" सभी बच्चे एक साथ बोल पड़े, "नहीं! हमें अच्छी तरह पता है कि हमारा खून लाल है।" वे सब थोड़ी देर के लिए चिन्ता में पड़ गए।

पूरन ने सवाल किया, "क्या कोई हिन्दू बिना हवा, पानी या भोजन के ज़िन्दा रह सकता है?" सभी का उत्तर था, "नहीं।" उसने फिर पूछा, "क्या कोई मुसलमान बिना हवा के जी सकता है?" सबने एक साथ कहा, "नहीं।" उस बातचीत के बाद किसी बच्चे ने मुस्कुराते हुए, तो किसी ने सकुचाते हुए कहना शुरू कर दिया कि वे सभी इनसान हैं। मनन उस घटना को अपने जीवन के सबसे बड़े पाठ की तरह याद करता है।

उसे हमेशा इस बात का सन्तोष रहता था कि आश्रम में बच्चों को अपने-अपने तरीक़े से प्रार्थना और इबादत करने की पूरी आज़ादी है। कई लोगों को यह यक़ीन नहीं होगा कि कुछ और बरसों के बाद ही मनन को इनसानियत, न्याय, समता और पर्यावरण संरक्षण आदि को बढ़ावा देने वाले कई वेद मंत्र कंठस्थ याद हो चुके थे। वह जिस तरह से रोज़ा, नमाज़ और यज्ञ विधि की व्याख्या करता था, उतनी सरलता से तो शायद किसी मौलवी और पंडित के भी बस की बात नहीं थी। वह उन दिनों की याद करके कहता है, "मुझे अपने उन शुरुआती दिनों पर बहुत हँसी आती है। कई बार शर्मिन्दगी भी होती है। हमने बाल आश्रम में रहते हुए यह महसूस कर लिया था कि दुनिया में शायद ही कोई ऐसी जगह हो जहाँ हिन्दू,

मुसलमान, छुआछूत, जात-पाँत, ऊँच-नीच वगैरह के भेदभावों के बिना साथ रहने की कल्पना की जा सके। मुझे यह बात थोड़ी देर से समझ आई कि हमारी बिरादरी सिर्फ़ इनसान की बिरादरी है। हिन्दू, मुसलमान, ऊँची या नीची जाति के भेदभाव, मुल्ला-मौलवियों, पंडे-पुजारियों, सेठों और हुकूमत चलानेवालों द्वारा फैलाई गई साजिश के अलावा और कुछ नहीं है।"

कुछ महीनों तक आश्रम में पढ़ाई-लिखाई कराने के बाद में उसे पास के गाँव के सरकारी स्कूल में भर्ती कर दिया गया था। वह छठवीं की परीक्षा में अस्सी प्रतिशत अंक लेकर कक्षा में सर्वप्रथम रहा था। सुमेधा जी ने उसे इनाम में एक सुन्दर घड़ी दी थी जिससे पढ़ाई-लिखाई में उसका उत्साह दिन दूना रात चौगुना बढ़ता गया था। वह तब से लेकर ग्यारहवीं कक्षा तक पढ़ाई में सर्वश्रेष्ठ स्थान पर रहता था। मनन बैडमिंटन, वॉलीबॉल और क्रिकेट का उम्दा खिलाड़ी था और नाटकों, गीतों व अन्य सांस्कृतिक कार्यक्रमों में हमेशा आगे रहता था। उसे वाद-विवाद, लेखन, गायन और सामान्य ज्ञान की प्रतियोगिताओं में कई इनाम मिले थे। एक बार उसने दिल्ली में हुई राष्ट्रीय स्तर की गायन प्रतियोगिता में तीसरा स्थान प्राप्त किया था। शुरू में कुछ वर्षों तक उसका सपना डॉक्टर बनने का था, क्योंकि उसके और आसपास के किसी गाँव में कोई योग्य डॉक्टर या अच्छा दवाख़ाना नहीं था। फिर वह ग्यारहवीं-बारहवीं कक्षा तक पहुँचते-पहुँचते वैज्ञानिक बनने की सोचने लगा था। उसने बारहवीं कक्षा की परीक्षा अच्छे अंकों से पास कर ली थी।

सुमेधा जी ने कई वर्षों तक बाक़ायदे शास्त्रीय संगीत सीखा था। वे समय निकालकर अपना रियाज़ करती रहती हैं। वे बाल आश्रम में रहने के दौरान म्यूज़िक में रुचि रखने वाले बच्चों को संगीत सिखाती हैं। मनन अंसारी, इम्तियाज़, वीरू, सूरज, अस्मित आदि उनके साथ बैठकर संगीत सीखने के लिए उनका सबसे ज़्यादा समय चुरा लेते थे। बिहार में इम्तियाज़ के मामू गाँव में क़व्वालियाँ गाते थे। उस बच्चे का गला बहुत अच्छा था और वह थोड़े-बहुत सुर भी लगा लेता था। उसे सुमेधा जी से संगीत सीखने में उतनी देर नहीं लगी, जितनी कि दूसरे बच्चों को। दूसरी तरफ़ मनन बड़ी कोशिश करने के बाद भी नाक से ही गाता था। वे उसकी नाक पकड़-पकड़कर मुँह से आवाज़ और सुर निकालने की कवायद कराती रहती थीं। वह उन्हें गुरु के साथ-साथ माँ की तरह मानता है। वह बड़ा मेहनती बच्चा था, इसलिए उसने न केवल अपने गायन में सुधार किया, बल्कि सुबह तीन-चार बजे

उठकर घंटों रियाज़ करने से बढ़िया गाना सीख गया था।

मैं बाल आश्रम में रहने के दौरान अक्सर सुबह या शाम को घूमने के लिए खेल के मैदान में चक्कर लगाता हूँ। कुछ बच्चे उस मौक़े की तलाश में बैठे रहते हैं। वे मुझे देखते ही लपककर साथ हो जाते हैं। उस वक़्त उनसे दोस्तों की तरह घर-परिवार की, आश्रम की, ज़िन्दगी की और देश-दुनिया की बातें हो जाती हैं। शिकवा-शिकायत भी हो जाते हैं। वे बच्चे मुझसे पूछने के लिए कई सवाल पहले से सोचकर रखते हैं। मनन उनमें से एक था। वह राजनीति, विज्ञान तथा तकनीकी सम्बन्धी प्रश्न पूछता रहता था। मैं कुछ दिनों से यह महसूस कर रहा था कि वह कुछ ज़्यादा ही सज-धजकर रहने लगा था। मुझे उनके चमचमाते जूते, करीने से पहने पतलून के अन्दर टक करके पहनी गई क़मीज़ें, आँखों पर काला चश्मा और ख़ूब सारा तेल चुपड़कर सँवारी गईं ज़ुल्फ़ें देखकर यह समझने में देर नहीं लगी कि अपने छोटे मियाँ जवान हो चले हैं। एक दिन हम दोनों अकेले थे। मैंने मौक़ा पाते ही कुरेदा, "मियाँ, आपके मिज़ाज़ बड़े रंगीन नज़र आ रहे हैं! कहिए, माजरा क्या है?" वह झेंपते हुए बोला, "नहीं भाई साहब, ऐसी कोई बात नहीं है!"

मैंने कहा, "जनाब, सच-सच बता दो, किसी लड़की-वड़की से दोस्ती हो गई है क्या? छुपाने से काम नहीं चलेगा।" फिर वह शरमाते हुए धीरे-धीरे खुला, "पता नहीं क्यों, मेरी क्लास में पढ़नेवाली एक लड़की मुझे जाने कैसी नज़रों से घूर-घूरकर मुस्कुराती रहती है। वह पढ़ाई में बहुत अच्छी है। गायन प्रतियोगिता में भी भाग लेती है।" फिर वह चलते-चलते मुझसे दो-चार कदम पीछे हटकर आँखें चुराते हुए बोला, "लगता है मेरे गाने सुनकर उसे मुझसे प्यार हो गया है। एक बार वह मुझसे गाने की प्रतियोगिता में हार गई थी। फिर भी बधाई देने आ गई थी। बोली, 'मनन, तुम तो बहुत अच्छा गाते हो', तभी से मेरे मन में भी कुछ-कुछ होने लगा है।"

इससे पहले कि किशोर-किशोरियों के प्यार-मोहब्बत और परस्पर आकर्षण को लेकर मैं उसे कोई ज्ञान देना शुरू करता, वह ख़ुद ही बोल पड़ा, "मुझे इन चक्करों में नहीं पड़ना। मुझे तो अपनी पढ़ाई में पूरा ध्यान लगाना है। हाँ, स्कूल में सज-धजकर जाना जरूर अच्छा लगता है।" कुछ महीनों के बाद उसने बताया था कि वह लड़की बारहवीं कक्षा में किसी प्राइवेट स्कूल में पढ़ने चली गई थी। तब से उन्होंने एक-दूसरे को देखा तक नहीं है। बारहवीं इंटरमीडिएट बोर्ड की कक्षा होती है, जिस पर बच्चों का भविष्य काफ़ी कुछ टिका रहता है। मनन बड़ी अच्छी

तरह से उसका महत्त्व जानता था। इसीलिए सब कुछ भूलकर आधी-आधी रात तक अपनी पढ़ाई में जुटा रहता था।

मनन बिहार के एक अन्य बच्चे सुमन महतो से भी बड़ा प्रभावित था। सुमन की ग़रीब विधवा माँ सहरसा में किसी के यहाँ घरेलू नौकरानी का काम करती थी। बीमार पड़ जाने की वजह से उसने मालिक से कुछ पैसे उधार लिये थे। बदले में अपनी जगह पर आठ साल के बेटे को काम पर लगाना पड़ा था। हमारे संगठन ने उसे किसी तरह बँधुआ मज़दूरी से आज़ाद कराया था। सामान्य तौर से अन्तर्मुखी सुमन पढ़ाई में बड़ा अच्छा था। वह बड़ा होनहार पेंटर और लेखक भी था। वह एक अच्छा वॉलीबॉल और क्रिकेट खिलाड़ी रहा है। उसकी ख़्वाहिश भी इंजीनियर बनने की थी। किन्तु बारहवीं कक्षा में अच्छे अंक न आने की वजह से उसका दाख़िला नहीं हो सका था। हमने उसकी रुचियों और प्रतिभा को देखते हुए उसे कम्प्यूटर ग्राफ़िक डिज़ाइनर के पाठ्यक्रम हेतु प्रोत्साहित किया। सन् 2013 में उसे दिल्ली में एक जानी-मानी संस्था में प्रवेश मिल गया था। उसने सन् 2014 में वह पढ़ाई सफलतापूर्वक पूरी कर ली थी। उसके अलावा उसने डिज़ाइनिंग का एक और डिप्लोमा हासिल कर लिया था।

सुमन ने पहले एक व्यापारिक संस्थान और बाद में कुछ वर्षों तक बचपन बचाओ आन्दोलन में ग्राफ़िक डिज़ाइनर का काम किया था। परन्तु वह काम उसे ज़्यादा रास नहीं आया। बचपन से योगाभ्यास में उसकी गहरी रुचि थी। वह आश्रम में रहने के दौरान योगासनों में बड़ा माहिर हो गया था। उसने दिल्ली में कॉलेज की पढ़ाई करने के साथ-साथ देश के एक प्रतिष्ठित संस्थान से योग विद्या में डिप्लोमा ले लिया था। उन्हीं दिनों हमने मनन का दाख़िला दिल्ली विश्वविद्यालय में कराया था। उसको अपनी रुचि के हिसाब से माइक्रो बायोलॉजी में एडमिशन मिल गया था। हमने उन दोनों के रहने के लिए अपने घर के पास एक छोटा-सा मकान किराये पर ले लिया था। मनन ने कॉलेज की पढ़ाई के साथ-साथ अपने संगीत के शौक़ को जारी रखते हुए एक प्रसिद्ध संगीत महाविद्यालय में जाना शुरू कर दिया था। साथ में रहने और पक्की दोस्ती होने के बावजूद भी न तो मनन योगासन करता था, और न ही सुमन गाने-बजाने में उसका साथ देता था। वे दोनों अक्सर सुमेधा जी के पास जाकर खाना बनाने, बर्तन धोने या घर की सफ़ाई करने के बारे में एक दूसरे की शिकायतें करते रहते थे।

मनन ने अपने कॉलेज के कुछ मित्रों के साथ मिलकर एक छोटा-सा बैंड बना लिया था, जिसमें वह गाता था और उसके दोस्त पियानो और तबला बजाते थे। वह फ़ुर्सत और छुट्टी के दिनों में हमारे घर पर सुमेधा जी के पास रियाज़ करने ज़रूर आता था। जब तक वे उसके हरेक गाने के एक-एक अंतरे के सुरों से सन्तुष्ट नहीं हो जाती थीं, वह अपने कमरे पर लौटकर आधी-आधी रात तक अभ्यास करके सुधार किया करता था। सीखने की लालसा, विनम्रता और श्रद्धा के गुणों के कारण उसे गायन में यूनिवर्सिटी में कई पुरस्कार मिले थे। वह छात्रों में काफ़ी लोकप्रिय हो गया था। कुछ लड़कियाँ उससे बहुत आकर्षित हुई थीं, मगर उसका सपना तो ऊँची पढ़ाई करने का था। इसलिए उसने सामान्य दोस्ती रखने के अलावा किसी के साथ अपना वक़्त बरबाद नहीं किया।

एक बार की बात है। उसने लगभग आधी रात में सुमेधा जी को फ़ोन किया। वह बहुत घबराया हुआ था। बोला, "माता, कुछ दिनों से मेरे फ़ोन पर बहुत गन्दे मैसेज आ रहे थे! मैंने सोचा था कि वे सब वाहियात बातें थीं, इसलिए मैंने आपको नहीं बताया। शाम को मुझसे किसी ने फ़ोन पर बात करनी चाही। फिर वह आदमी मिलने के लिए जिद करने लगा। अभी थोड़ी देर पहले कुछ अनजाने नम्बरों से कई फ़ोन आए थे, जो मैंने काट दिए। मुझे डर लग रहा है। क्या मैं आपके पास आ जाऊँ?" उन्होंने कहा, "तुझे पूछने की क्या ज़रूरत है, आ जा।" कुछ मिनटों के बाद वह आ गया। उसने जो कुछ दिखाया वह बहुत हैरानी और चिन्ता की बात थी। उसके फ़ोन पर आए मैसेजों में इस्लाम, दीन और मुसलमानों पर हो रहे कथित ज़ुल्मों के ख़िलाफ़ भड़काने वाली छोटे-छोटे वीडियो, फ़ोटो और कहानियाँ थीं। फ़ोन नम्बर भी बाहरी देशों के और नक़ली थे।

सुमेधा जी ने उन वीडियो आदि को ग़ौर से देखकर कहा कि ये तो सीरिया में येज़िदी मुसलमानों पर उग्रवादी संगठन इस्लामिक स्टेट के अत्याचारों से सम्बन्धित लगते हैं, लेकिन उन्हें कश्मीर और हमारे देश के दूसरे भागों की घटनाओं की तरह दिखाया जा रहा है। मनन तुरन्त समझ गया और बोला, "इन भड़काऊ लोगों का पता लगाकर उन्हें फाँसी पर लटका देना चाहिए।" उन्होंने उसे गले लगाकर शाबाशी दी और समझाया कि डरने की कोई बात नहीं है। अगर आगे से उसे इस तरह के मैसेज आएँगे या परेशान किया जाएगा तो पुलिस कार्यवाही की जाएगी। कुछ ही दिनों के बाद उसकी परीक्षाएँ शुरू होने वाली थीं, इसलिए उसने अपने

फ़ोन से सारी सामग्री मिटाकर उसे बन्द कर दिया था। ज़रूरत के लिए तो सुमन के पास फ़ोन था ही।

दिल्ली विश्वविद्यालय से बी.एस-सी. पास कर लेने के बाद एम.एस-सी. करने के लिए हमने उसका दाख़िला उड़ीसा के एक प्रसिद्ध विश्वविद्यालय में करा दिया था। यह सन् 2018 की बात है। मुझे पता चला था कि हमारे मिस्टर मनन अंसारी अपने विश्वविद्यालय की एक लड़की के साथ प्यार की पींगें बढ़ा चुके हैं। वे ज़्यादातर वक़्त साथ-साथ बिताने लगे थे। लेकिन वह दोस्ती भी ज़्यादा दिन नहीं चल सकी थी। मनन को समझ आ गया था कि उसे अच्छे अंकों से पास होना है, ताकि किसी प्रतिष्ठित संस्थान में पीएच.डी. कर सके। वह लड़की भी अपने कैरियर के प्रति सचेत हो गई थी।

मनन ने उसी साल जॉर्डन में आयोजित लॉरिएट्स एंड लीडर्स फ़ॉर चिल्ड्रन के सम्मेलन में भाग लिया था। वहाँ उसने विश्व शान्ति के लिए बच्चों के अधिकारों की रक्षा की अनिवार्यता पर भाषण दिया था। वह हमारे साथ सीरिया से आए शरणार्थियों के शिविर में जाकर कई बच्चों से मिला था और उनके साथ हुए अत्याचारों की कहानियाँ सुनकर बहुत भावुक हो गया था। मज़हब के नाम पर आतंकवाद फैलाने वालों के प्रति उसका ग़ुस्सा और ज़्यादा बढ़ गया था। उसे सन् 2019 में जिनेवा में 'व्यापार और मानवाधिकार' पर अन्तरराष्ट्रीय सम्मेलन में बुलाया गया था। उसने वहाँ बाल मित्र गाँव के प्रयोग को बच्चों की आज़ादी, शिक्षा और सुरक्षा का सबसे प्रभावशाली तरीक़ा बताया। उसने विस्तार से बताया था कि अभ्रक खदानों में बाल मित्र गाँव बनने से देशी-विदेशी कम्पनियों की सप्लाई चेन से किस तरह बाल मज़दूरी, ट्रैफ़िकिंग, बाल विवाह और अशिक्षा ख़त्म हुई है।

वह छुट्टियों में अपने गाँव जाकर वहाँ होने वाले बदलाव देखकर गद्‌गद हो उठता है। वह जब पिछली बार घर से लौटकर आया था, तो उसने बड़े उत्साह से बताया, "अब तो मेरे गाँव के सभी बच्चे स्कूल जाने लगे हैं। लड़कियाँ साइकिलों से स्कूल जाती हैं। गाँव का स्कूल दसवीं कक्षा तक हो चुका है। मेरी छोटी बहन बी.ए. पास कर चुकी है और उसकी शादी भी हो गई है। कई बच्चे इंग्लिश मीडियम स्कूलों में पढ़ने जाते हैं।" वह झिझकते हुए, किन्तु गर्व से बताता है, "भाई साहब जी, मैं जब गाँव जाता हूँ, तो पूरा गाँव मुझे घेर लेता है! पहले लोग यह मानकर मेरी इज़्ज़त करते थे कि मैं आपका बहुत ख़ासम-ख़ास हूँ। अब मुझे भी कुछ ख़ास

मानने लगे हैं। सिर्फ़ मेरे ही गाँव के नहीं, बल्कि आसपास के कई गाँवों के बच्चे मुझे अपना आदर्श मानते हैं।"

वह सचमुच में अनगिनत बच्चों के लिए एक आदर्श है। मनन ने सन् 2020 में अच्छे अंकों से एम.एस-सी. की डिग्री ले ली है। वह आजकल एक अन्तरराष्ट्रीय संस्थान में जूनियर वैज्ञानिक की तरह काम कर रहा है, साथ-ही-साथ माइक्रो बायोलॉजी में शोध करने के लिए यूरोप और अमेरिका के किसी प्रतिष्ठित संस्थान में दाख़िले की कोशिश में भी लगा हुआ है। हमें भरोसा है कि वह ज़रूर एक महान वैज्ञानिक बनकर रहेगा। वह हमेशा से कहता रहा है, "मैं यह साबित करके रहूँगा कि बाल मज़दूरी करने वाले बच्चों में भी बड़े-से-बड़ा काम करने की क्षमता होती है।"

परिशिष्ट

बच्चों का शोषण कैसे रोकें

आपके छोटे-छोटे क़दम भी बच्चों के यौन शोषण, बालश्रम, बाल भिक्षावृत्ति, बाल वेश्यावृत्ति या अन्य प्रकार के शोषण बाल शोषण को रोकने में बड़े प्रभावी साबित होते हैं।

होटल/ढाबों/दुकानों आदि पर बालश्रम

किसी ढाबे, होटल, रेस्तराँ में अगर आपको कोई बच्चा काम करता दिख जाए तो आप विनम्रतापूर्वक वहाँ खाने से मना कर दें। दुकान के मालिक को कहें कि आप उनकी दुकान पर तब तक नहीं आएँगे जब तक कि वह बच्चों से काम कराना बन्द नहीं करता। हो सकता है कि दुकानदार यह तर्क दे कि बच्चा स्वयं उनसे काम माँगने आया था, इसमें मेरा क्या दोष है?

क़ानून 18 साल से कम उम्र के बच्चे को किसी भी प्रकार के कॉन्ट्रैक्ट या अनुबन्ध का पात्र नहीं मानता है। ऐसे में 18 साल से कम उम्र के बच्चे द्वारा दी गई किसी भी प्रकार की सहमति का कोई अर्थ नहीं है। इसलिए यह तर्क खोखला है।

किसी दुकान से कोई सामान ख़रीद रहे हों या कोई सर्विस ले रहे हों तो दुकान के मालिक से ज़रूर पूछें कि कहीं उसके यहाँ कोई बच्चा तो काम नहीं करता? समय-समय पर इस तरह की टोकाटाकी भी लोगों को बालश्रम कराने से हतोत्साहित करती है।

घरों में होने वाला बालश्रम

आप ऐसे किसी भी परिवार का आतिथ्य न स्वीकारें जहाँ बच्चे/बच्ची को घरेलू नौकर की तरह रखा गया हो। यह बताते हुए कि बालश्रम कराना एक अपराध है, आप ऐसे परिवार के यहाँ भोजन आदि के निमंत्रण को विनम्रतापूर्वक अस्वीकार कर दें।

चाइल्ड ट्रैफ़िकर्स/बच्चों की ख़रीद-फ़रोख़्त करने वालों को कैसे पहचानें

रेलवे स्टेशन, बस स्टैंड आदि जगहों पर आपको किसी व्यक्ति के साथ अलग-अलग उम्र के कई सारे बच्चे एक साथ दिखें तो सतर्क हो जाएँ, वह ट्रैफ़िकर हो सकता है। आप पुलिस को इसकी सूचना दें।

ट्रैफ़िकर्स धार्मिक स्थलों पर भी सक्रिय रहते हैं। यदि आपको आभास होता है कि किसी आदमी के साथ मौजूद बच्चा असहज महसूस कर रहा है, उससे घबरा रहा है, वह व्यक्ति उसे बहला-फुसला रहा है तो आप सतर्क हो जाएँ। आप एक-दो लोगों के साथ या वहाँ की सुरक्षा में तैनात कर्मचारी के साथ जाएँ और उस व्यक्ति से पूछताछ करें। यदि मामला सन्देहास्पद लगे तो पुलिस को सूचना दें।

पुलिस/प्रशासन और क़ानून की मदद लें

- किसी बच्चे को अगर आप बालश्रम में फँसा पाएँ तो आप सरकार की चाइल्ड हेल्पलाइन 1098 पर कॉल करके इसकी सूचना दे सकते हैं। प्रशासन उस बच्चे की मदद करेगा।
- यदि कोई बच्चा परेशान नज़र आ रहा है या किसी बच्चे के साथ शोषण हो रहा है तो आप पुलिस हेल्पलाइन नम्बर 100 या 112 डायल करके इसकी सूचना दे सकते हैं।
- किसी बच्चे के बालश्रम में फँसे होने की जानकारी मिलने पर आप

चाइल्ड हेल्पलाइन और पुलिस दोनों की मदद ले सकते हैं।

बच्चों से मज़दूरी कराए जाने का दोषी पाए जाने पर 10 साल तक की जेल और 50 हज़ार रुपये तक का जुर्माना लगाया जा सकता है।

बच्चों का यौन शोषण कैसे रोकें

यदि किसी बच्ची/बच्चे के यौन शोषण की जानकारी मिलती है तो इसकी सूचना पुलिस को देना क़ानूनन हर नागरिक की ज़िम्मेदारी है। इसकी रिपोर्ट तत्काल करनी चाहिए, पर्दा डालने का प्रयास भी दंडनीय अपराध की श्रेणी में आता है।

18 साल तक के बच्चों के साथ यौन अपराध के दोषी को कम-से-कम सात साल की जेल और अधिकतम उम्रक़ैद का प्रावधान है। 12 साल से कम उम्र के किसी बालिका/बालक के साथ दुष्कर्म के दोषियों को मौत की सज़ा तक हो सकती है।

बच्चों से भिक्षावृत्ति कैसे रुकवाई जाए

यदि आपको शहरों, क़स्बों या किसी भी स्थान पर बच्चों से भिक्षावृत्ति (भीख मँगवाना) कराया जाना दिखे तो आप स्थानीय बाल कल्याण समिति, चाइल्ड प्रोटेक्शन यूनिट और स्थानीय प्रशासन को इसकी सूचना दें। ये संस्थाएँ भिक्षावृत्ति में फँसे बच्चों को छुड़ाने के लिए उत्तरदायी हैं।

सोशल मीडिया को हथियार बनाएँ। भिक्षावृत्ति के वीडियो आदि बनाकर, उसे सोशल मीडिया पर पोस्ट करें और स्थानीय प्रशासन, बाल कल्याण समिति एवं अन्य सम्बद्ध विभागों/अधिकारियों को टैग करें। इससे जल्दी कार्रवाई की सम्भावना रहती है।

बाल विवाह कैसे रुकवाएँ

बाल विवाह की सूचना मिलने पर तत्काल पुलिस को कॉल करें। इसकी सूचना एसडीएम और अन्य प्रशासनिक अधिकारियों को दें। बाल विवाह रुकवाना उनकी ज़िम्मेदारी है। प्रशासन बाल विवाह रुकवाने के लिए हस्तक्षेप करता है, असली चुनौती तो उन परिवारों को समझाने की है जो बाल विवाह कराते हैं। इसके लिए व्यापक जागरूकता की ज़रूरत है।

बताएँ कि जिन बच्चों का विवाह हो रहा है उनके माता-पिता के साथ-साथ बाल विवाह में शामिल सभी लोग (जैसे पंडित, पुजारी, मौलवी आदि और यहाँ तक कि बाराती भी) बाल विवाह प्रतिषेध अधिनियम 2006 के तहत दोषी माने जाते हैं और उनके ख़िलाफ़ कार्रवाई हो सकती है।

वॉलंटियर बनकर इन मुद्दों के बारे में जागरूक हो सकते हैं

यदि बाल अधिकारों, बच्चों के साथ व्यवहार जैसे विषयों पर आपको और जानने-सीखने की इच्छा है तो हमारी संस्था के साथ वॉलंटियर के रूप में भी काम कर सकते हैं। आप *कैलाश सत्यार्थी चिल्ड्रेंस फ़ाउंडेशन* के दिल्ली स्थित दफ़्तर में वॉलंटियर के रूप में काम करके या फिर राजस्थान के जयपुर ज़िले में बने हमारे दीर्घकालीन पुनर्वास केन्द्र *बाल आश्रम* में वॉलंटियर बनकर बच्चों से जुड़े मुद्दों की व्यावहारिक समझ प्राप्त कर सकते हैं।